玛克辛·格林
实践教育哲学思想研究

郭建斌◎著

中国社会科学出版社

图书在版编目(CIP)数据

玛克辛·格林实践教育哲学思想研究 / 郭建斌著 . —北京：中国社会科学
出版社，2022.9
(山西大学建校 120 周年学术文库)
ISBN 978-7-5227-0559-0

Ⅰ.①玛…　Ⅱ.①郭…　Ⅲ.①玛克辛·格林—教育哲学—哲学思想—研究
Ⅳ.①G40-02

中国版本图书馆 CIP 数据核字(2022)第 132862 号

出 版 人	赵剑英	
责任编辑	程春雨	
责任校对	郝阳洋	
责任印制	王　超	

出　　版	中国社会科学出版社	
社　　址	北京鼓楼西大街甲 158 号	
邮　　编	100720	
网　　址	http://www.csspw.cn	
发 行 部	010-84083685	
门 市 部	010-84029450	
经　　销	新华书店及其他书店	

印　　刷	北京君升印刷有限公司	
装　　订	廊坊市广阳区广增装订厂	
版　　次	2022 年 9 月第 1 版	
印　　次	2022 年 9 月第 1 次印刷	

开　　本	710×1000　1/16	
印　　张	12.5	
插　　页	2	
字　　数	211 千字	
定　　价	68.00 元	

《山西大学建校 120 周年学术文库》 总序

　　喜迎双甲子，奋进新征程。在山西大学百廿校庆之时，出版这套《山西大学建校 120 周年学术文库》，以此记录并见证学校充满挑战与奋斗、饱含智慧与激情的光辉岁月，展现山大人的精学苦研与广博思想。

　　大学，是萌发新思想、创造新知识的学术殿堂。求真问理、传道授业是大学的责任。一百二十年来，一代又一代山大人始终以探究真理为宗旨，以创造新知为使命。无论创校初期名家云集、鼓荡相习，还是抗战烽火中辗转迁徙、筚路蓝缕；无论是新中国成立后"为完成祖国交给我们的任务而奋斗"，还是改革开放以后融入科教强国建设的时代洪流，山大人都坚守初心、笃志求学、立足大地、体察众生，荟萃思想、传承文脉，成就了百年学府的勤奋严谨与信实创新。

　　大学之大，在于大学者、在于栋梁才。十年树木、百年树人。一百二十年的山大，赓续着教学相长、师生互信、知智共生的优良传统。在知识的传授中，师生的思想得以融通激发；在深入社会的广泛研习中，来自现实的经验得以归纳总结；在无数次的探索与思考中，那些模糊的概念被澄明、假设的命题被证实、现实的困惑被破解……新知识、新思想、新理论，一一呈现于《山西大学建校 120 周年学术文库》。

　　"问题之研究，须以学理为根据。"文库的研究成果有着翔实的史料支撑、清晰的问题意识、科学的研究方法、严谨的逻辑结构，既有基于社会实践的田野资料佐证，也有源自哲学思辨的深刻与超越，展示了山大学者"沉潜刚克、高明柔克"的学术风格，体现了山大人的厚积薄发和卓越追求。

　　习近平总书记在 2016 年哲学社会科学工作座谈会上指出："一个国家的发展水平，既取决于自然科学发展水平，也取决于哲学社会科学发展水平。一个没有发达的自然科学的国家不可能走在世界前列，一个没有繁荣的哲学社会科学的国家也不可能走在世界前列。"立足国际视野，秉持家国情怀。在加快"双一流"建设、实现高质量内涵式发展的征程中，山大人深知自己肩负着探究自然奥秘、引领技术前沿的神圣责任，承担着繁荣发展哲学社会科学的光荣使命。

百廿再出发，明朝更璀璨。令德湖畔、丁香花开，欣逢盛世、高歌前行。山大学子、山大学人将以建校 120 周年为契机，沿着历史的足迹，继续秉持"中西会通、求真至善、登崇俊良、自强报国"的办学传统，知行合一、厚德载物，守正创新、引领未来。向着建设高水平综合性研究型大学、跻身中国优秀知名大学行列的目标迈进，为实现中华民族伟大复兴的中国梦贡献智慧与力量。

目　　录

第一章　绪论

第一节　玛克辛·格林的成长经历与学术生涯

玛克辛·格林（Maxine Greene）1917 年出生于美国，2014 年与世长辞，享年 96 岁。玛克辛·格林被称为"当今美国杰出的教育哲学家""在教育领域最重要的写作者和讲授者之一""当代卓越、杰出的美国教育哲学家"。2001 年，英国教育哲学家帕尔默编写的《当代五十位教育思想家》，格林名列其中。2007 年，《纽约时报》称其为"过去五十年杰出的教育哲学家之一"①，足见格林教育哲学思想的影响之大。她是较少见的在世时就具有很强影响力的教育哲学家之一。格林称自己为身处情境之中的哲学家，所谓的身处情境即是强调自己的思想深深地扎根于美国社会时代发展与更为广大的理论背景之中②。玛克辛·格林一生出版了 7 本著作，300 多篇论文。格林的著作和论文彰显了其"新左派"③ 的立场。她作为教育改革家、哲学家、社会活动家，从 20 世纪 60 年代末期开始积极探索改变社会的教育。格林的世界观是马克思主义、杜威主义和欧洲的存在主义的结合，她坚持用批判的立场审视特定文化、社会和历史情境中

---

① 郭芳：《教师哲学思想研究：以 20 世纪下半叶的美国为例》，北京师范大学出版社 2017 年版，第 50 页。

② 郭芳：《教师哲学思想研究：以 20 世纪下半叶的美国为例》，北京师范大学出版社 2017 年版，第 50 页。

③ 20 世纪 60 年代，美国的"新左派"取代了"老左派"。"老左派"是以工会为基础的古典马克思主义或布尔什维克主义；"新左派"则是以文化和权利形式为基础。参见 ［美］诺曼·莱文《马克思以后的当代美国激进主义》，张翼星译，《马克思主义与现实》1994 年第 1 期。

的生活事件，探索其意义和结果。在实践层面，她的著述、讲座和教学对一代代的教师、学者、学校教育改革者产生了重要的影响；在理论层面，由于其研究和思想的丰富性和跨流派的综合性，在很多领域都有独特的影响，如艺术和美学、文学和文学修养研究、文化研究、学校变迁与改革、教师教育、和平与社会公正、女性研究以及民权等①。

1917 年 11 月，玛克辛·格林出生于美国布鲁克林区的一个犹太家庭，父亲出生于德国阿尔萨斯家庭，从事人造珠宝生意，母亲出生于一个匈牙利家庭。格林是犹太人，这个身份给她的童年造成了极坏的影响。在家中，格林的父亲有歧视正统犹太人的倾向，格林坦言对她也造成了影响②。在家庭中如此，在学校中也如此。据格林描述，幼年时，父亲把她送到一所圣公会私立学校去"接受同化"，一年之后，由于父亲难以负担高昂的学费，把她的两个弟弟和一个妹妹转入公立学校读书，而格林则留了下来。之所以留下来，是因为学校决定让她做一个"标志性的犹太人"③。犹太人的身份使格林在学校受到了严重的歧视和不公的待遇。格林最好的朋友不能邀请她去家里做客，因为她的祖母不喜欢犹太人。校长告诉她，若不是她犹太人的身份，校长可以为她争取到去霍利奥克山学院读书的奖学金④。因为犹太人的身份，格林甚至被剥夺了用最高分数换来的告别演讲的机会。格林一开始并未意识到自己犹太人的身份以及性别产生的种种问题，直到遭遇一系列的排外行为，格林才意识到自己处于社会的边缘状态。这些歧视和不公没有打败格林，而是成为她在学术上不断成长的源泉，也正是这些压迫使得格林对受压迫者和弱势群体有了更多的同情和理解⑤。

1934 年至 1938 年，格林在巴纳德大学度过了四年的大学时光。由于

---

① William Ayers and Janet L. Miller, *A Light in Dark Times: Maxine Greene and the Unfinished Conversation*, New York: Teachers College Prees, 1998, p. 4.

② ［美］卡洛斯·阿尔伯托·托里斯:《教育、权力与个人经历：当代西方批判教育家访谈录》，原青林等译，山东教育出版社 2011 年版，第 111 页。

③ ［美］卡洛斯·阿尔伯托·托里斯:《教育、权力与个人经历：当代西方批判教育家访谈录》，原青林等译，山东教育出版社 2011 年版，第 111 页。

④ ［美］卡洛斯·阿尔伯托·托里斯:《教育、权力与个人经历：当代西方批判教育家访谈录》，原青林等译，山东教育出版社 2011 年版，第 111 页。

⑤ 张善超:《马克辛·格林存在现象学课程理论研究》，硕士学位论文，西南大学，2017 年。

犹太人的身份，格林中学毕业后考入了巴纳德大学，这所学校分配给犹太人女孩子的名额比其他学校多。虽然考上了大学，格林的父亲说她可以住在家里，但是必须自己交学费，因为没有人看到女孩子上大学的意义①。格林在校报和年鉴编辑部工作，靠打工度过了大学时光。

与自己犹太人的身份相比，对格林影响更深的或许是目睹了西班牙内战。18 岁的格林因为父亲生意的需要，去欧洲"出公差"。正是这次出差，影响了格林的信仰。格林接触并参加了西班牙的反法西斯运动。她亲眼看到西班牙内战的状况，看到了无产阶级和劳苦大众的悲惨。她说："我迫不及待地要跟我的英雄到西班牙去，并亲自成为一个英雄。"② 由于种种因素，格林在经历了法国、意大利和英国的漫游之后，服从了父亲的命令，回到了美国。格林带着西班牙内战的宣传单和报纸等材料回到美国之后就开始发表声援西班牙共和政府的演讲，并且加入了当时的美国反法西斯联盟，以早期的反法西斯主义者著称。之后她又加入了美国和平与民主联盟。此时的格林迫不及待成了一名"积极分子"，她被欧洲大陆的存在主义思想深深吸引，也正是战争使得格林对人类的遭遇有了更多的关怀和思考。

正是这些早年的经历，奠定了格林学术研究的基调和立场，促使其一直思考如何通过教育来改变现实社会。特别是当格林接触到马克思主义哲学后，她对马克思的实践观深信不疑。格林说人们的当代实践观源自卡尔·马克思的著作③。格林还引用了马克思在《关于费尔巴哈的提纲》中的第三条和第八条。除此之外，格林还分析了卢卡奇、弗莱雷、梅洛-庞蒂、杜威等人的实践观。格林认为实践尽管带有解放性目的，但并非是对现实的诊疗性探索。实践涉及批判性反思以及行动。平等意味着进行实践，改变环境，克服压迫和统治。我们必须采取集体反思，必须对现实和

① ［美］卡洛斯·阿尔伯托·托里斯：《教育、权力与个人经历：当代西方批判教育家访谈录》，原青林等译，山东教育出版社 2011 年版，第 111—112 页。

② ［美］卡洛斯·阿尔伯托·托里斯：《教育、权力与个人经历：当代西方批判教育家访谈录》，原青林等译，山东教育出版社 2011 年版，第 112 页。

③ ［美］玛克辛·格林：《学习的风景》，史林译，北京师范大学出版社 2016 年版，第 130 页。

紧急的需求做出阐释，还必须完成某种实现①。克罗夫就曾指出，格林的教育哲学思想重视艺术教育和对弱势群体的关注②。也有研究者认为，格林将多元文化纳入课程内容的主张，表达了她对弱势群体的关爱，彰显了一种包容差异、尊重他人的人文态度③。

从学生时代起，格林就在政治和社会方面表现得很积极。在学生时代，她对劳工问题的关心使她在布鲁克林有了"美国工党立法指导者"这样一个身份。她参与西班牙共和主义者的斗争，参加公民权与和平运动，她到哥伦比亚大学师范学院任职是冲着20世纪60年代的学生抗议运动而去的，这一切使格林更加关注在受保护的大学空间之外所发生的事情，使她警觉到理解产生于共同经历的事件中的多元主观解释的重要性④。离开巴纳德大学之后，格林差点跟一名信仰共产主义的内科医生私奔。格林也成为一名优秀的共产党员。她公开发表演讲、撰写文章，并能够解读共产党的海内外精英撰写的一些难以读懂的文本材料。在此时期，格林奋不顾身地发动爱尔兰工人及其妻子们一起来处理那些文字材料⑤。之后，格林还在美国工党的《立法时事通讯》做编辑。

1946年至1949年，格林在纽约大学攻读硕士学位。在纽约大学，格林主修教育史和教育哲学，在梅耶、乔治和布拉梅尔德三位教授的共同指导下开始探索教育问题。布拉梅尔德是美国改造主义教育哲学的倡导者，于1947—1958年任纽约大学教育哲学教授、美国教育哲学学会会长等职。布拉梅尔德是当代美国教育家、改造主义教育思想的代表人物，1928年进入芝加哥大学攻读硕士学位后，既接受了实用主义哲学，又接触了马克思主义。1931年毕业之后，曾在纽约长岛大学、阿德尔菲大学、明尼苏

---

① ［美］玛克辛·格林：《学习的风景》，史林译，北京师范大学出版社2016年版，第131—132页。

② 张善超：《马克辛·格林存在现象学课程理论研究》，硕士学位论文，西南大学，2017年，第11页。

③ 张善超：《马克辛·格林存在现象学课程理论研究》，硕士学位论文，西南大学，2017年，第50页。

④ ［英］乔伊·帕尔默主编：《教育究竟是什么？——100位思想家论教育》，任钟印等译，北京大学出版社2008年版，第462—463页。

⑤ ［美］卡洛斯·阿尔伯托·托里斯：《教育、权力与个人经历：当代西方批判教育家访谈录》，原青林等译，山东教育出版社2011年版，第113—114页。

达大学、纽约大学任教，长期从事教育哲学研究①。布拉梅尔德提出，教育要发挥对文化进行彻底改造的作用、教育必须支持现存社会秩序的改造等观点，并且描绘了未来的理想社会，认为这个理想社会通过社会一致的学习，使人们在许多方面取得一致意见，达成共识。布拉梅尔德曾阐述了科学共产主义理论的本体论基础，提出了改革青年教育的马克思主义纲领（称为"重建主义"），说明了马克思主义关于"阶级斗争""暴力""民主""教育"和"人道主义"等概念的含义②。布拉梅尔德的教育哲学思想对格林的影响至关重要。在撰写硕士学位论文的时候，格林再一次与存在主义相遇，与实证主义邂逅，结合这些思想基础，格林形成了独特的研究风格，即将教育哲学与文学相结合。

1949 年至 1955 年，格林在纽约大学攻读哲学博士学位。硕士毕业之后，格林决定继续攻读博士学位。在攻读博士学位期间，格林曾就职于英文系和哲学系，主要讲授哲学和文学课程。1955 年，格林以《18 世纪英国自然主义学者的人文主义——知识社会学的省察》③ 一文获得纽约大学哲学博士学位。

博士毕业之后，格林原本可以留在纽约大学哲学系任教，但是她的导师乔治却将这一位置给了一位男博士。格林意识到教育哲学领域几乎没有女性的立足之地，只有勇敢地面对这些排斥，坚持对自由的追求，才能最终获得自由④。1956 年，格林以副教授的身份受聘于纽约泽西州的蒙特克莱尔学院的英语系，讲授世界文学课程。1957 年，格林又回到了纽约大学，教授文学和教育理论课程。1962 年，格林开始在布鲁克林学院教授教育哲学。1965 年，格林到哥伦比亚大学师范学院任职，最初担任《师范学院学报》（*Teachers College Record*）的编辑，后来作为一位少有的多才多艺的教师，负责社会哲学、教育哲学和教育史、文学、写作、美学以

---

① 单中惠、杨汉麟：《西方教育学名著提要》，江西人民出版社 2004 年版，第 594 页。

② ［罗］鲁·格伦贝格：《美国当代哲学述评》，罗友摘译，《国外社会科学》1978 年第 2 期。

③ Maxine Greene, An Abstract of Naturalist-Humanism in Eighteenth Century England—An Essay in the Sociology of Knowledge, Submitted in Partial Fulfillment of the Requirements for the Degree of Doctor of Philosophy in the School of Education of New York University, 1955.

④ 张善超：《马克辛·格林存在现象学课程理论研究》，硕士学位论文，西南大学，2017 年。

及其他教育课题的课程。1967年，格林成为教育哲学学会的第一位女主席。1984年，格林成为主持美国教育研究学会的第一位女性。①

格林到哥伦比亚大学任职与当时美国校园马克思主义的发展有着很大的关系。美国校园马克思主义（又称大学马克思主义或者教室马克思主义）是一种学院式的国外马克思主义思潮，其成员大多为青年教师和研究人员②。美国校园马克思主义思潮是20世纪60年代震撼美国的学生反战运动的直接产物，这场学生运动猛烈抨击美国侵略越南和在国内实行种族歧视的政策，它迅速扩散到美国各大学，并得到了美国人民的声援。美国人民为争取民权和反对越南战争而进行的政治斗争使许多活跃分子转向马克思主义，并试图以马克思主义为工具，加深自己对社会的理解。与此同时，越来越多的年轻学者对本学科中占据统治地位的传统理论产生怀疑，因为他们认为这些传统理论忽视了或无法解决在他们看来一些最重要的问题③。格林因为学生时代的经历以及受到布拉梅尔德等人的指导，乘着学生运动的"快车"进入美国高校，成为"新左派"中的一员。正如有研究者所言，格林的世界观是马克思主义、杜威主义和欧洲的存在主义的结合。

1965年，格林出版了《公立学校与私人观点》一书。她自己评价该书是对"富有想象力的艺术家的观点以及教育改革者的观点所看到的变化中的美国文化的批评"。④

1967年，格林出版的《教师的存在主义遭遇》，是由从欧洲大陆哲学家的著作中摘选的章节汇编而成的，这些哲学家有海德格尔、里尔克、萨特、加缪、布伯、克尔凯郭尔等。这反映出了格林的存在主义的马克思主义的思想基础。隐含在这本书中的是对教师的智慧、能力和求知欲的崇敬，以及对各类工具主义的坚决抵制，这就把教育话语限制于当前的实践

① 郭芳：《教师哲学思想研究：以20世纪下半叶的美国为例》，北京师范大学出版社2017年版，第79页。

② 叶卫平：《美国校园马克思主义思潮评介》，《教学与研究》1989年第3期。

③ 黄育馥：《简评〈左派研究院——美国校园里的马克思主义学术研究〉》，《国外社会科学》1986年第3期。

④ Maxine Greene, The Public School and the Private Vision：A Search for America in Education and Literature, New York：Random House, Inc., 1965.

和可证实的效果。①

1973 年，格林出版《教师作为陌生人：现代教育哲学》。她从现象学社会学家艾尔弗雷德·舒茨那里借了一个核心概念——陌生人。格林认为，关于存在问题的重要性对于能反省地进行教学的人来说，在这本书中是显而易见的。该书还强调必须"与社会现实中盛行的轻率的泛滥作斗争"，并且继续探究为通常的教学提供雄厚基础的基本的假设。②

1978 年，格林出版了《学习的风景》。在该书中，她强调培养宽阔的视野对教师的必要性，这是一种投身于世界并充分关注人和事件的态度。在这本书的最后，格林提倡，教育要利用艺术来与成为当代社会特点的使客观现实变得麻木不仁的东西进行搏斗。③

1988 年，格林出版了《自由的辩证法》。格林提出，在教师和学生的头脑中，美国盛行的没有约束或义务的自由观必须被更积极的自由理念所替代，这样的理念是一种可能性，是选择和创造自身的能力，是发现考察事物的新的途径的能力，是抵制过分容易地给予和接受知识的能力。格林认为，"当个人以一种特定的方式走到一起时，当他们彼此是真实地存在时（没有面具，没有伪装，没有办公室的证章），当他们有可以相互促进的计划时，自由才能表明自己或成为现实"。④

1995 年，格林出版了《释放想象：教育、艺术和社会变革》。该书提出，想象是一种能力，是把事物看成可能的样子、想象事物可能是另外一种样子的能力，想象对于进行意义深远的教育和社会改革是重要的⑤。

第二节　研究目的和意义

形成于 20 世纪 70 年代的批判教育哲学针对发达工业社会背景中的教

---

① Maxine Greene, Existential Encounters for Teachers, New York：Random House, Inc., 1967.

② Maxine Greene, Teacher as Stranger：Educational Philosophy for the Modern Age, Belmont：Wadsworth Publishing Company, Inc., 1973.

③ Maxine Greene, Landscapes of Learning, New York：Teachers College Press, 1978.

④ Maxine Greene, The Dialectic of Freedom, New York：Teachers College Press, 1988.

⑤ 参见［英］乔伊·帕尔默主编《教育究竟是什么？——100 位思想家论教育》，任钟印等译，北京大学出版社 2008 年版，第 463—465 页。

育问题展开了深刻的批判。作为身处情景之中的哲学家，格林将自己的哲思深深地扎根于美国的社会情景之中，努力践行"做哲学"的观念。21世纪以来，中国社会发生了巨大的变革，社会的变革引发了教育领域的许多问题，如教育平等、教育公平、教育自由等。对这些问题的分析既要立足本土，深入分析这些问题产生的根源和解决的策略；又需要异域察论，寻求借鉴和启示。

一 研究目的

本书的研究目的主要有以下四个方面：

第一，聚焦实践的育人价值，践行哲学与教育的"成人"使命。哲学与教育有着共通的"成人"使命。教育是人使人成为"人"的活动。有研究者认为"成人"是对教育进行本质把握的结果，或者说，"成人"就是教育的另一个名字①。教育的结构是人（教育者）使人（受教育者）成为"人"（理想中的人）。故而，"成人"是教育的使命。在人类的知识总体中，除了教育具有"成人"使命之外，哲学也有"成人"的使命。哲学以特有的反思、批判精神使人成人。哲学思维的与众不同之处在于，它是一种前提性的、刨根究底的思维，正是这一点决定了哲学乃是激动人心的思维之旅。哲学思维具有四个触角：一是伸向外部世界；二是伸向内部世界；三是伸向语言世界；四是伸向镜像世界②。第 24 届世界哲学大会的主题是"学以成人"，对于这个主题，当代中国马克思主义哲学必须做出两个方面的回答：一是马克思主义哲学如何理解"人"？二是马克思主义哲学何以使人"成人"。对于第二个问题，有研究者认为马克思主义哲学使人"成人"的最为实质的内容，是使人掌握人类历史的发展规律，特别是掌握"现实的历史"，即资本主义的发展规律，为人们提供"认识你自己"的世界观、历史观、人生观、价值观。以科学的世界观、历史观、人生观和价值观构成人的"现实自我意识"，这是马克思主义哲学"成人之道"的根本指向和实质内容③。教育是人使人成为"人"，哲学也有其"成人"之道，"成人"是哲学和教育的共同使命。

① 刘庆昌：《教育知识论》，山西教育出版社 2008 年版，第 250 页。
② 俞吾金：《哲学思维的四个触角》，《解放日报》2010 年 2 月 28 日第 2 版。
③ 孙正聿：《马克思主义哲学视域中的"成人之道"》，《中国社会科学报》2018 年 10 月 25 日第 3 版。

如何聚焦实践、沟通哲学和教育、实现实践育人之价值是本书的一个研究目的。

第二，基于哲学的实践转向与教育学的实践关怀，深刻诠释实践教育哲学。哲学对生活世界的关注促使其在近代以来发生了"实践转向"。研究者将马克思主义哲学称作"实践哲学"，并以"实践"的观点去理解和解释全部的哲学问题。哲学（philosophy）一词在希腊文中是"爱"和"智慧"两个词的组合，其"智慧"专指"理论智慧"，是关于普遍性的知识。亚里士多德将人类生活世界分为沉思生活、社会生活和享乐生活，将人类活动分为理论活动、实践活动和创制活动，将人类知识分为理论之学、实践之学、创制之学①。亚里士多德把实践从哲学中分离出来，并赋予其相对独立的地位。而在亚里士多德之后，实践哲学一直未得到哲学家和哲学研究者的青睐。经过"黑暗的中世纪"，实践在近代哲学中得到了重视。培根把完整的科学概念转换成偏狭的经验科学概念，使科学和理论与实际应用接近和结合起来，科学也就成为一种技术原理。培根用技术活动代替了实践，把实践变成科学的技术应用。培根的实践哲学实际上是一种"技术实践论"，其虽然用了"实践"之词，却丢掉了或者偷换了亚里士多德赋予实践的内涵。康德是近代西方实践哲学发展史上的一朵"奇葩"。康德注意到"理论理性的有限性"，也即理论并不能完全解决"做"的问题，同时，关于"做"的理论也必须纳入人类反思的领域。康德的实践哲学并不探讨如何做的问题，而是探讨"纯粹实践理性"，即道德律令如何可能的问题②。"哲学家们只是用不同的方式解释世界，而问题在于改变世界。"③ 在《关于费尔巴哈的提纲》中，马克思提出了"改变世界"的哲学，可以说，马克思是现代实践哲学的开创者。至此，现代西方哲学实现了实践转向。

哲学的实践转向以及教育学本身面临的困境使得教育学发生了实践转向。教育学是教育知识学科化的结果。作为教育学"质料"的教育知识主要是为教育实践者服务的，这就决定了教育学不仅是"为知识而知识"，还必须是"为行动而知识"。然而，在很长一段时间里，受科学主义的影响，教育学在追求着科学化，即研究者一般称为的"理论教育

---

① 文翔：《马克思实践哲学的源流及重构思路》，人民出版社 2016 年版，第 28 页。
② 文翔：《马克思实践哲学的源流及重构思路》，人民出版社 2016 年版，第 71 页。
③ 《马克思恩格斯文集》（第 1 卷），人民出版社 2009 年版，第 506 页。

学"。德国学者尼迈尔将依托伦理学、心理学、生理学等学科建立起的一般教育学称为"理论教育学"，而将阐述一般原理在实践中应用的"教育术"称为"实践教育学"①。德国另一位教育者也将教育学划分为"科学教育学"和"实践教育学"，认为"科学教育学"关注的是"是什么"的问题，是经验的、分析的、归纳的和解释的体系，"实践教育学"关注的是"应该做什么"的问题，因而是规范的、演绎的体系②。布雷岑卡在《教育知识的哲学》一书中分析了教育、教育理论、教育理论的理论（教育学理论）之间的关系，并将教育理论分为科学的教育理论（教育的科学或教育科学）、哲学的教育理论（教育哲学）、实践的教育理论（实践的教育理论或实践教育学)③，认为教育的实践理论有一个实践的而非科学的目的：人们创造它们是用来为教育者提供为了合理的教育行动所需要的实践知识④。就教育学本身面临的困境而言，研究者认为一线的教师倾向于用一套不同于教育理论研究者研究的教育支撑着自己的实践，是教师个人的教育实践理论，这样，原来那种由教育学研究者自己搞出一套东西，然后交给教师的做法受到了挑战。研究者越来越关注教师在实践中是怎么做的，这就使教育学的研究方向发生了转变：从关注理论建构转向关注实践中的教育智慧；从满足于给教师编一套科学、专业的教育学以指导其行动转向揭示教师个人的教育学的内涵与意蕴。这就是当代教育学研究的实践转向⑤。批判教育学、存在主义教育学与现象学教育学等教育学流派都具有明显的实践品格。

哲学的实践转向以及教育学的实践转向使得教育哲学的实践关怀，或者说使得实践的教育哲学出场成为必然。教育哲学不应仅仅关注教育中"是什么"以及"应该是什么"的问题，还应关注"做什么"以及"应该怎么做"的问题。

---

① 范国睿、瞿葆奎：《西方教育学史略》，载瞿葆奎《元教育学研究》，浙江教育出版社1999年版，第313—314页。

② 程亮：《教育学的"实践"关怀》，博士学位论文，华东师范大学，2006年。

③ ［德］布雷岑卡：《教育知识的哲学》，杨明全等译，华东师范大学出版社2006年版，第28页。

④ ［德］布雷岑卡：《教育知识的哲学》，杨明全等译，华东师范大学出版社2006年版，第211页。

⑤ 康永久：《教育学原理五讲》，人民教育出版社2016年版，第443页。

第三，面向本真的教育实践，破解教育中的"异化"现象。哲学史上黑格尔首次将"异化"一词作为一个术语使用。1807 年，黑格尔出版的《精神现象学》一书中认为精神或意识的辩证运动过程就是把自己变成他物，变成它自己的对象和扬弃这个他物的运动，即先将自己予以异化，然后从这个异化中返回自身①。黑格尔所讲的异化是矛盾或面向对立面转化。费尔巴哈也讲"异化"，他认为宗教中所讲的上帝是人的本质的异化，人的本质是理性，而上帝是理性迷误的产物，理性产生一个反对自己、统治自己的异己力量②。费尔巴哈所讲的"异化"实际上是将异化消极化了，即主体产生出反对自己的异己的力量。马克思同费尔巴哈一样，认为异化就是主体产生出统治自己的异己的力量。与费尔巴哈不同的是马克思不讲理性的异化，而谈劳动的异化，因为马克思认为劳动是人的本质，因而异化就是劳动异化。在《1844 年经济学—哲学手稿中》，马克思深入阐释了其异化理论。马克思认为劳动所生产的对象，即劳动的产品，作为一种异己的存在物，作为不依赖于生产者的力量，同劳动相对立。劳动的产品是固定在某个对象中的、物化的劳动，这就是劳动的对象化③。考察不同的哲学家对异化的不同认识，我们认为异化有三个层次的含义：第一最广泛的是矛盾或向对立面的转化；第二是主体产生出异己的力量；第三是剥削剩余价值④。国内研究者使用最多的异化含义是第二层次的含义，当然，使用第二层次的异化含义是将第三层次的含义包括在内的。

通过考察异化的概念，我们认为只要人的行为成为某种本质力量的过渡确证，使这种本质力量蜕变为人无法控制的异己力量，其行为就是异化的表现⑤。有研究者认为学习异化问题即是本来作为源于、关于、属于"人"的活动的学习，忘记了是"人"在学习，演变成对人的压抑和控制的外在力量，学习的丰富内涵被带有强烈的机械化、工业化色彩的灌输、训练所取代，人的精神世界被整齐划一的知识教学所扭曲⑥。学校教育中学习的异化，主要表现为学生不是在享受自由，不是在进行真正意义上的

① ［德］黑格尔：《精神现象学》，商务印书馆 1979 年版，第 23 页。
② 北京大学哲学系：《人道主义和异化问题研究》，北京大学出版社 1985 年版，第 17 页。
③ 《马克思恩格斯文集》（第 1 卷），人民出版社 2009 年版，第 156—157 页。
④ 北京大学哲学系：《人道主义和异化问题研究》，北京大学出版社 1985 年版，第 17 页。
⑤ 马瑜：《知识分子"过劳死"与人的"异化"》，《中华女子学院学报》2005 年第 4 期。
⑥ 李丽：《追寻学习的生存论意义》，博士学位论文，华东师范大学，2007 年。

学习。

　　教育中的异化现象，促使我们进一步思考教育作为实践的本真。若教育过程真的是一种切切实实的实践，那么学习的异化和教师教育教学行为的异化是不会发生的。作为教育哲学研究者，我们不能回避该问题，不能忽视该问题，更不能无视该问题遮蔽之下的教育之实践。

　　第四，回归实践真谛，弥合教育理论与教育实践之间的"鸿沟"。教育是一种实践活动。这无论在教育学界还是在哲学界已经成为一个共识。可问题不在于这个论断，而在于不同研究者对"实践"的认识。教育学界对"实践"的认识来源于哲学界。且不说不同的哲学流派和哲学家对实践的认识不同，因为一个概念本身就是变化发展的。在中国哲学界，有研究者对实践的概念进行分析和批判。研究者认为"实践"在被"制作"范式蚕食，被理论—实践的二分法肢解，被科学、技术格式化。可见，目前中国哲学界对实践的认识是存在多元化的。有研究者对中国哲学界对实践的多维认识进行分析，认为有认识论维度、本体论维度、生存论维度、总体性活动维度、主体间的交往维度等①。多元化一方面有助于学术的繁荣；另一方面却导致研究者无法在理论构建的前提下达成共识，进而使同行无法很好地交流，更无助于具体活动的开展。

　　实践在教育学界就是这样一种模糊的状态。无论是从事教育的工作者还是教育研究者都不会否认教育是一种实践活动。可是当谈论起何谓实践时，多数人将目光转向哲学，哲学认为实践是什么，在教育中实践就是什么。抑或直接指向具体的教育活动，那就是教育实践。这似乎是一个自明性的概念。这使得实践概念的真义在教育中被遮蔽。我们且不分析"实践"在教育中被遮蔽之种种，单从分析教育理论和教育实践关系的研究中，就可见一斑。

　　教育理论和教育实践脱节已成为教育学界一个老生常谈的问题，研究者人人言殊，莫衷一是。自20世纪90年代以来，研究者似乎已经默认了教育理论与教育实践的二分，进而认为教育理论与教育实践是脱节的。基于这样的认识，研究者孜孜以求弥合教育理论与教育实践"鸿沟"的方法。有研究者认为教育理论和教育实践相脱节的通常表现是：教育理论、教育评价标准系统和教育实践的不一致，进而提出了教育评价标准系统是

---

①　乔瑞金、王涛：《多维视域下的实践哲学研究》，《哲学堂》2005年第2期。

促使教育理论与教育实践相互转化的重要手段的观点。教育评价标准系统既不同于教育理论，又不同于教育实践，但是教育评价标准系统无论在形式上还是内容上都具有教育理论和教育实践的双重品格。一方面，教育评价标准系统具有一定的主观性和抽象性，这符合教育理论的品格；另一方面，教育评价标准系统具有一定的客观性和具体性，这符合教育实践的品格。教育理论依靠教育评价标准系统走向教育实践，使教育理论转化为自觉的社会力量。具体来说就是，我们能够根据已经掌握的教育理论制定出一整套教育评价标准系统来衡量教育实践，通过教育评价标准系统来指导和规范教育实践。教育实践则通过教育评价标准系统集合隐藏于教育实践中的理论要素，为教育理论提供感性材料。也就是说，我们能够通过教育评价来衡量教育实践，总结正反两方面的经验，从而校正教育理论的内容。[1]

简短地分析了教育理论与教育实践关系问题的解决方法，不是要批判，不是要重新寻找一种新的解决方法，而是试图说明教育学界对"实践"认识的不清晰，致使理论与实践的二分法逻辑得以展现。理论和实践真的是二分的吗？在某些哲学家那里的确是二分的。但是随着实践哲学的进一步发展，特别是马克思主义哲学的发展，理论和实践的关系逐渐被清晰地认识。西方哲学的实践转向以及实践哲学影响下教育学的实践转向或许可以为我们解决当下的中国问题提供一种新的视角。

二　研究意义

本书的研究意义包括理论意义和实践意义两个方面：

1. 理论意义

第一，有利于丰富批判教育哲学的研究。本书选择美国批判教育哲学中具有代表性的学者玛克辛·格林的实践教育哲学思想进行研究，可以丰富国人关于批判教育哲学的理解。1970年，巴西教育家弗莱雷的《被压迫者教育学》面世，该书被称为"真正革命性的教育学"著作，是被压迫者的教育圣经，该书的面世也代表着一种新的教育哲学形态面世，即批判教育哲学。当代西方批判教育哲学的产生和发展深深植根于当代西方资本主义社会危机之中，这些社会危机主要有自由、民主、正义等方面的危

---

[1]　陈国海：《教育评价能促进教育理论与实践的相互转化》，《高教研究》1989年第3期。

机，以及全球范围内的社会思潮的右转、新自由主义的全球盛行等。批判教育哲学家群体以批判理论、马克思主义哲学、西方马克思主义学说、后现代理论等为思想基础展开了对资本主义教育的批判，以实现社会的公平、正义、平等、自由、民主等。不同的批判教育哲学家基于不同的理论基础和社会现实从不同的侧面对资本主义社会的教育进行了批判。玛克辛·格林对资本主义社会和教育的批判，因其实践底色而在批判教育哲学流派中独树一帜，对其研究有助于国人对批判教育哲学的全面深入理解。

第二，有利于推进格林教育哲学思想的研究。选择格林的实践教育哲学思想进行研究，本书并非开先河之作。国内已有研究者涉及格林的教育哲学思想。综观已有研究，研究者多就格林的课程哲学、教师哲学、学习哲学等进行研究，而较少关注格林的实践教育哲学思想。鉴于此，本书选择格林的实践教育哲学思想进行研究，从而推进国人对格林教育哲学思想的研究。

第三，有利于提升马克思主义哲学指导教育研究的成熟度。从马克思主义哲学指导教育科研的角度来看，马克思主义哲学在 20 世纪初传播到中国，并较早地对中国的教育研究进行了指导。受中国国情的影响，马克思主义哲学在指导中国教育实践不久之后就变成了国人单纯地学习苏联教育学。客观而言，马克思主义哲学指导中国教育科研确实使得中国教育学发生了变革和创新，但是其指导中国教育科研的成熟度有待进一步提升。从这个角度来讲，在今天，如何提升马克思主义哲学指导中国教育科研的实践，需要我们异域察论。玛克辛·格林的实践教育哲学思想既有马克思、恩格斯等马克思主义经典作家的哲学思想的影响，也借鉴了存在主义的马克思主义、现象学的马克思主义等思想，可谓是"马克思主义哲学"指导教育科研的一个"典范"。因而，研究玛克辛·格林的实践教育哲学思想，有助于启示国人提升马克思主义哲学指导教育科研的成熟度。

第四，有利于拓展西方马克思主义的研究领域。西方马克思主义对资本主义社会的批判涉及的领域十分广泛，如意识形态批判、文化批判、现代性批判、技术理性批判、现代国家批判等。除此之外，以马克思主义和西方马克思主义彻底的批判精神以及批判理论等为基础的批判教育哲学家对资本主义的教育也进行了批判。玛克辛·格林正是批判教育哲学家中的一员。她以马克思主义、西方马克思主义的精神和观点为基础，以实践的思维方式批判了资本主义社会及其教育。研究玛克辛·格林的实践教育哲学思想，有利于拓展西方马克思主义的研究领域。

2. 实践意义

第一，有利于丰富对教育改革的认识，促进教育改革的发展。理论来源于实践，又要回到实践，以指导实践的良性发展，接受实践的检验。选择玛克辛·格林实践教育哲学思想进行研究，不仅是要阐明其主张和观点，更重要的是指导中国教育实践的发展。在我国当前社会背景下，教育改革的呼声不断，教育改革和教育变革成为教育实践领域的常态。在这个进程中，教育实践中的公平、正义、民主、平等等问题不断凸显。新时代背景下，我国社会的主要矛盾已转变成人民日益增长的美好生活需要与不平衡不充分的发展之间的矛盾。这一主要矛盾具体到教育领域，就是人民对美好教育的需要与教育发展不均衡不充分之间的矛盾。我国社会在由传统社会向现代社会转变的过程中遇到的上述问题，是发达工业国家曾经遇到过的问题。它们是如何解决这些问题的，其探索对中国解决这些问题具有重要的启示和借鉴。选择玛克辛·格林的实践教育哲学思想进行研究，就是要将我们解决问题的视域由国内转向国外，寻求间接经验的过程。

第二，有利于实现教育中人的解放。人的解放和人的全面发展是教育的永恒追求。自由和权威是教育领域永恒的矛盾。具有人文性质的教育活动应该是人道的，应该是成人的，应该是解放的，应该是为了个体的全面发展的。家庭、学校、社会如何形成合力，共同致力于个体的全面发展在今天显得尤为迫切。同样，教育领域的自由和权威之间的矛盾也日益彰显。自由的对立面不是纪律，而是权威。按照辩证的逻辑来看，自由和权威既然是一对矛盾，就必然不会出现一方的消失带来一方的和谐。玛克辛·格林将教育作为一种自由的实践，其既有宏观层面的理论、政策研究，又有微观层面的课程研究、教师研究。研究其思想有助于解决当前我们面临的问题，包括理论研究和实践行动。

第三节　文献综述

国内外研究者对玛克辛·格林的哲学思想和教育哲学思想开展了相关研究，已有成果的研究内容、研究方法、研究进展为我们对格林的深入探索奠定了基础，同时也为本书研究的开展提供了一定的问题域和生长点。据笔者目力所及，已有关于玛克辛·格林的思想研究如下。

一 格林的学术定位

如何对格林进行定位，也即对其思想进行划分，研究者对该问题进行了相关的研究。约翰在其著作《教育外的教育：玛克辛·格林哲学的自我与想象》一书中认为格林不仅是一名存在主义哲学家，更是一名马克思主义哲学家，并重点分析了格林的"想象""全面觉醒"等思想。有研究者认为格林的世界观是马克思主义、杜威主义和欧洲的存在主义（综合了让-保罗·萨特、西蒙·波伏娃和梅洛-庞蒂）的结合。在教育哲学领域，研究者对格林的定位更多的是教育哲学家、批判教育学家等。如有的研究者认为格林是今天美国的一位杰出的教育哲学家。美国学者卡洛斯·阿尔伯托·托里斯在其著的《教育、权力与个人经历：当代西方批判教育家访谈录》一书中列出了 11 位批判教育学家，格林名列其中。在国内的一些研究者的研究成果中，研究者多将格林定位为教育哲学家和批判教育学家。从上述定位来看，格林显然有双重身份，即哲学家和教育家。作为哲学家，其兼备马克思主义和存在主义的思想特质，实际上萨特、梅洛-庞蒂等存在主义哲学家本身也是马克思主义者，萨特是存在主义的马克思主义者，梅洛-庞蒂是现象学的马克思主义者。批判教育哲学作为教育哲学的一个流派，其成员的批判教育哲学思想运用了马克思主义的批判思想对资本主义社会的教育进行批判，强调教育对个人的解放和社会的公正的作用。

二 格林的哲学思想

玛克辛·格林具有哲学人和教育学人这两类人的特质。对于哲学家的格林，研究者主要对其思想基础以及自由哲学思想进行了相关的研究。有研究者将格林的哲学思想与阿伦特的哲学思想进行了比较研究，认为二人的自由哲学思想有着相同的视角，具有互补之处，特别是二人所提出的"公共空间""开放空间"对教育者行动和反思的意义进行了分析①。还

---

① Aaron Schutz, "Creating Local 'Public Spaces' in Schools: Insights from Hannah Arendt and Maxine Greene", *Curriculum Inquiry*, Vol. 29, No. 1, Spring 1999, pp. 77-98.

有研究者主要就格林的存在自由主义哲学进行了研究，并深入地分析了格林的"解放""社会想象力""可能性"等哲学概念，进而分析了格林哲学思想如何在学校教育中实践①。约翰在其著作《教育外的教育：马克辛·格林哲学的自我与想象》一书中认为格林不仅是一名存在主义哲学家，更是一名马克思主义哲学家，并重点分析了格林的"想象""全面觉醒"等概念②。有研究者认为自由是格林哲学的核心，也是其教育思想的基础，她认为格林自由哲学思想的路径是阻滞、觉醒、阻滞的突破、建构公共空间、实现自由，她认为格林自由哲学的终极目标是建构公共空间③。格林认为，教育是一项追求自由的工程。有研究者对格林的这一思想进行了研究。该研究者聚焦格林三个主题进行了深入分析，即自由以及个体在追求自由过程中的责任；想象力和艺术以及它们是如何提供体验机会帮助人们从多维视角认识世界，通过体验对别人的同情来帮助个体觉醒；教育的作用和教师的责任在于帮助学生质疑周遭的事物，以为了使他们达到自由④。

已有研究者从不同的侧面分析了玛克辛·格林的哲学思想及其在教育中的作用和影响。这为我们分析格林的批判教育哲学思想提供了重要的基础。与此同时，我们也应看到研究者对格林自由哲学思想的研究与其教育思想的形成和发展之间的关系尚有待进一步深化。

三 格林的民主社会思想

作为教育哲学家，格林除了关注教育中微观的层面，还关注了教育与社会变革之间的关系。在社会观方面，格林持一种民主社会观。

格林的民主社会观深受杜威建设民主主义社会的教育理想的影响。有研究者认为格林的民主文化特征之一是为了创造文化，必须保持一种对社

---

① 张善超：《马克辛·格林存在现象学课程理论研究》，硕士学位论文，西南大学，2017年，第13页。

② 张善超：《马克辛·格林存在现象学课程理论研究》，硕士学位论文，西南大学，2017年，第13页。

③ 张善超：《马克辛·格林存在现象学课程理论研究》，硕士学位论文，西南大学，2017年，第13页。

④ Sella T. Kisaka and Ahmed A. Osman, "Education as a Quest to Freedom: Reflections on Maxine Greene", *Journal of Emerging Trends in Educational Research and Policy Studies*(*JETERAPS*), February 2013, pp. 338–344.

会的批判立场。格林认为只有每个人都坚持公正、自由和对人权的尊重这些基本的原则，并实践这些原则，我们才有可能建设一个民主的社会。关于民主的概念，研究者认为格林的民主概念超越了社会政治领域的民主概念，并扩展了教育中民主的概念。研究者认为格林号召我们要在文化中创造一种开放的空间，作为把民主带入我们日常生活的方式。格林认为在一个民众没有觉醒的社会里，民主可能太容易被那些控制了知识生产和传播的人们所操纵，她认为除非人们是自由存在的，是"广泛觉醒"的，否则文化不可能全面民主。在格林看来，一个完全民主的文化是支持、鼓励、歌颂我们为存在主义的自由和充分的觉醒而奋斗的文化。随着一种文化变得越来越自由，就会演变成一个越来越富于公正和关爱的道德的社会。

四　格林的教师哲学思想

玛克辛·格林的教师哲学思想体现了教育者的哲学，而不是运用哲学的观点、方法等对教育进行研究。格林早期的两本重要著作即是对教师哲学的研究，分别是《教师的存在主义遭遇》和《教师作为陌生人：现代教育哲学》。《教师的存在主义遭遇》主要论述的是教师生活的基本情况，该书中，格林用存在主义的视角审视了教师的生存状态[①]。《教师作为陌生人：现代教育哲学》是格林的教育哲学代表著作，该书中，格林重点阐释了"教师即陌生人"（又译"教师作为陌生人"）的隐喻，该隐喻强调教师要以他乡归来的陌生人眼光重新理解和审视世界[②]。国内外研究者围绕格林的教师哲学思想，进行了如下几个方面的研究。

"教师即陌生人"隐喻研究。有研究者在研究教师专业意识时，对格林的教师哲学进行了关照。该研究者分析了格林对教师教育意识的认识，并重点分析了"陌生的返乡人"这一隐喻。该研究者阐释了格林就教师为什么要具有发现意识、如何帮助教师提升发现意识等观点[③]。

---

① 李育球：《主体、政治与教育——当代西方批判教育学思想研究》，博士学位论文，北京师范大学，2011年，第26—89页。

② 李育球：《主体、政治与教育——当代西方批判教育学思想研究》，博士学位论文，北京师范大学，2011年，第26—89页。

③ 姜勇：《关于教师专业意识的研究——从角色隐喻看教师专业意识的觉醒》，《教师教育研究》2006年第5期。

有研究者对"教师是谁"进行哲学审思，具体从本体论、认识论、价值论三个层面对格林的"教师作为陌生人"隐喻进行了解析①。有研究者分析了玛克辛·格林的教师哲学思想，以其"教师作为陌生人"为基础，该研究者认为格林的教师哲学思想受其成长经历和其所处的时代背景的影响，而其理论基础是马克思的实践概念、阿伦特的行动理论以及萨特的存在主义②。在此基础上，该研究者深入分析了格林的隐喻，认为教师作为"陌生人"的意识基础是"全面觉醒"；教师作为"陌生人"的行动逻辑是"做哲学"；教师作为"陌生人"的现实路径是"与艺术相遇"③。该研究者还以20世纪下半叶的美国为例，对教师哲学思想进行研究，其中选取了三位具有代表性的人物：格林、诺丁斯、帕尔默，并对格林的教师哲学思想做了深入的分析④。

关于为师意义观和教师意识观的研究。有研究者对格林的为师意义观进行了研究，认为为师的意义在于对生活世界的好奇和探究，离开好奇和探究，生活世界就是熟视无睹的了，这样教学就按部就班，无须质疑。关于格林的教师意识观，研究者认为格林的教师意识即教师是自我觉知和认同中的、自由存在的人。有研究者认为格林希望看到教师将他们自身带入学校，把他们的生活、他们的知识、他们的探索作为课程要素。格林之所以强调教师把自身带入学校，是因为教育实践中教师变得越来越缺乏技能和权力，许多教师从教育者的角色降级为管理者，教师们经常感觉到他们不能"成为他们自己"，他们被迫在对教育举足轻重的领域里保持缄默⑤。

教师实践的本体存在观研究。有研究者认为在格林的教师哲学思想中，教师是一种实践本体存在。该研究者认为格林的教师实践本体存在在目的层面上强调马克思主义意义上的改变世界，从显现方式上看是萨特意义上的"人生规划"，其理论根源是阿伦特政治哲学的行动理论。研究者

① 苗学杰：《游子返乡："教师是谁"的哲学省思——"教师作为陌生人"隐喻带来的启示》，《湖南师范大学教育科学学报》2014年第5期。

② 郭芳：《教师作为"陌生人"——玛克辛·格林教师哲学思想研究》，《比较教育研究》2014年第8期。

③ 郭芳：《教师作为"陌生人"——玛克辛·格林教师哲学思想研究》，《比较教育研究》2014年第8期。

④ 郭芳：《教师哲学思想研究：以20世纪下半叶的美国为例》，北京师范大学出版社2017年版，第78—120页。

⑤ 王丽华：《教师意识研究》，博士学位论文，华东师范大学，2009年，第37页。

认为格林的教师实践本体存在的最根本特征在于主体通过行动不断超越给予的、既定的，获得现实性，其行动建立在悬置自然态度、全面觉醒的意识基础之上。研究者认为格林教师实践本体存在显现的意识基础是陌生人的"全面觉醒"，教师实践本体存在显现的行动逻辑是"做哲学"，教师实践本体存在的实现路径是与艺术相遇①。

格林的教师哲学思想无疑是其思想中的重要组成部分，且发展比较早。研究者对其进行了可持续性的发展和研究。研究者较为重视格林的教师哲学思想。但是通过对已有文献的分析，我们发现研究者较为重视格林"教师作为陌生人"的隐喻，研究者基本上是对该隐喻的形成、意义和影响等进行分析，而少有研究者将格林的自由实践哲学思想与教师哲学联系起来进行研究。对格林的教师哲学思想研究需要我们将其置于格林整体的思想中进行关照。

五　格林的课程哲学思想

美国 20 世纪 70 年代兴起了"概念重建主义课程范式"，该范式包括"两翼"，分别是存在现象学课程论和批判课程论。玛克辛·格林是存在现象学课程论的主要代表人物之一。国内外课程与教学论的研究者较早地对格林的课程哲学进行了研究。

米勒将格林置于概念建构课程流派的发展史中进行了相关的研究，她首先对概念建构课程流派的发展史进行了梳理和回顾，在此基础上，她对格林的论文、著作等文献进行了文本细读，解读了格林的课程观，进而结合自己的教育实践经验，推演了格林课程思想的基本原则，提出了大学英语教育应有的概念建构模式。

有研究者对美国当代"存在现象学"课程理论进行了研究，认为该派的课程哲学观主要有自然有机论、个体乃知识与文化的创造者、自由与意识水平的提升、前意识经验的关注、方法之经验基础的强调、手段与目的的差异性与多元性②。在分析的过程中，该研究者多处引用格林的观点，特别是在自由与意识水平的提升方面，概念重建主义者一致认为"自由"和"解放"并非只是与政治辞令有关的标签，而应被视为不断成

---

① 郭芳：《教师哲学思想研究：以 20 世纪下半叶的美国为例》，北京师范大学出版社 2017 年版，第 78—120 页。

② 张华：《美国当代"存在现象学"课程理论初探》，《外国教育资料》1997 年第 5 期。

长的个性的中心方面，并具体就格林关于"广泛意识"等观点进行了分析①。还有研究者分析了格林课程哲学形成的时代背景和理论基础，进而认为格林课程理论的基本内容包括：课程本质观是课程即自我意识，课程目标观是培养全面觉醒的人，课程内容观是生活性、多元性、文艺性意义体系，课程实施观是学生全面觉醒的过程，课程评价观是道德性与艺术性的多元评价系统②。

综合来看，研究者关于格林课程哲学的研究多将其置于概念重建主义流派中进行研究，还有一些研究者具体分析格林的存在现象学课程哲学。若站在教育学的立场中，课程应该是教育内容的部分，教育内容的确定定然与格林关于教育的本体认识以及教育目的、教育者、受教育者等有关。鉴于此，我们认为有必要将格林的课程哲学置入其教育哲学思想的整体中去考察。

六　格林的学习哲学思想

玛克辛·格林的批判教育哲学思想不仅强调课程的重建和教师角色的变化，也注重学生学习过程中的主体性发挥和意义的建构。国内外研究者就格林的学习哲学思想进行了相关的研究。有研究者认为格林的存在主义学习观是走向自由存在与充分觉醒。研究者认为格林强调克服教育的封闭性，尊重学生思考和行动的权力，应该把教育看作开放的公共空间，在其中，学生用他们自己的声音说话，用他们自己的创造性行动，并能选择他们与诸如自由、平等、公正和关心他人等原则的关系；格林强调学习的社会性和文化的创造性，她认为学习不是仅仅为了学生的权利，而是为了作为整体的我们的文化。格林认为学生必须要知道学习是为了培育他们的理智，把我们的社会建设成一个更加民主、公正、富于关心的生活的场域③。格林在《学习的风景》一书中指出："我们都必须选择成为学习者，对永远无法完全了解的世界表现出开放的姿态，愿意在'现实面前'生活。从客观上看，我们本质上或许只不过是一粒'尘埃'。但是，我们可

---

① 张华：《美国当代"存在现象学"课程理论初探》，《外国教育资料》1997 年第 5 期。

② 张善超：《马克辛·格林存在现象学课程理论研究》，硕士学位论文，西南大学，2017 年。

③ 李丽：《追寻学习的生存论意义》，博士学位论文，华东师范大学，2007 年。

以做出选择，有时也可以做出改变。"① 有研究者认为格林的整个教育哲学，都可以围绕这段话来理解，进而对格林的教育哲学思想进行了研究。②

七　格林的教育影响

批判教育学是教育哲学发展过程中的一个重要流派，其在世界范围内产生了重要的影响，形成了批判教育学思潮。格林的批判教育哲学思想建立在经典马克思主义、存在主义马克思主义、现象学马克思主义等哲学基础上，在美国教育哲学史上占有重要的位置。有研究者将格林置于美国教育哲学发展史上进行研究，也有研究者将格林置于批判教育学的发展史中进行研究。

有研究者分析了存在主义和现象学对美国教育哲学的影响，并将此影响分为三个阶段：20 世纪 50 年代初至 60 年代中期的存在主义阶段；60年代中期至 70 年代中期的存在主义现象学阶段；70 年代中期以后的以日常语言哲学方法与现象学描述方法的结合为特征的解释学阶段。③ 在分析第二阶段和第三阶段时，该研究者都提到了玛克辛·格林在存在主义现象学的教育哲学发展过程中的重要性和核心观点等。

在批判教育学史方面，研究者较为重视玛克辛·格林的位置，甚至认为其开启了一种新的批判教育哲学范式。美国学者卡洛斯·阿尔伯托·托里斯著的《教育、权力与个人经历：当代西方批判教育家访谈录》一书中，格林占一章的内容。该书中，作者对玛克辛·格林进行了深入的访谈，对格林如何成为一名大学教授、格林的批判教育学思想以及格林的某些细致的观点等进行了呈现。④ 有研究者以"主体、政治与教育"为主题分析了当代西方批判教育学思想。该研究者分析了批判教育学的主体观逻

① ［美］玛克辛·格林：《学习的风景》，史林译，北京师范大学出版社 2016 年版，第21 页。

② 丁道勇：《选择成为学习者：玛克辛·格林的教育哲学》，《北京大学教育评论》2021 年第 2 期。

③ 李立绪：《存在主义和现象学对美国教育哲学的影响》，《教育研究与实验》1987 年第 1 期。

④ ［美］卡洛斯·阿尔伯托·托里斯：《教育、权力与个人经历：当代西方批判教育家访谈录》，原青林等译，山东教育出版社 2011 年版，第 111—131 页。

辑、政治观谱系，进而对批判教育学的发展史进行了梳理。在分析的过程中，该研究者认为格林的批判教育学的主体观是多元主体，其性质是现代性，她重点批判的对象是工具理性，其解放力量的工具是主体的文艺审美，其政治观是多元共和主义，基于此，该研究者将格林的批判教育学思想定义为美学式的批判教育学。[①] 而后，该研究者以"多元主体与共同体政治"为主题，对格林的美学式批判教育思想进行了研究。

以上，我们就玛克辛·格林在美国教育哲学史以及批判教育学发展史上的地位的研究进行了概述。无论是在美国教育哲学发展史中，还是在批判教育学发展史中，格林都占有非常重要的位置。

从已有研究成果中，我们注意到国内研究者已开始将格林的教育哲学思想运用到中国教育实践中。相对于阿普尔等批判教育学者，国内学界对格林的研究还处于起步阶段，需要进一步开展全面系统的深入研究。

作为美国 20 世纪教育哲学界的代表人物，玛克辛·格林的世界观是马克思主义、杜威主义和欧洲的存在主义（综合了萨特、波伏娃、梅洛-庞蒂）的奇特混合，她的思想也吸收了汉娜·阿伦特的政治哲学思想。她的"教育超越观"重新界定了教育的基本内涵，把美国的教育从工具理性主义霸权话语下的定义中解放出来，超越了以适应社会为目的的传统教育观，赋予了教育改造社会的新内涵，使教育不再只是教育本身，而是促进和创造自由、民主社会的动力和重要场所，使教育具有政治性的新维度。综合已有研究者对格林的哲学思想、学习哲学思想、课程哲学思想、教师哲学思想的研究，我们认为格林的教育哲学思想还有待进一步的探索。

第一，相对于格林教育哲学思想的丰富性和深刻性而言，已有研究对其思想的哲学基础重视还不够。有研究者认为哲学方法及结论对教育理论和学教育的学生们来说是很有用处的，只不过，只有当哲学的本质及其局限性被人理解时，才能发挥其用处。格林的教育哲学思想融合了马克思主义、现象学、存在主义、杜威主义、解放教育学等思想，这些哲学思想滋养着格林的教育哲学思想。从一定意义上看，不了解格林的哲学思想基础，就不能很好地理解格林的教育哲学思想。因为格林成功地将其所吸纳

---

① 李育球：《主体、政治与教育——当代西方批判教育学思想研究》，博士学位论文，北京师范大学，2011 年。

的哲学思想运用到其教育理论和教育实践中，形成了独具一格的批判教育哲学思想。有鉴于此，格林的教育哲学思想的哲学基础研究就显得尤其重要。对于教育哲学研究者来说，其不仅仅是学习和研究哲学，为自己的教育理论和教育实践提供哲学基础，反过来，教育哲学家在研究教育哲学的同时，也在发展着哲学。大多数的教育哲学家对哲学，或者对某一流派的哲学有着自己的理解。已有研究者对格林的教育哲学思想的哲学基础进行了一定的研究，但是研究得还不够，特别是格林批判教育哲学思想中的马克思主义哲学命脉，包括经典马克思主义和存在主义的马克思主义思想等还有待于我们进一步去研究和发展。

第二，对格林自由思想的研究有待进一步加强。格林的教育哲学思想不是其坐在办公室中想象出来的，不是其将相关的哲学思想移植、演绎到教育中而来的，而是在具体的时代环境中产生和形成的。20世纪的美国教育受到了工具理性和科技主义的影响，在这个过程中，教育中的自由、个体的主体性和意义世界的建构受到遮蔽。格林正是在这个意义上强调自由。有研究者认为对于格林而言，哲学不是静态的死的知识，而是对意义与自由的永无休止的追求，是批判地面对世界，改变世界的机会，是行动，是选择，是生活于现世的决定，是一个人存在的现实生活体验。格林的教师实践本体存在在目的层面强调马克思主义的改变世界，格林接受了萨特的自由观，其讨论教师实践，就是将自由本体化。在这个意义上，我们认为格林眼中的教育实践就是一种自由实践。已有研究者对格林将教育作为一种自由实践的研究有待深化。

第三，已有研究者对格林的教育哲学思想的整体性把握有待扩展。有研究者认为我们时代的人类智慧定向在整体这块基石上，形成整体思维的时代特征，这绝不是人类的随心所欲，也不仅仅是科学或人类文明的进步所使然，而是适应社会进步的历史必然和人类发展的时代要求。"整体"是我们这个时代的要求，也是适应社会进步和人类发展的必然要求。对一个人物思想的把握，或许在一段时间内，我们仅能认识到某一个方面，或者几个方面，但是到达一定阶段之后，就需要综合这些方面，对该人物的思想形成一个整体的认识。对于格林思想的研究，我们看到研究者从教师哲学、课程哲学等方面进行了一定的研究，这些只是格林思想的一个方面。欲深入地了解格林的教育哲学思想，需要全面地去看待格林的思想。所谓的"全面"，不是说将格林的思想面面俱到地说清楚，而是勾勒出一条主线，将其思想贯穿，进而勾勒出格林整体的教育哲学思想。

第四，格林教育哲学思想中的实践逻辑有待进一步揭示。作为批判教育学中的一员，格林的教育哲学思想吸纳了马克思主义实践哲学的思想，并且将实践作为其教育哲学思想的基础贯穿始终。关于这一点，已有研究者在研究格林教师哲学思想和学习哲学思想时，有了一定的涉及。但是相对于格林对实践的重视而言，已有研究者的研究仅涉及一面，尚未从格林教育哲学思想的整体上去揭示其对实践的重视。有鉴于此，我们认为格林教育哲学思想中的实践基础和实践底色有待研究者进一步去揭示。

第五，格林教育哲学思想的中国价值研究有待深化。改革开放以来，我国的各项事业取得了长足的发展，教育也不例外。在肯定成绩的同时，也应看到我国的教育发展还存在一些不容忽视的问题。我国的教育理论发展尚未走向自觉的状态，教育理论和教育实践发展过程中遇到的问题，在发达的资本主义国家也曾经遇到过。如关于教育公平、平等、自由等方面的问题，美国曾经也遇到过。解决这些问题，需要我们进行异域察论。在这个意义上，研究格林的实践教育哲学思想对中国教育实践和教育理论发展的意义有待进一步加强。

第四节　研究内容和方法

本书选择玛克辛·格林的实践教育哲学思想进行研究，不是简单地复述格林的思想，而是通过研读格林的论著，分析其欲解决的问题及得出的结论。

改革开放 40 多年来，中国的教育理论和教育实践取得了长足的发展。在肯定这些成绩的同时，我们也应看到在改革开放进入新时代，教育实践中一系列话题正在成为社会讨论的焦点和热点。如教育资源分配引发的教育公平问题、择校问题、农村留守儿童教育问题等。这些问题中的很多已经超出了教育本身，而需要放入更宏大的社会背景中去思考和解决、解答。面临这些问题，教育研究者就不能仅仅就教育研究教育了，而需要从哲学层面去反思教育理论和教育实践。最应该这样做的可谓教育哲学研究者。正如有研究者所言，我国社会正处在转型发展期，教育也处在变革之中，活动在这一时期的教育理论工作者不能仅做教育方法、教育技术层面的探索，哲学层面的思考也必须跟得上[1]。考察中国教育哲学领域的研究，我们不乏对教育本身进行本体思辨的研究，也有研究者聚焦教育实践，欲构建教育实践的哲学。客观而言，这些成果依然是理论哲学思维方式指导下的教育哲学研究，对教育实践中的"做"和"应该怎么做"则有待进一步深入研究。笔者将目光扩大到异域的学术研究中。在沿着这样的思考路径去追寻文献时，自觉地将目光聚焦到批判教育哲学研究中。基于马克思主义实践哲学的批判教育哲学家的思想有助于思考和解决我们目前遇到的问题。在马克思主义哲学的谱系中，社会批判理论继承了马克思主义哲学的实践倾向，强调对现实的选择和超越。北美的批判教育理论家基于马克思主义哲学，将他们的社会批判哲学意识投入教育领域，同时，也立足于教育批判表达了他们的社会批判哲学[2]。正是基于这样的思考，玛克辛·格林进入了笔者的视野。

一　研究内容

本书的研究内容具体包括以下四个方面：第一，玛克辛·格林实践教育哲学思想的缘起。从格林所处的时代背景以及其对批判教育学的继承、马克思主义哲学和西方马克思主义的借鉴、美国马克思主义教育哲学传统的沿袭等几个方面揭示其思想的缘起。第二，玛克辛·格林实践教育哲学思想的基点。具体研究格林对人的本质、资本主义社会问题的剖析等揭示其实践教育哲学思想的基点及最终的诉求。第三，玛克辛·格林实践教育哲学思想的核心内容和特征。从格林对批判教育的探索，对想象教育的探索，对实践教育观的建构几个方面揭示格林实践教育哲学思想的核心内容，通过研究格林思想的缘起、基点和核心内容，进而分析其思想的独特性。第四，玛克辛·格林实践教育哲学思想的启示。通过将格林的思想与中国的教育实践和教育理论，特别是教育哲学的发展进行比较，寻找格林思想对中国教育哲学和教育改革的启示。

---

[1] 刘庆昌：《刍议教育思想研究的对象与方法——兼评〈意识形态解蔽与教育批判〉》，《教育理论与实践》2015 年第 13 期。

[2] 刘庆昌：《刍议教育思想研究的对象与方法——兼评〈意识形态解蔽与教育批判〉》，《教育理论与实践》2015 年第 13 期。

格林一生著述丰富，其论著中综合运用了哲学、教育学、文学、艺术学、社会学等学科的知识，再加上其文学式的表述方式、欠于微观严谨的论述方式，使得用解释学的文本解读变得困难，甚至是事倍功半。但是格林思想却不乏实践关怀、社会批判方面的微言大义。基于此，笔者试图以思想的方式研究格林的思想，借助格林思想的文本，将格林本欲表达却没有表达出来的东西通过笔者的研究表达出来。

有研究者认为研究具体思想家的教育思想，最为彻底的方式应是走进具体教育家的世界，这包括教育家的生活世界和精神、思想世界，其门径恐怕不能仅仅限于相关文献资料的阅读，而是以精神的方式走进精神、以思想的方式走进思想①。毫无疑问，这样的研究是困难的，但是也是最能揭示思想家的思想的方式。玛克辛·格林出生于美国，其家庭出身决定了其一直关注弱势群体，其早年的经历决定了其思想的基础和资源，其读书期间所接受的思想，如马克思主义、存在主义、现象学等思想决定了其思想的丰富性和深刻性，其文学、教育学、哲学、社会学、艺术学的知识谱系决定了其文风、跨学科研究的优势等。更为重要的是格林经历了美国不同政府主政期间的政策以及美国不同的发展阶段。具体的成长经历和时代背景奠定了格林思想产生、形成、发展的条件和过程。基于这样的认识，我试图深入了解格林成长的美国时代背景，挖掘格林思想背后的思想资源，特别是马克思主义和批判教育哲学的思想资源，以期把格林隐蔽在文本背后的思想揭示出来，把不系统的思想系统化。

了解格林思想形成的时代背景和个人生命成长经历，把握格林思想形成的历程，客观而言，仅仅是研究人物思想的第一步。研究思想家思想接下来要做的是观点和资料相结合，理出其思想的核心内容。格林一生思想丰富，正如在文献综述部分所展现的，研究者既有研究其思想的哲学基础的，也有研究其教师哲学等思想的，还有研究其民主社会思想的。本研究着眼于格林将马克思主义哲学中的"实践"概念运用到教育哲学研究中所做的一系列研究和行动而形成的思想。具体而言，通过分析格林教育哲学思想形成的背景和资源，深入挖掘其思想中的马克思主义哲学命脉，特别是马克思主义实践哲学思想，结合第一代批判教育哲学家弗莱雷的马克

---

① 刘庆昌：《刍议教育思想研究的对象与方法——兼评〈意识形态解蔽与教育批判〉》，《教育理论与实践》2015 年第 13 期。

思主义教育哲学思想以及杜威的实践哲学思想，分析格林的实践教育哲学思想的核心内容。格林的实践教育哲学思想蕴含在其《自由的辩证法》《学习的风景》《教师作为陌生人：现代教育哲学》《释放想象：教育、艺术与社会变革》等著作和论文中，本研究将通过研读格林的论述，把握格林思想的核心内容。

二 研究方法

本书的研究方法主要有以下三个：

（1）文献法。本书尽可能搜集已有对格林思想研究的文献，通过研读搜集的文献，明确研究的基础，分析研究的对象、视角等。通过查阅相关的哲学、马克思主义哲学、教育哲学等方面的文献，奠定研究的知识基础。通过查阅格林的论著，进行文本分析，揭示格林实践教育哲学思想的核心内容。

（2）历史法。历史研究法是借助对相关社会历史过程的史料进行分析、破译和整理，以认识研究对象的过去，研究现状和预测未来的一种研究方法。玛克辛·格林的实践教育哲学思想是随着美国社会和教育的发展而形成的，她对西方哲学史的梳理、对美国社会和教育发展的分析等是其思想形成的基础。本书通过梳理格林思想发展的历史，将其思想置入哲学史、美国社会和教育发展史中，系统分析其实践教育哲学思想。

（3）比较法。玛克辛·格林的实践教育哲学思想与马克思主义哲学、西方马克思主义有内在的联系，同时，其思想与杜威、弗莱雷等人的思想一脉相承。本书试图在分析格林实践教育哲学思想的过程中，与相关理论和人物思想进行比较，以揭示其思想的独特性。从格林的实践教育哲学思想中寻求对我国教育哲学和教育实践发展的启示时，也不可避免地涉及相关问题的比较。

第二章　玛克辛·格林实践教育
哲学思想的缘起

　　实践是格林思考教育问题的视角，也是她构建教育理论的思维方式。格林实践教育哲学思想的形成与她生活的美国时代背景有关。更为重要的是，格林的实践教育哲学思想不仅有经典马克思主义哲学和西方人本主义马克思主义哲学的理论影响，也有对以马克思主义哲学为思想基础的批判教育学的借鉴，特别是批判教育学的领军人物——弗莱雷的借鉴。当然，其思想的形成也不可能脱离美国教育哲学的传统，杜威教育哲学和美国马克思主义教育哲学传统对格林实践教育哲学思想的发展产生了极其重要的影响。

第一节　动荡的时代背景

　　任何人物思想的形成都离不开自我成长的独特经历和当时的时代背景。格林的成长经历让她站在劳苦大众的立场上思考问题，站在弱势群体一方解决问题。美国的时代背景赋予格林的则是变革现存社会的诉求。

　　学术研究者不能无视现实的社会问题。格林盛年时的美国正处在动荡不安又非同寻常的历史时期，20 世纪 50 年代的美国进入了约翰·加尔布雷斯所说的经济、科技飞速发展的"富裕的社会"，60 年代的美国则陷入了动荡不安的旋涡①。格林描述自己所见的美国是"原子弹爆炸以及纽伦堡军事审判在无辜与有罪上的矛盾引发了可怕的复杂状况，对自由和人权

----

　　①　郭芳：《教师哲学思想研究：以 20 世纪下半叶的美国为例》，北京师范大学出版社 2017 年版，第 79 页。

法案侵蚀的麦卡锡时代困境，20 世纪 50 年代充满冲突和谜团的冷战，结为联盟却彼此冷漠的不寻常对应，接下来是难以置信的十年混乱：民权运动，学生反抗运动，刺杀，越南战争，警察恐怖活动，骚乱，爆炸，密谋指控，所有都处于暴力和非暴力愤怒的阴影之中。"① 格林认为这种混乱是时代的价值观、信仰、抱负和理想严重失调②。

　　面对美国社会出现的问题，不同的研究者给予了不同的回应。格林指出当时的大多数美国教育者虽然看到了这种反人性的邪恶与冷漠，但还是抱有传统的自信，相信现代化是能够赋予个体力量以及个体所需要的自由的。在这样的情景下，学校的功能就是赋予年轻人竞争的能力，在经济上独立，能够创造自身的财富。他们认为有意识地逐步改革与启蒙可以解决问题③。

　　与相信传统不同，格林积极寻求改变现实社会的路径。格林批判美国当时的教育家和改革家，认为他们往往情愿成为美国"梦"或幻觉的传播者，虔诚地成为许多人地位和职位的配置者④。格林则希望自己是一个具有社会良心、真正的学者。她是这样说的，也是这样做的。她以马克思主义、存在主义、现象学等为武器，以教育为阵地，深入地对美国当时的制度的不公正和民众的痛苦做出深刻的剖析。这些在格林的成果中得到反映。在 1965 年出版的《公立学校与私人观点》一书中，她对美国当时的学校教育存在的问题进行了深刻的分析，在书的最后，她提出"明天我们会跑得更快"的观点，并给出了建设性的意见。格林把这本书描述为对从富有想象力的艺术家和教育工作者这个角度看美国文化的变化的批判。在 1967 年出版的《教师的存在主义遭遇》一书中，格林摘录了海德格尔、萨特、加缪、布伯等人的作品中涉及个人、他人、认知、选择和情境等话题的分析。在这本书中，格林实际上是对当时教育领域的工具主义

---

①　Maxine Greene, *Teacher as Stranger: Educational Philosophy for the Modern Age*, Belmont: Wads Worth Publishing Company, Inc. , 1973, p. 183.

②　Maxine Greene, *Teacher as Stranger: Educational Philosophy for the Modern Age*, Belmont: Wads Worth Publishing Company, Inc. , 1973, p. 8.

③　郭芳：《教师哲学思想研究：以 20 世纪下半叶的美国为例》，北京师范大学出版社 2017 年版，第 79 页。

④　［美］卡洛斯·阿尔伯托·托里斯：《教育、权力与个人经历：当代西方批判教育家访谈录》，原青林等译，山东教育出版社 2011 年版，第 121 页。

进行了坚决的抵制。格林 1973 年出版的《教师作为陌生人：现代教育哲学》一书中，强调教师要做哲学，要关注不平等、假虔诚和毫无根据的承诺。1978 年出版的《学习的风景》一书，格林强调对教师来说培养广泛觉悟的必要性，强调教师要培养参与世界的态度。1988 年出版的《自由的辩证法》一书实际上是对"以自我为中心，自以为是，轻视一个人的优点的个人主义，忽略个人对社会上其他人的责任或对社会行为的承诺"的现实进行批判。1995 年出版的《释放想象：教育、艺术与社会变革》一书更是强调想象力———一种要看到事物的本来面目，就必须设想出事物本来的样子的能力———是进行有意义的教育和社会改革最基本的能力。格林始终强调变革社会。

从格林的这些著作中，不难看出她对当时美国时代背景的把握。在每一本书中，格林集中讨论的问题都与美国当时的社会背景有关。在马克思看来，社会存在决定社会意识，没有对社会存在的深刻把握，就不可能产生出变革社会的思想。格林用其一生践行着"解释世界的基础上改变世界"的实践的唯物主义思想。

第二节　马克思实践哲学和西方马克思主义的借鉴

哲学对教育研究的滋养可以说从教育之学成立之时就开始了。教育学首次登上大学的舞台即是源于哲学家康德。康德首次在哥尼斯堡大学讲授教育学。继康德之后，赫尔巴特接替了康德在哥尼斯堡大学的教席。他比康德更进一步的是他不仅仅讲授教育学，而且使教育学学科化。赫尔巴特提出教育学的两个基础，一个是实践哲学，一个是心理学，前者规定教育的目的，后者规定教育的手段。由此，哲学与教育学发生了密切的联系，并于 1886 年产生了"教育哲学"这一教育学的分支学科。

哲学的发展滋养着教育研究。回顾一些教育家的教育思想，不难看出其哲学思想对教育研究的影响，洛克如此，卢梭也是如此。更有甚者，杜威认为教育就是哲学的实验室。教育研究者或者由哲学观推出其教育观，或者运用哲学的研究方法研究教育问题，或者将哲学的概念、原理、命题等运用到教育研究中。格林也不例外。格林的实践教育哲学思想的哲学基础有马克思主义哲学、存在主义哲学、现象学等。在马克思主义哲学方面，格林主要吸收了马克思的实践哲学和西方人本主义马克思主义，尤其是存在主义马克思主义的思想。除此之外，格林对社会和教育的批判武器是法兰克福学派的批判理论。

一　马克思实践哲学的借鉴

格林的实践教育哲学思想对马克思主义哲学的吸收不是演绎了马克思主义创始人关于教育本质、教育功能、教育目的、教育方式等的观点，而是吸收了其实践哲学思想。马克思、恩格斯在创立马克思主义时，并未忽视对教育的论说，一定意义上，他们将教育看作"社会关系实践的舞台"①。在格林看来，教育就是一种实践活动。马克思认为："哲学家们只是用不同的方式解释世界，问题在于改变世界。"②"实际上，而且对实践的唯物主义者即共产主义者来说，全部问题都在于使现存世界革命化，实际地反对并改变现存的事物。"③格林将教育作为一种自由实践活动，希冀通过教育来变革现存世界。

格林接触马克思主义哲学思想始于其早年的经历。在早年时期，格林曾是美国共产党的优秀党员④。她主要负责解读共产党海内外精英所撰写的难读的文本材料，她还曾经为美国工党的《立法时事通讯》做编辑。格林读硕士的时候，得到了梅耶、乔治和布拉梅尔德三位导师的共同指导。其中，布拉梅尔德是一位继承了马克思主义传统的教育哲学家，他曾在1933年出版过《通向共产主义的哲学之路》一书。除此之外，格林在以后的学术研究中，逐渐吸纳了弗莱雷、哈贝马斯、阿伦特、萨特、加缪、梅洛-庞蒂等人的思想，她对这些哲学家思想中的马克思主义也进行了吸收，特别是对他们思想中关于实践论述的继承。

格林以实践的思维方式看待教育，将教育的本体厘定为实践。在实践的视域中，格林把美国的教育从工具理性主义霸权话语下的定义中解放出来，超越了以适应社会为目的的传统教育观，赋予了教育改造社会的新内

---

① ［苏］符·朴·格鲁兹迭夫：《马克思恩格斯论教育》，人民教育出版社1958年版，第1页。

② 《马克思恩格斯文集》（第1卷），人民出版社2009年版，第502页。

③ 《马克思恩格斯文集》（第1卷），人民出版社2009年版，第527页。

④ ［美］卡洛斯·阿尔伯托·托里斯：《教育、权力与个人经历：当代西方批判教育家访谈录》，原青林等译，山东教育出版社2011年版，第113页。

涵。从实践本体论的视角看，教育不再只是教育本身，而是促进和创造自由、民主社会的动力和重要场所，教育具有政治性的新维度①。在具体的教育教学活动中，格林强调教育者和受教育者的全面觉醒。所谓的全面觉醒的人，就是能实践的人②。全面觉醒的人还是有批判意识的人、充满想象力的人、有道德的人、自由的人③。通过教育者和受教育者的全面觉醒，达到对现存社会的变革，这是格林吸纳马克思实践哲学之后的教育哲学思想的核心。在此意义上，我们认为格林的哲学观不是西方传统的理论哲学，而是马克思的实践哲学。

总而言之，格林吸纳了马克思主义的实践哲学思想，并将其作为武器来分析批判美国的社会问题及教育问题。她不是用马克思主义的实践观点来分析社会和教育问题，也不是用马克思主义的方法来分析社会和教育问题，而是运用马克思主义的实践的思维方式，将教育作为一种实践活动来分析和变革当时的美国社会。

二　西方马克思主义的借鉴

所谓的西方马克思主义主要包括以卢卡奇、科尔施、葛兰西、布洛赫等为代表的早期西方马克思主义，以霍克海默、阿多诺、马尔库塞、弗洛姆、哈贝马斯等为代表的法兰克福学派，以及萨特的存在主义马克思主义、列斐伏尔的日常生活批判、本雅明的现代文化批判、阿尔都塞的结构主义马克思主义等④。格林的实践教育哲学思想借鉴了卢卡奇、葛兰西等发展了的马克思主义哲学的实践观，吸收了霍克海默、马尔库塞、哈贝马斯等的批判理论和实践观，以萨特为代表的存在主义马克思主义为格林的实践教育哲学奠定了基础，梅洛-庞蒂的现象学马克思主义为格林的实践教育哲学思想提供了方法论基础。

---

① 李育球：《主体、政治与教育——当代西方批判教育学思想研究》，博士学位论文，北京师范大学，2011年。

② 张善超：《玛克辛·格林存在现象学课程理论研究》，硕士学位论文，西南大学，2017年。

③ 张善超：《玛克辛·格林存在现象学课程理论研究》，硕士学位论文，西南大学，2017年。

④ 衣俊卿等：《20世纪新马克思主义》（修订版），中央编译出版社2012年版，总序第1—2页。

　　就早期西方马克思主义而言，格林借鉴的主要是他们的实践哲学观。如格林认为"卢卡奇和弗莱雷都认为，必须通过实践对现实进行批判性干预"①。再比如格林认为梅洛-庞蒂反对萨特的实践观，转而支持卢卡奇的观点，认为实践不是被视作任何一个单独个体的项目，相反，它是"意识形态、技术性和生产力运动之间关系的簇合物，其中任何一个元素都牵涉其他元素，并从其他元素那里获得支持。它们各自在适当的时候发挥着并不排外的指导性作用，它们一起产生了社会发展的量化阶段"②。同时，格林还引用了梅洛-庞蒂的实践哲学观，特别是梅洛-庞蒂关于阶级实践是由理论家创造还是自发形成的回答。除此之外，格林的实践教育哲学还受到葛兰西实践哲学的影响。格林说："如果我们教师要发展一种人性化的教育学，就必须时刻坚持一种辩证关系的原则。"③ 有研究者认为格林提出的辩证法所依据的关系是在实践背景下阐明的，而其所谓的实践正是葛兰西的实践哲学思想④。

　　对于法兰克福学派，格林借鉴的主要是他们的批判理论以及他们对现代社会批判的观点。就批判理论而言，格林的批判的武器是法兰克福学派的社会批判，而不是文化批判。格林注重对美国当时的种种社会问题进行分析，进而分析这些问题对教育的影响，而后通过教育来变革社会。格林指出科技统治论和所谓的功能理性正在向我们逼近，我们被卷入生产性导向、实证性实践和用途性预设的大潮之中，自己不仅被某种外在的控制物物化了，还内化了那些将这些因素合理化的解释⑤。格林认为，"异化、被动而不加质疑的教师会将身边的社会现实视为理所当然，同时不加甄别地接受一切"⑥。面对这一情况，格林的兴趣在于唤醒教育者，使他们意

---

　　① ［美］玛克辛·格林：《学习的风景》，史林译，北京师范大学出版社 2016 年版，第130 页。

　　② ［美］玛克辛·格林：《学习的风景》，史林译，北京师范大学出版社 2016 年版，第131 页。

　　③ ［美］玛克辛·格林：《释放想象：教育、艺术与社会变革》，郭芳译，北京师范大学出版社 2017 年版，第 71 页。

　　④ John Baldacchino, *Education Beyond Education*: *Self and the Imaginary in Maxine Greene's Philosophy*, New York: Peter Lang Publishing, Inc. ,2009, p. 58.

　　⑤ ［美］玛克辛·格林：《学习的风景》，史林译，北京师范大学出版社 2016 年版，第24 页。

　　⑥ ［美］玛克辛·格林：《学习的风景》，史林译，北京师范大学出版社 2016 年版，前言。

识到这个现实：转变可以由想象产生，未来的可能性意识可以促使人们开始学习①。与此同时，格林还吸收了马尔库塞、哈贝马斯等对现代社会批判的成果。如格林对马尔库塞质疑资产阶级社会的文章的重视，她引用了马尔库塞对现代社会强大的同化和吸收能力的批判。她对马尔库塞关于艺术的异化的分析更是深信不疑。格林认为哈贝马斯的著作非常重要，具有道德和政治上的启蒙意义，尤其是他关于公共问题的思想②。这些成果对格林的公共空间思想具有重要的启示和影响。

以萨特为代表的存在主义的马克思主义思维为格林的实践教育哲学思想奠定了主体观。有研究者认为格林的世界观是马克思主义、杜威主义和欧洲存在主义的罕见的奇特混合物。在《教师的存在主义遭遇》一书中，格林用存在主义的视角审视了教师的生存状态，抨击的就是美国教育现实对教师主义的压制，对多元主体的抑制③。在《自由的辩证法》《教师作为陌生人：现代教育哲学》等著作中，格林将存在主义马克思主义的主体观和自由观运用到教育研究中，发展出了实践教育哲学思想。

梅洛-庞蒂的现象学马克思主义思维为格林的实践教育哲学思想提供了方法论基础。《教师作为陌生人：现代教育哲学》一书中，格林强调教师要悬置自己的自然态度，以陌生人的身份面对自己的教学和学生。当然，需要指出的是，格林所谓的悬置并不是完全悬置，而是暂时的悬置，其主要目的是对抗科技理性和工具理性以及意识形态对教师和学生的控制，强调教师和学生的主体地位、参与政治的权利等。

马克思主义哲学是时代精神、人类智慧开出的瑰丽花朵，它的力量是智慧对世界、时代、社会、人类自身发展规律自觉把握的产物④。马克思主义哲学是具有最大包容度和真理性的哲学，其在历史唯物主义和辩证唯物主义的创建方面做出的贡献，是其他哲学无法相提并论的，它为认识教育现象和教育研究活动提供前提性的认识和最为原则的思想方法指导⑤。

---

①　[美]玛克辛·格林：《学习的风景》，史林译，北京师范大学出版社2016年版，前言。

②　[美]卡洛斯·阿尔伯托·托里斯：《教育、权力与个人经历：当代西方批判教育家访谈录》，原青林等译，山东教育出版社2011年版，第124页。

③　李育球：《主体、政治与教育——当代西方批判教育学思想研究》，博士学位论文，北京师范大学，2011年。

④　叶澜：《教育研究方法论初探》，上海教育出版社2014年版，第136页。

⑤　叶澜：《教育研究方法论初探》，上海教育出版社2014年版，第137—138页。

虽然格林的实践教育哲学思想吸纳了多种哲学思想，但是其哲学基础的底色是马克思主义哲学。在格林的思想中，马克思主义哲学的包容性体现得一览无余。可以说，格林的实践教育哲学思想正是在马克思主义哲学的滋养下产生的。

第三节　批判教育哲学和马克思主义 教育哲学的继承

格林实践教育哲学思想的形成还受到了以弗莱雷为主的批判教育哲学和美国马克思主义教育哲学传统的影响。

一　批判教育哲学的继承

批判教育哲学是一种政治性的、站在弱势群体的立场、带有多元文化色彩的、用阶级分析的方法批判资本主义社会意识形态下教育现实问题的理论[1]。批判教育哲学的哲学基础是经典马克思主义和西方马克思主义。北美的批判教育学的创始者和代表人物是巴西教育家弗莱雷，其代表著作是《被压迫者教育学》。格林实践教育哲学思想的形成主要受到了弗莱雷的影响。美国批判教育哲学家吉鲁和麦克莱伦也对她的思想形成产生了一定的积极影响。

弗莱雷的批判教育学思想以马克思主义哲学为基础。弗莱雷声称，"现实的矛盾使我走向了马克思，我开始阅读和研究他的著作，这真是美妙，因为我在马克思的著作中发现了没有文化的人告诉我的许多事情，马克思真是个天才"[2]。弗莱雷基于经典马克思主义哲学，深刻分析了北美社会存在的问题及其在教育中的反映，发展出了批判教育学（也称为解放教育学）。他强调教育不是中立的，这就意味着学校必须发挥社会政治功能，引导学生批判、创造性地对待现实，进而改造世界[3]。弗莱雷的批判教育学将教育与觉悟联系起来，提出培养批判意识，论述了教育与政治的关系，认为教育即政治。弗莱雷的思想一方面对教育以及教学改革具

---

[1]　张卓远：《批判教育学在中国的传播及其影响》，硕士学位论文，山西大学，2016 年。

[2]　Paulo Freire, *Pedagogy of Liberation*, Krieger Publishing Company, 1994, p. 42.

[3]　祁东方：《吉鲁批判教育哲学思想研究》，博士学位论文，山西大学，2015 年。

有极为深远的意义；另一方面也具有强烈的社会政治意义①。

　　格林受弗莱雷的启发，接受了批判教育学的立场和武器。格林自己说她被吸引到那些敢于揭露和暴露黑暗的人，那些敢于深入到表层下面、打抱不平、乐于同别人一起在没有任何保证的情况下进行变革的人那里去②。当被问到与弗莱雷的关系如何时，格林是这样回答的："记得我第一次在联合神学院听他演讲，大概是 20 多年前的事了。我从上研究生时就认识了迈尔斯·霍顿。后来，我将他们二人之间的一次谈话整理发表。我和保罗（即弗莱雷）在纽约的一次社会主义学者会议上作演讲，我又在家里设宴招待过他……"③ 可见二人的关系之亲密。在具体的写作中，我们也总是能看到格林对弗莱雷作品的引用。在教育者和受教育者的解放方面，格林不仅继承了弗莱雷的思想，而且有新的发展。弗莱雷希望通过教育来使压迫者和被压迫者觉悟，而格林则希望通过教育唤醒教育者和被教育者的主体性，进而使他们参与到变革社会的实践中去。

　　总而言之，格林受到了以弗莱雷为代表的批判教育哲学思想的影响。除了上文提到的弗莱雷之外，吉鲁、麦克莱伦等人的思想对格林的影响也非常大。

二　马克思主义教育哲学的继承

　　玛克辛·格林系美国教育哲学家，其实践教育哲学思想深深扎根于美国马克思主义教育哲学的传统之中。

　　马克思主义于 19 世纪 60 年代传入美国，进而对美国各个学科的发展产生了重要的影响④，教育哲学也不例外。1886 年，美国教育家布莱克特将德国学者罗森克兰兹出版的《教育学的体系》一书翻译成英文，并将名称改为《教育哲学》⑤。这开启了美国教育哲学的篇章。20 世纪初，美

---

① 黄志成：《被压迫者的教育学——弗莱雷解放教育理论与实践》，人民教育出版社 2003 年版，第 8 页。

② ［美］卡洛斯·阿尔伯托·托里斯：《教育、权力与个人经历：当代西方批判教育家访谈录》，原青林等译，山东教育出版社 2011 年版，第 124 页。

③ ［美］卡洛斯·阿尔伯托·托里斯：《教育、权力与个人经历：当代西方批判教育家访谈录》，原青林等译，山东教育出版社 2011 年版，第 126 页。

④ 郭建斌：《美国马克思主义在中国的传播及反思》，《马克思主义哲学研究》2019 年第 2 期。

⑤ 石中英：《20 世纪美国教育哲学的发展》，《比较教育研究》2002 年第 6 期。

国的教育哲学进入快速化发展的时期。在此时期，马克思主义哲学逐渐成为美国教育哲学的基础之一，并产生了马克思主义教育哲学，其代表人物有劳普、布拉梅尔德等。格林早年的经历及跟随布拉梅尔德学习的经历奠定了其继承马克思主义教育哲学传统的基础。格林的实践教育哲学思想受到了美国马克思主义教育哲学传统的影响。

就杜威的教育哲学思想而言，格林在不同时期受到了不同的影响。杜威系美国实用主义哲学的集大成者。作为哲学家的杜威，在思考哲学问题时，也兼及了社会问题和教育问题，他主要是通过严肃的哲学思考提出一些教育原则，并进行了检验。1910 年至 1911 年，杜威就在哥伦比亚大学讲授"哲学与教育的历史关系"课程。① 这些思想后来集中呈现在其1916 年出版的《民主主义与教育》一书中，该书的副标题就是"教育哲学导论"。在这本书中，杜威形成了独特的教育哲学观，即认为"教育哲学"并非把现成的观念从外面应用于起源与目的根本不同的实践体系。所以，我们能给哲学下的最深刻的定义就是，哲学就是教育的最一般方面的理论②。除此之外，杜威在《经验与教育》等著作中呈现的经验概念、自由概念、社会控制概念、民主概念等对当时以及后来的美国教育哲学产生了重要影响。在格林的著作和论文中，她多次提及杜威的教育哲学观以及杜威所创造的哲学概念和教育概念。格林的实践教育哲学思想也受到了杜威教育哲学思想的影响。特别是实践、经验等概念，格林确实是在杜威界定的基础上使用的。正如格林自己所说："我一直从不同的视角审视杜威，他的著作在不同时期对我产生了不同的影响。"③ 有研究者认为杜威的实用主义教育哲学也受到了马克思主义哲学的影响，甚至认为杜威就是马克思主义者④。

就布拉梅尔德的马克思主义教育哲学思想而言，格林继承的是立场。布拉梅尔德是美国改造主义教育思想的代表人物，1928 年在芝加哥大学攻读硕士时接触到了马克思主义，1931 年毕业后曾在纽约大学

---

① 石中英：《20 世纪美国教育哲学的发展》，《比较教育研究》2002 年第 6 期。

② ［美］杜威：《民主主义与教育》，王承绪译，人民教育出版社 1990 年版，第 334 页。

③ ［美］卡洛斯·阿尔伯托·托里斯：《教育、权力与个人经历：当代西方批判教育家访谈录》，原青林等译，山东教育出版社 2011 年版，第 124 页。

④ 涂诗万：《重新发现杜威：中国近 20 年杜威研究新进展》，《中国人民大学教育学刊》2016 年第 3 期。

任教育哲学教授。正是在这段时间里，格林曾求学于纽约大学，并师从布拉梅尔德。布拉梅尔德于 1933 年出版了《通向共产主义的哲学之路》一书，又于 1941 年任美国教育哲学学会的秘书。这一时期的美国教育哲学学会具有明显的学术和政治倾向，即马克思主义。布拉梅尔德相信马克思、恩格斯的社会理想可以实现，支持左派政党，鼓吹教师如果要为自己的客户提供卓越的服务，就必须放弃政治上的中立，信奉马克思主义[1]。美国教育哲学的马克思主义传统在冷战时期被迫中断，这主要是由于麦卡锡主义不理会马克思主义及其他左派思潮。但是格林没有中断对美国马克思主义教育哲学传统的继承。虽然分析哲学等思想对第二次世界大战后的美国教育哲学产生了重要影响，但是在 20 世纪 70 年代之后，美国的马克思主义教育哲学传统又出现了复苏。最为典型的代表就是以阿普尔、吉鲁、鲍尔斯等为代表的批判教育学派。在格林的实践教育哲学思想中，我们注意到她从来没有放弃继承马克思主义教育哲学的立场，即便是吸收存在主义和现象学的相关哲学观点也是站在马克思主义的立场上吸收的。

综上所述，格林的实践教育哲学思想继承了批判教育哲学的传统和美国马克思主义教育哲学传统，并不断地在变革社会方面发展马克思主义。

任何人物思想都不是凭空出现的，而是与自己的成长经历、时代环境以及彼时的思想资源有关，格林实践教育哲学思想的产生与发展亦是如此。从成长经历和时代环境来看，格林自身的成长经历决定了其学术研究的立场，即总是站在弱势群体一方，而美国当时的社会问题使得格林选择了马克思主义的实践哲学。格林以马克思主义实践哲学为思想的武器、以教育为阵地，致力于探索改变社会的教育。由此，经典马克思主义的实践哲学思想成为格林实践教育哲学思想的哲学基础和思想底色。除此之外，格林还广泛涉猎并吸纳西方人本主义马克思主义和法兰克福学派的研究成果。西方人本主义马克思主义，特别是存在主义马克思主义的主体、自由等观念为格林提供了启发和借鉴。现象学的马克思主义，主要是梅洛-庞蒂的思想，则奠定了格林思想的方法论基础。作为一个美国的教育研究者，格林生于斯、长于斯，这就是促使其不能不审慎地对待美国的教育哲学传统。前已述及，由于格林对马克思主义实践哲学思想的选择和接受，

---

① 石中英：《20 世纪美国教育哲学的发展》，《比较教育研究》2002 年第 6 期。

她的思想深深扎根于美国马克思主义教育哲学的传统中。进而在 20 世纪
70 年代之后复苏了美国的马克思主义教育哲学传统，并成为批判教育学
派的一员。就美国的马克思主义教育哲学传统而言，对格林产生重要影响
的是布拉梅尔德和杜威等人的思想。

第三章　玛克辛·格林实践教育哲学思想的基点

　　格林的实践教育哲学思想有其内在的逻辑，而逻辑的展现意味着对所处世界的正确认识，因为逻辑关涉现实。同时，逻辑的形成也是格林从实践出发达至人本自由这一思想基点的外在体现。彼时，格林所生活的资本主义社会产生了种种社会问题，导致了人的自我困境。在此背景下，格林对资本主义社会进行了批判，进而将变革社会的手段定位为教育，希望通过教育达至民主社会以及道德与理性人的自我实现。

第一节　基于实践的人本自由

　　实践是主体有目的的活动。教育作为一种实践活动，同样是主体有目的的活动。深入教育的内在结构分析，教育即是"人使人成人"的活动。第一个"人"是教育者，第二个"人"是受教育者，第三个"人"则是教育者（代表社会、家庭等）欲使受教育者成为的"人"，也即理想的人。古往今来，先哲先贤教育思想的核心就在于对理想人的描绘及培养。思想家的立场、哲学观等对其"理想人"有重要的影响，如社会本位论者一定强调社会发展所需要的理想人，个人本位论者一定强调人的素质和能力的发展。当然，也正是在不同的"理想人"不断登上教育理论的历史舞台的过程中，教育活动和教育理论得以具有持续的生命力和生长力。对"理想人"的探索具体到教育活动中，就构成了教育目的。这里提到的教育目的是指教育活动中的教育目的，是教育结构中的一个要素的教育目的，与政策文本中表述的教育目的还不是完全一致。因为政策文本中表述的教育目的属于教育的外在目的，是社会赋予教育的目的。

在教育活动中，教育目的观处于统领地位。对教育目的观的建构受到方方面面的影响，如哲学观、时代背景、人性假设等。格林的实践教育哲学基于马克思主义哲学、存在主义的马克思主义等思想基础，主要关心两个问题：一是个人的主体自由；二是群体的社会正义，也即个人生命实践和社会变革。这两个问题在格林的思想中不是各自独立的，而是相互联系在一起的。格林指出："只有通过教育，才能使人们有能力应对当代环境，为普遍福利做出贡献，为自己创造良好的生活。只有通过教育才能使个人获得独立和批判性思维，为自己创造意义。只有通过教育才能选择职业，培养职业。只有通过教育才能减轻不公正现象，保护国家安全，保障社会进步。"① 这样，格林就将个人的发展与社会变革结合起来了。个人的主体性与社会进步结合起来构成了格林的教育目的观。

在格林的实践教育哲学思想中，"自由"是一个主题词。格林对自由有着独特的认识，故而有研究者称格林为"自由哲学家"。格林的自由哲学思想包括两个方面，一个是对自由本身的研究，另一个是对自由实现的研究。

一　人本自由的理解

英国思想家柏林曾对一个想要成为自己主人的人做过描述："我希望我的生活与选择，能够由我本身来决定，而不取决于任何外界的力量；我希望成为我自己的意志，而不是别人意志的工具；我希望成为主体，而不是他人行为的对象；我希望我的行为出于我自己的理性、有意识之目的，而不是出于外来的原因。我希望能成为重要的角色，而不要做无名小卒；我希望成为一个'行为者'——自己做决定，而不是由别人决定；我希望拥有自我导向，而不是受外在自然力影响，或者被人当做一件物品、一只动物、一个无法扮演人性角色的奴隶；我希望我的人性角色，是自己设定的目标和决策，并且去实现它们。当我说我是理性的，当我说理智使我成为一个人，而有别于世界其他事物时，我所指的，至少有一部分就是上述的意思。人，最重要的，我希望能够意识到自己是一个有思想、有意志而积极的人，是一个能够为我自己的选择负起责任，并且能用我自己的思

---

① Maxine Greene, *Teacher as Stranger: Educational Philosophy for the Modern Age*, Belmont: Wads Worth Publishing Company, Inc., 1973, p. 1.

想和目的，来解释我为什么做这些选择的人。只要我相信这一点是真理，我就觉得自己是自由的，而如果有人强迫我认为这一点不是真理，那么，我就觉得在这种情形下，我已受到奴役。"① 这段话显示了到底什么是一个自由的人。

柏拉图在其《理想国》一书中，将教育描绘成一个启蒙的过程。"一群男女身处一个洞穴之中，他们手脚都被捆绑，身体也无法转动，只能背对着洞口，感受不到外面世界的光。他们面前有一堵墙，身后的洞穴外燃烧着一堆火。在那墙面上，他们看到了自己的影子以及身后事物的影子，并且相信这些影子就是真实的东西。的确，他们就是靠判断各自所能记住的影子，并且相信这些影子就是真实的东西……其中一个人挣脱了束缚其手脚的枷锁，被迫站了起来，扭头向外，在洞穴的另一端看到了光……逃出洞穴的囚徒本来已经习惯了洞穴中的黑暗生活，所以起初会被外面世界的光刺痛眼睛，看不到任何东西。但是一段时间之后，他的眼睛就完全适应了这个全新的世界，逐渐获得了看的能力……"② 柏拉图的"洞穴隐喻"意在说明囚徒被引向洞穴之外并获得自由的过程是教育的过程，是启蒙的过程。所谓的启蒙，就是将人引向自由的过程，而能将人引向自由是因为人本自由。正如格林在探索"人是什么？"这一古老的问题时呈现的，"对古希腊人来说，人的本质是一种理性，或者说是一种理性的灵魂，表现在逻辑上的能力和在公共领域中作为自由人的能力"③。

在西方哲学史上，自由几乎是每一个哲学家都跳不过的研究主题。如古希腊罗马时期的公民自由、中世纪基督教形式的自由、英国经验派的自由、大陆唯理派的自由、法国启蒙主义的自由、德国古典哲学的自由等。具体到个人的哲学思想，则有霍布斯的权利自由、洛克的能力自由、卢梭的自由公民、黑格尔的精神自由、杜威的民主自由等思想。马克思主义创始人在继承和批判已有自由思想的基础上形成了马克思主义的自由观。玛克辛·格林的人的自由思想直接继承了马克思主义的自由观。

① 刘军宁：《市场逻辑与国家观念》，生活·读书·新知三联书店 1995 年版，第 210—211 页。

② ［英］尼格尔·塔布斯：《教师的哲学》，王红艳等译，山东教育出版社 2014 年版，第 56—57 页。

③ Maxine Greene, *Teacher as Stranger: Educational Philosophy for the Modern Age*, Belmont: Wads Worth Publishing Company, Inc. , 1973, p. 43.

　　自由与人天然地联系在一起。无论西方文化还是东方文化中的人都对自由表现出无比的向往。"人本自由"是古希腊哲学家亚里士多德首先提出来的。他在《形而上学》中说："人本自由，为自己的生存，不为别人的生存而生存。"① 经过黑暗的中世纪，文艺复兴和启蒙运动的思想家们继承了古希腊罗马的思想，高举人本自由的旗帜。而后的哲学家，如卢梭、康德、黑格尔等都非常强调人的自由的思想，并且具体分析了自由与异化、自由与必然之间的辩证关系。马克思主义创始人继承了西方思想史上"人本自由"的思想，认为自由是人的本性。格林正是在马克思主义的意义上使用"自由"一词的内涵并论述人本自由的思想。

　　马克思在不同的历史时期对人的自由有不同的认识。在博士论文中，马克思继承了黑格尔的思想，强调自我意识的自由。在《莱茵报》时期，基于当时的社会问题，马克思强调的是思想自由和出版自由。《黑格尔法哲学批判》标志着马克思自由观原则的初步形成。在《德法年鉴》中，马克思寻求的是人类自由与解放之路。在《黑格尔法哲学批判导言》中，马克思找到了实现人类解放与社会自由的现实力量。在《1844年经济学哲学手稿》中，马克思着重对异化与自由进行了分析，这些分析直接诞生了《神圣家族》中的唯物主义自由观。《德意志意识形态》标志着马克思科学自由观的形成，揭示了社会历史发展规律，为科学研究自由问题指明了方向，阐述了其理想，即解放与自由②。在这些著作中，马克思的自由观是变化发展的。格林对马克思自由观的关注主要集中在马克思关于人的自由本质及其实现问题。

　　马克思主义认为自由是人的内在本性的体现，人的本质是自由自觉的活动。人本质上是自由的，自由使人之为人而有别于动物。马克思说："自由确实是人的本质，因此就连自由的反对者在反对自由的现实的同时也实现着自由；因此，他们想把曾被他们当做人类本性的装饰品而摒弃了的东西攫取过来，作为自己最珍贵的装饰品。"③ 在《1844年经济学哲学手稿》中，马克思说："一个种的整体特征、种的类特性就在于生命活动的性质，而自由的有意识的活动恰恰就是人的类特性。"④ 马克思在区别

①　[古希腊] 亚里士多德：《形而上学》，吴寿彭译，商务印书馆1983年版，第5页。

②　陈刚：《马克思的自由观》，河南人民出版社1996年版，第53—125页。

③　《马克思恩格斯全集》（第1卷），人民出版社1995年版，第167页。

④　《马克思恩格斯全集》（第3卷），人民出版社2002年版，第273页。

人的生命活动与动物的生命活动时说："人则使自己的生命活动本身变成自己意志的和自己意识的对象""仅仅由于这一点，他的活动才是自由的活动。"① 恩格斯在《反杜林论》中也说："文化上的每一个进步，都是迈向自由的一步。"②

在论证"社会形态"时，马克思指出："……人的依赖关系（起初完全是自然发生的），是最初的社会形态，在这种形态下，人的生产能力只是在狭窄的范围内和孤立的地点上发展着。以物的依赖性为基础的人的独立性，是第二大形式，在这种形式下，才形成普遍的社会物质变换、全面的关系、多方面的需求以及全面的能力的体系。建立在个人全面发展和他们共同的、社会的生产能力成为从属于他们的社会财富这一基础上的自由个性，是第三个阶段。"③ 可见，马克思不仅将"自由"作为个人的追求，也作为社会的追求。在马克思看来，自由只有在共同体中才能实现。在《共产党宣言》中，恩格斯认为这个真正的共同体就是共产主义，在共产主义社会里，代替那存在着阶级和阶级对应的资产阶级旧社会的，将是这样一个联合体，在那里，每个人的自由发展是一切人的自由发展的条件。④

总而言之，马克思主义的自由观超越了西方哲学史上的积极自由观和消极自由观，提出了真正的实在自由。有研究者认为马克思主义的自由观，"既包括超越外在的障碍，也包括人能动地自我创造、自我决定。自我实现、超越与创造的基础是劳动实践。通过劳动实践活动，人们才能认识世界，改造世界，从而实现与自然、与社会的统一，同时也发展自己的能力与创造性，发展自己的自由。"⑤

格林是在反对天赋自由和新自由主义的自由观的基础上提出自己的自由观的。

格林反对将自由视为天赋而不行动的观点。格林认为美国是一个有着自由传统的国家。格林引用《独立宣言》中的承诺，即"我们认为这些真理是不言而喻的，人人生而平等，造物主赋予他们某些不可剥夺的权

---

① 《马克思恩格斯全集》（第 3 卷），人民出版社 2002 年版，第 273 页。

② 《马克思恩格斯选集》（第 3 卷），人民出版社 2012 年版，第 492 页。

③ 《马克思恩格斯全集》（第 30 卷），人民出版社 1995 年版，第 107—108 页。

④ 《马克思恩格斯文集》（第 2 卷），人民出版社 2009 年版，第 53 页。

⑤ 陈刚：《马克思的自由观》，河南人民出版社 1996 年版，第 134 页。

利，其中包括生命、自由和追求幸福。为了确保这些权利，政府在公民之中建立，从被统治者的同意中获得正义权力"①。这一认识曾经帮助美国人发动内战，取得独立，产生了积极的影响。然而在格林生活的年代，人们依然坚信这一自由的传统。正如格林所说的，在当时的美国，人们依然坚信《独立宣言》中的认识，认为在美国，自由仍然被认为是既定的：作为一个美国人就是被赋予了自由，无论一个人是否为自由而行动、为自由而斗争或为自由做任何事②。美国人宣扬自己是自由的使徒，它存在于自己的传统中，它是美国梦的核心。在学校里，在教科书中，在效忠誓词中，自由是一种理所当然的占有。在这种占有中，年轻人被期望捍卫它，无论它在他们的个人生活中是否意味着什么。与此同时，美国政府在做出自己有选择的决定时，把自己描述成世界各地自由的保证人。任何运动都可以被认为是"自由战士"的运动，只要它本身是非共产主义的或反共产主义的。因为共产主义是苏联的化身，在任何地方都被视为人类自由的主要障碍。③ 美国人宣扬的这种自由观，早在20世纪初就被杜威批判过。杜威认为："从压迫中获得解放是建立美利坚合众国的主导目标，自由与民主制度的观念如此紧密地联系在一起，以至于我们国家似乎把它看作理所当然的社会目标，并且人们理所当然地认为无须过多地考虑它，只需几句话就够了。但是，历史的教训是：随着人类关系每一个重大的变化，限制个人的生活因而阻碍自由的势力也随之改变。因此，自由是一个永恒的目标，需要不断地奋斗和更新。它并不是自动地使自身永存，除非它不断努力地战胜敌人，否则必将消失。"④ 显然，自由是需要争取的，是需要行动，是需要斗争的，而不是不做任何事就可以获得的。格林反对将自由视为绝对自由，看作是对本能和非理性的放纵。格林强调的是理性自由，是经过深思熟虑，关注自己的生活世界，发现阻碍自我实现的障碍，进而克服障碍的过程，是一种情境自由。

与反对天赋自由观一样，格林也对"新自由主义"的自由观进行了批判。20世纪60年代，美国人开始谈论"新自由"，这种自由是不受约

① Maxine Greene, *The Dialectic of Freedom*, New York: Teachers College Press, 1988, p. 27.
② Maxine Greene, *The Dialectic of Freedom*, New York: Teachers College Press, 1988, pp. 25-26.
③ Maxine Greene, *The Dialectic of Freedom*, New York: Teachers College Press, 1988, p. 26.
④ 张国清：《民主之为自由：杜威政治哲学与法哲学》，华东师范大学出版社2017年版，第306页。

束的自由——不受非人性化的官僚主义压迫的自由，不受政府和所谓的权力精英操纵的自由。① 格林认为："新自由主义的自由是局外人的自由，人们醉心于自我完善，开始不关心甚至不愿意全身心投入私人空间之外的领域当中。格林认为与之相伴的是一种非人性化。"② 格林认为"新自由"与一种可怕的异化联系在一起，即所谓的"社会失范"。许多人正在走向局外人，拒绝进行反思、选择或判断，从某种意义上说，他们没有什么自己的想法。③ 查尔斯·泰勒曾写道，"通过抛开所有外部障碍和冲击而获得自由的自我是无特征的，因此没有明确的目标"，他认为，这存在着将虚无主义与一种将自由视为纯粹自主或自立的观点联系在一起的危险。同样危险的是，把自由看作对本能和非理性的放纵，这是一种我们每天都看到的危险。④

实际上，在西方哲学史上，本身就存在两种自由观，即积极的自由观和消极的自由观。消极的自由观如霍布斯、斯密等人的认识，他们认为自由即是摆脱或超越外在的束缚或障碍，因此是无拘无束、自由自在的。积极的自由观如贝克莱、康德等人的认识，他们将自由理解为自我决定、自我实现、自己立法、自己遵守，不受任何外在强制的束缚。

格林既反对绝对的自由观，也反对新自由主义的自由观，她所强调的是一种辩证的自由观。1988 年，格林出版了《自由的辩证法》（*The Dialectic of Freedom*）一书，在这本书中，格林认为美国盛行的没有约束或义务的自由，必须被更积极的自由理念所代替，这样的理念是一种可能性，是选择和创造自身的能力，是发现考察事物的新的途径的能力，是抵制过分容易地给予的和接受的知识的能力。在格林看来，自由是一种价值、是一种行动、是一种超越既定事物的能力。这种自由，我们可以将其界定为民主的自由。格林认为民主的自由观并不是每个人都有权为所欲为，即使

① ［美］玛克辛·格林：《学习的风景》，史林译，北京师范大学出版社 2016 年版，第 201 页。

② ［美］玛克辛·格林：《学习的风景》，史林译，北京师范大学出版社 2016 年版，第 204 页。

③ ［美］玛克辛·格林：《学习的风景》，史林译，北京师范大学出版社 2016 年版，第 203 页。

④ Maxine Greene，*The Dialectic of Freedom*，New York：Teachers College Press，1988，p. 7.

它被限定为"只要他不干涉其他人的同样的自由"①。

格林认为的自由是一种情境中的自由。格林认为："一种自由的行为，毕竟是一种具体化的行为。它是从一个特定的、处于特定位置的人的角度进行的，该人试图根据他/她的希望、期望和能力来实现某种东西。人通过未来项目创造和工作的世界只能是一个社会世界；项目的性质不能不受到对现有社会现实的共同含义和解释的影响。"② 在具体的情境中，个体意识到自我发展的障碍，克服障碍的过程就是追求自由的过程。格林指出："对萨特来说，一个人如果感觉不到某种阻碍，如果不能说出阻碍他们前进的障碍，那他们就不会寻求实现。同时，障碍的存在取决于是否想要争取更广阔的实现空间，扩大选择范围，了解替代方案。正如人们所说，一块石头只有对想要爬山的人来说是一种障碍。"③

综上所述，格林反对了两种自由观，进而提出了自己的民主自由观，将人的自由与社会联系起来，有力地论证了人本自由的观念。

二　人在实践活动中获得自由

人本自由道出了人与自由的关系，在现实的生活中，人的自由不是与生俱来的，而是要在实践中获得和实现。

实践这个词一出场就与自由联系在一起。亚里士多德将人的活动分为理论沉思、实践和制作的活动。其中，他认为实践是无条件的、自由的活动，实践具有自由的性质：实践是一种自足，即自我完满不依赖于外在条件的活动；实践的主体是摆脱了生存压力的、有充分闲暇时间的自由贵族阶级④。在康德的实践哲学思想中，因为实践经培根的技术侵蚀，形成了技术的实践活动，康德不得不考虑两种实践，即技术的实践活动和道德的实践活动。其中道德的实践活动所遵循的正是自由。

人类发展的历史，说到底，就是一部人类争取自身解放的自由发展

---

① Maxine Greene, *The Dialectic of Freedom*, New York: Teachers College Press, 1988, p. 43.

② Maxine Greene, *The Dialectic of Freedom*, New York: Teachers College Press, 1988, p. 70.

③ Maxine Greene, *The Dialectic of Freedom*, New York: Teachers College Press, 1988, p. 5.

④ 丁立群：《何为实践哲学？——对亚里士多德的回溯与超越》，《马克思主义与现实》2017 年第 2 期。

史①。人类争取自身解放的发展史，就是人类争取自由的历史，也就是人类的实践史。这就把自由和实践联系起来了。马克思主义哲学就是从实践活动的意义上认识和理解自由的。马克思在批判亚当·斯密的劳动观时指出："诚然，劳动尺度本身在这里是由外面提供的，是由必须达到的目的和为达到这个目的而必须由劳动来克服的那些障碍所提供的。但是克服这种障碍本身，就是自由的实现，而且进一步说，外在目的失掉了单纯外在必然性的外观，被看作个人自己自我提出的目的，因而被看作自我实现，主体的物化，也就是实在的自由，而这种自由见之于活动恰恰就是劳动。"② 从这段表述中看出，马克思所谓的自由是指个人自我提出目的，并为达到目的克服种种障碍的自我实现过程。人的自由发展的实质是人按照自身所固有的内在本性的要求去支配自身的发展，而不是被动地从属于某种外在的强制，使自身的发展偏离和压抑了自己的内在本性。③

马克思的自由理想，也即人超越外在的障碍，内在地自我决定、自我创造、自我实现是以劳动实践为基础的。正如有研究者所谓的"真正的实在的自由不是纯粹的否定性规定，也不是纯粹的肯定性规定。人作为有限存在必然受外在条件限制，他的任何活动不可能没有外部障碍。然而认识有理性的实践着的存在物，它通过自身有目的的实践活动，扬弃了外部障碍，使自我提出的目的物化在结果中，同时也发展了自己的能力与创造性，在征服客体和外部世界的道路上不断前进。真正的自由就实现在其中了"④。在马克思主义看来，人的个性自由的实现，亦即人的自由发展问题，不应仅仅从人的良好愿景出发，而应从人的现实存在出发去研究和解决。⑤

格林在分析自由的实现时写道："我们会发现，当谈论到为了获得自由而做出的理性自我指导（或自主或愿景）的承诺时，人们会有所不同。

---

① 涂艳国：《走向自由——教育与人的发展问题研究》，华中师范大学出版社 1999 年版，第 11 页。

② 《马克思恩格斯全集》（第 30 卷），人民出版社 1995 年版，第 615 页。

③ 涂艳国：《走向自由——教育与人的发展问题研究》，华中师范大学出版社 1999 年版，第 22—23 页。

④ 陈刚：《马克思的自由观》，河南人民出版社 1996 年版，第 134 页。

⑤ 涂艳国：《走向自由——教育与人的发展问题研究》，华中师范大学出版社 1999 年版，第 27 页。

马克思主义者将他们希望看到的批判性分析与为改变世界而采取的审慎的集体行动联系起来。新马克思主义者关注的是批判意识和自我反思，这种反思将揭示意识形态和神秘化对思想的影响。出现的问题是，我们如何以自由的名义对抗米歇尔·福柯所称的'权力'，这种权力存在于主流话语中，存在于知识本身中。尽管如此，人们普遍认为，寻求某种批判性的理解是追求自由的一个重要伴随物。人们还一致认为，自由应该被视为社会状况具体性中的一项成就，而不是原始或原始的占有。就目前而言，我们可能会认为这是一种将自我导向可能的独特方式，是克服确定的事物的独特方式，是超越或消除克服永远不会完成这一意识的独特方式。"①

在论证自由的具体实现时，格林提到自由可以通过拒绝和认知来实现、通过运用直觉和想象力来获得、通过不断的抵抗才能获得，她认为自由往往是在超越中实现的。格林认为把自由作为天赋的想法解决不了什么问题，人们必须采取行动来实现自由②。

第一，格林认为自由可以通过萨特所说的拒绝和认知来实现，通过杜威心目中的行动和对话来实现。格林认为这样获得的自由只能包含对决定性的部分超越：不安、专注和叛逆的妇女所经历的内部和外部的限制；局外人或移民遭受的忽视和漠视；少数群体成员面临的歧视和不公平的情况；在儿童试图创造真实自我的道路上设置的人为障碍。所有这些都不能被认为是不真实的或者仅仅是想象出来的。如果要实现自由，所有人都必须被视为障碍，最常见的障碍是其他人设置的障碍（有时，但并非总是与所涉自我串通）。这些障碍或阻碍，是人工制品、人类创造，而不是"自然"或客观存在的必需品。当压迫、剥削、隔离或忽视被视为"自然"或"既定"时，以自由的名义几乎没有什么激动人心的。当人们不能命名替代方案、想象更好的事物状态、与他人分享一个改变项目时，他们很可能会保持锚定或淹没，即使他们自豪地宣称自己的自主权。不管是否矛盾，当人们背井离乡时，情况也是如此。当他们抛弃家人上路时，会不顾一切地试图挣脱预先建立的秩序和控制，变成陌生人。③ 格林所谓的拒绝就是要拒绝给定的，所谓的认知就是要认识到阻碍自己实现的障碍。

---

① Maxine Greene, *The Dialectic of Freedom*, New York: Teachers College Press, 1988, pp. 4-5.

② Maxine Greene, "In Search of a Critical Pedagogy", Harvard Educational Review, Vol. 56, No. 4, November 1986, pp. 427-441.

③ Maxine Greene, *The Dialectic of Freedom*, New York: Teachers College Press, 1988, p. 9.

第二，格林认为自由通过直觉和想象力来获得。格林非常重视想象的作用。格林认为想象能够使我们相信还有其他不同于我们的真实存在，可以使我们打破想当然，搁置那些习以为常的特征与定义。① 格林认为直觉和想象力需要个体有能力通过"命名"，通过"看见"，通过个体的努力接触到理想的超然整体性，而超然的整体性就是对理想的承诺。

第三，自由在抵抗和超越中实现。格林认为自由只有在不断的抵抗中才能实现。抵抗主要是抵抗格林所谓的障碍。在制度本身中发现阻碍他们成长的主要障碍，如人类。那些不仅打破了自由，而且为自己赢得了自由的人，就是那些对该制度或其代表采取了某种行动的人——从毒害他们的主人，到在地下铁路上领导逃亡，到当他们到达北方时组织反奴隶制的社会。萨特认为自由的观念只有在一个反抗的世界里才能实现，从而在许多女性生活中得到了体现②。格林所谓的超越即是超越现实社会，向往一个更加美好的世界。她坦言自由本身是没有意义的，除非它能给世界带来变化③。她和其他人的自由最终只有与其他人在一起创造一个更美好的世界时才能得到显著的实现。她知道她不会成为实现这一目标的人，但她的解放使她能够把自己的自由与一种社会承诺联系起来，在一个伟大和不受约束的个人主义时期，这是一种非常罕见的愿景。④

第二节　基于社会问题的自我困境

时代背景造就了格林实践教育哲学思想的条件和土壤。格林 1917 年出生于美国，2014 年与世长辞。20 世纪 60 年代以前是格林的学习生涯，她获得学士、硕士和博士学位，这一时期的所见所闻所感孕育了格林的实践教育哲学思想。20 世纪 60 年代之后，格林开始发表大量的论文和出版著作，其实践教育哲学思想逐渐形成。格林称自己是身处情境之中的哲学家，所谓的身处情境，就是将自己的思想深深地扎根于美国的社会文化背

---

① ［美］玛克辛·格林：《释放想象：教育、艺术与社会变革》，郭芳译，北京师范大学出版社 2017 年版，第 4 页。

② Maxine Greene, *The Dialectic of Freedom*, New York: Teachers College Press, 1988, p. 67.

③ Maxine Greene, *The Dialectic of Freedom*, New York: Teachers College Press, 1988, p. 37.

④ Maxine Greene, *The Dialectic of Freedom*, New York: Teachers College Press, 1988, p. 37.

景之中。格林实践教育思想的起点即是对发达资本主义社会问题的剖析以及对美国人自我困境的分析。

一　资本主义社会问题的多重显现

现代社会具有强大的同化和吸收能力。格林引用马尔库塞在《单向度的人》一书中对现代社会的分析结果，认为现代社会将个人同化吸收到其体制之中。现代社会的同化、吸收能力的主要表征是科学技术中心论、实证主义和神秘主义等对人的控制和操纵。

第一，科学技术决定论侵蚀了个人的自由和权利。客观而言，20世纪以来，科学技术在人类社会获得了极大的发展。正如有研究者概括的："二十世纪以来的科学技术制造了前所未有的人类文明，创造了一个科学主义的时代。在科学主义的时代里，科学不仅成为人类生存和发展的基础，而且成为认识和实践的标准和原则。"[①] 但是，在肯定科学技术的发展为人类文明的发展做出贡献的同时，我们也清楚地看到了在科学主义和技术主义面前，人类的空虚和恍惚。有研究者在20世纪末宣称，科学方法的创造性若被发挥到极致，则可能取代人类智能。[②] 格林不忽视科学技术发展带来的贡献，但是对科学主义和技术决定论则持保留态度。格林认为在这样的时代背景下，个人的权利和自由被比自己更熟练、高效和强大的人侵蚀，这与科学和技术联系在一起[③]。格林认为科技的发展导致了"迷失的个体"[④]。科学和技术的发展也将普通人排斥在外，因为当下的科学常常是技术活动、工程制造和操纵等，普通人无法理解现代科学的符号系统[⑤]。最为关键的是一些人信奉科技统治论或者科技万能论，把科学技术视作全能的救世主，相信所有的问题都能经由科学技术而获得圆满解

[①] 刘庆昌：《教育者的哲学》，中国社会出版社2004年版，第1页。

[②] John Dewey, *The Quest for Certainty*, London: George Allen and Unwin, 1930, pp. 43-49.

[③] ［美］玛克辛·格林：《学习的风景》，史林译，北京师范大学出版社2016年版，第7页。

[④] ［美］玛克辛·格林：《学习的风景》，史林译，北京师范大学出版社2016年版，第5页。

[⑤] ［美］玛克辛·格林：《学习的风景》，史林译，北京师范大学出版社2016年版，第6页。

决，包括精神、价值、自由等①。格林坦言，如果一个社会被冷冻在技术语言并根植于不平等之中的冷漠侵占，那么我们无法想象民主能够诞生②。

第二，与科学主义和技术决定论伴随而来的实证主义导致人们只能努力适应。实证主义的主要目的在于建立知识的客观性。格林认为实证主义导致科学家对他们作为人类所从事的事情丧失看法，科学家不再关心具体的经验世界，而是基于假设，这导致了认知主体和认知客体的分离，科学技术的实证主义导致所有的知识都不再是阐释性的③。格林指出所有的知识都等同于实证性知识，要想成为一个文明开化的人，必须与正确的技术决策和特定的程序保持一致——还要在可接受的价值背景之下这么做④。

第三，资本主义社会最关键的问题则是神秘化对人的掩盖下的"自然而然"的幻想对人的异化。格林对神秘化的批判实际上是对资本主义制度的批判。格林所谓的神秘主义就是资本主义的意识形态。她使用的神秘化是马克思主义意义上的。格林借用伯恩斯坦在《实践和行动》一书中对神秘化的理解，马克思用这个术语描述各种类型的工人对"资本利益、土地租赁和劳动工资的异化和非理性形式"自然而然习以为常的过程，因为"他们每天正是在这些形式下奔波、劳碌、维持生计"⑤。格林认为教师教育领域的神秘化主要表现在将未经检视的现实表述为"自然的"、毋庸置疑的事实，倾向于视官方标签和"国家认定"为金科玉律，这种神秘化使人们忽略了社会现实是被建构的特点，处在这种幻象中的人们无论遭受了多么严重的异化和压迫都能悠然自得地生活⑥。这种幻象抹

---

① ［美］玛克辛·格林：《学习的风景》，史林译，北京师范大学出版社 2016 年版，第 24 页。

② ［美］玛克辛·格林：《学习的风景》，史林译，北京师范大学出版社 2016 年版，第 93 页。

③ ［美］玛克辛·格林：《学习的风景》，史林译，北京师范大学出版社 2016 年版，第 8 页。

④ ［美］玛克辛·格林：《学习的风景》，史林译，北京师范大学出版社 2016 年版，第 29 页。

⑤ Richard J. Bernstein, *Praxis and Action*, *philadelphia*：University of Pennsylvania Press, 1972, p. 65.

⑥ ［美］玛克辛·格林：《学习的风景》，史林译，北京师范大学出版社 2016 年版，第 70 页。

杀了人们的批判性思维。当局者采取多种措施使人们想象，体制不仅能满足人们的欲求，还能创造出需求，但是当体制失效时，未被满足的人们依然相信迟早会得到满足。学校的教师常常陷入官僚主义默许自己和他人将事情视为理所当然①。在资本主义制度之内，学校教师常常被告知教育的目的是促使年轻人进入工业体系，将年轻人分层，以便满足各种不同的需求②。神秘化对人的异化不断地再生产，使得人们总是处于被操纵之列。

科学技术主义、实证主义和神秘化是资本主义社会发展过程中必然出现的，这些问题加剧了社会问题，而社会问题主要表现为人的异化和被压迫。长期处于这种日常生活状态下的人们，若不是非正常的群体，都能感受到被统治、被操纵。意识到这些问题的人们陷入了自我困境。

二　社会问题导致的个体自我困境

面对资本主义社会发展过程中存在的问题，美国人陷入了自我困境。如何处理日常生活中存在的问题，人们主要有三种态度：一是盲目相信；二是从内部领域寻找自我；三是陷入麻痹和沉默的愤世嫉俗。

盲目相信资本主义社会的问题可以通过体制本身得到解决，这是盲目的乐观主义者。这一类群体被社会所同化，被神秘化的力量统治。他们体会到了自我削弱，但是并不愿意对意象的描述提出疑问③。导致这一问题的原因有三：一是进步史观使然。兴起于19世纪的进步史观认为人类是朝着一个确定和理想的方向缓慢前进，并推断这一进步会无限期地持续下去，最终将实现普遍的幸福。二是官方的措施。格林指出尽管美国社会十分混乱，但是许多措施致力于使人们相信，体制不仅能满足共同的欲求，也能满足不断创造出来的需要，当体制失效时，未被满足的人通常会相信自己迟早有一天会得到满足，也有人相信现行安排是略带瑕疵的"自然

---

① ［美］玛克辛·格林：《学习的风景》，史林译，北京师范大学出版社2016年版，第73页。

② ［美］玛克辛·格林：《学习的风景》，史林译，北京师范大学出版社2016年版，第87页。

③ ［美］玛克辛·格林：《学习的风景》，史林译，北京师范大学出版社2016年版，第3页。

情况"①。三是美国人身上世代相传的自我意象。随着文艺复兴和启蒙运动，美国在建国时定义的美国人的自我意象是拥有"高贵的理性"，这被视为与生俱来的。对资本主义社会盲目幻想的人们在现实的日常生活中，无论受到了多大的压迫和异化，都能悠然自得地生活。对此，格林也对再生产这种幻象的教师进行了批判。她认为教师传达给学生的就是周围的世界是给定的，是预先定义好的，是无法改变的。实际上，教师充当了维护体制的代理人，满足于为官僚制度培养合格的办事员。

从内部领域寻找自我，对内部世界的痴迷导致了"人心自囚的桎梏"。从内部领域寻找自我是为了应对科学技术的实证主义所导致的"官方知识"的描述。格林认为"官方"知识能够回应一切，好像它们掌握了绝对的自然法则一样，一切假定可知的知识看起来属于自我封闭的科学知识的一部分，缺乏专业知识的普通人只能努力适应，对许多人来说，可供选择的方法只有顺从或回避②。顺从还是回避？格林注意到过度的官方式、他人对世界的命名和划分施加在个体身上，使得个体迷惑不解、无所适从③。这种局面出现了杜威所说的二元论，即内部和外部的割裂。人们对外部感到无所适从，转而对内部世界痴迷，试图从内部世界寻找自我。试图从内部寻找自我者对现实的社会漠不关心，因为他们觉得对社会现实无能为力，旨在改变世界的实践活动对他们而言是遥远的④。从内部领域寻找自我并不能改变现实，还会阻碍人们参与改变现实的实践活动，进而导致"人心自囚的桎梏"。格林认为退回内心世界寻求庇护可能会使处在社会中的个体丧失武装，使得个体在应对神秘主义时更加脆弱而易受攻击⑤。

新自由主义使得人们陷入麻痹和沉默的愤世嫉俗。表面上看，新自由

---

① ［美］玛克辛·格林：《学习的风景》，史林译，北京师范大学出版社 2016 年版，第 73 页。

② ［美］玛克辛·格林：《学习的风景》，史林译，北京师范大学出版社 2016 年版，第 8 页。

③ ［美］玛克辛·格林：《学习的风景》，史林译，北京师范大学出版社 2016 年版，第 10 页。

④ ［美］玛克辛·格林：《学习的风景》，史林译，北京师范大学出版社 2016 年版，第 11—12 页。

⑤ ［美］玛克辛·格林：《学习的风景》，史林译，北京师范大学出版社 2016 年版，第 12 页。

主义是崇尚自由的意识，实则隐藏着强制与压迫①。生活在资本主义制度之下的人们本以为真正的平等能够在现行的体制中实现，但是现实并非如此。人们意识到对自由的承诺是空洞无物的。这时，新自由主义观点应运而生。新自由主义使得人们相信技术和自由的企业体制以及解释并赋予其合法性的存在都被归为不可改变的现实，人们越来越少地关注解放思想和批判性思维，进而导致人们对改革的无望，产生了一种令人沮丧的愤世嫉俗②。

　　盲目乐观、消极避世抑或是愤世嫉俗而不采取行动，不参与实践，并不能解决现实的社会问题和自我困境。格林在批判资本主义社会制度、实证主义、新自由主义的基础上，试图通过教育来解放被压迫者。

第三节　基于意识唤起的全面觉醒

　　人生而自由，却无时不在枷锁中。人的自由在实践中获得，却又在实践中失去。这一悖论需要唤起个体全面觉醒的解放意识。解放就是要解除束缚，获得自由或者发展。解除束缚的前提是意识到束缚的实质，进而唤醒个体的全面觉醒。

一　基于意识的现实揭露和批判

　　在格林看来，意识到周围正在发生的事情是应对操纵的最有效的方法。在意识问题上，格林反对将意识理解为"自我觉察"一样的纯粹内在概念，或者认为意识是一种与世界保持联系的外向型觉察，也不认为将意识仅仅理解为一种内部活动，或者一种唤醒和活着的感觉。格林借鉴了实用主义、存在主义等关于意识的认识，认为意识是指向世界而非远离世界，指向个人生活的环境，人们通过意识行动认识世界的各个方面③。格

---

　　①　陈治国：《论 21 世纪以来国外马克思主义意识形态理论的"三重奏"》，《山东社会科学》2011 年第 11 期。

　　②　［美］玛克辛·格林：《学习的风景》，史林译，北京师范大学出版社 2016 年版，第 75 页。

　　③　［美］玛克辛·格林：《学习的风景》，史林译，北京师范大学出版社 2016 年版，第 13 页。

林将意识看作我们认识自然和人类世界的一种方式。格林认为意识如果脱离现实，仅仅与内部世界相连，而非超越自我指向周围世界，那么沉思、建构世界和获得意义便是不可能发生的。意识到现实，才能对现实进行揭露、批判，进而阐释意义，构建世界和实现自我。

如何才能获得意识？格林认为我们需要对自身现实进行批判性反思才能获得其所谓的意识。格林所谓的现实不是给定的现实，不是他人定义的现实，而是"全景性现实"，也即日常生活现实①。格林认为个体被日常生活和惯常活动吞没，很少有人会问自己对生活做了什么，是否充分利用了自己的自由？这样的个体是意识不到的。而能够运用自己的理性和批判性反思能力对自己的日常生活进行审视的个体，才能获得其所谓的意识。

二　基于批判性反思意识的现存幻象

科学技术的发展及其"官方化"使得生活在资本主义社会的人们将一切视为理所当然，被认为是给定的，预先定义好的，个体被动的适应或者转向内在领域寻找自我。格林认为这些方法都不能实现自我。格林认为在当时的美国，人们深刻地体会到什么叫作受控和约束，人们不得不争取解放②。每个人必须通过世界中行动的选择来创造自我。这要求每个人具备批判性反思能力。个体欲让思维自由的运转、实现自我、建构社会，必须具有批判性反思能力。

批判性反思能力能够使个体避免将事情视为理所当然。格林认为资本主义社会将人们框定在一个体制之内。在这个体制之中，能感到自己从明确定义的规则中获得答案的人越来越少，人们默许机构和官方制度的进程和表格把自己变得程式化③。格林指出我们习惯于把一切视为理所当然，没有意识到现实和其他所有事物一样，都可以被阐释，现实之所以显现出

---

① ［美］玛克辛·格林：《学习的风景》，史林译，北京师范大学出版社 2016 年版，第 16 页。

② ［美］玛克辛·格林：《学习的风景》，史林译，北京师范大学出版社 2016 年版，第 19 页。

③ ［美］玛克辛·格林：《学习的风景》，史林译，北京师范大学出版社 2016 年版，第 56 页。

现在的样子，是因为我们已经学会了一种标准化的方式去理解它①。个体欲获得解放，必须对自己身处的情境的现实进行批判性反思。反思现实，人们可以了解自己存在的世界，并且能够说清楚模糊的概念。批判性反思能力主要针对的是批判被人们视为理所当然的"自然的幻象形式"。通过批判性反思现实，个体意识到自己的异化和被压迫，进而全面地觉醒。忠实的理性建立在自我反思的能力之上②。全面觉醒就是意识到多种可供选择的方案，个体可以利用自己的想象力演示不同的选择，最后选择最好的那一种。格林认为自我反思能促使我们描绘出一种前所未有的可能性③。

三　全面觉醒的教师培养全面觉醒的个体

具有批判性反思能力的个体是全面觉醒的个体，是能够意识到现存世界的压迫和异化的个体。具有批判性反思能力的个体如何长成呢？格林将目光聚焦到教育和文学作品上。

教师的全面觉醒是关键。全面觉醒的教师能将道德渗透到各个学科和生活的方方面面，教师要帮助学生弄清楚自己应该做什么样的选择，以及应该如何做出决定，教学的目的在于促使人们依据原则行事，学会按照原则的要义生活。全面觉醒的教师在工作的过程中必须以具体、相关和可质疑的原则为导向，使得原则可以被加以利用，并引发道德判断，同时，必须致力于激发人类潜能，帮助人类克服无助感和浸没感，促使人类透过自己的双眼来观察共享的现实。格林认为只有当教师能视自己为"道德存在"，关注如何定义自己的生活目标，并借此引发他人效仿的时候，这一切才可能实现。格林认为学习、努力抛却思维定式并创造道德生活的教师提出的挑战更容易激发学生开始学习。全面觉醒能够促进解放和觉醒，促使人们对压迫、冷漠和错误提出疑问。全面觉醒可以帮助所有人自觉做出

---

① ［美］玛克辛·格林：《学习的风景》，史林译，北京师范大学出版社 2016 年版，第 57 页。

② ［美］玛克辛·格林：《学习的风景》，史林译，北京师范大学出版社 2016 年版，第 49 页。

③ ［美］玛克辛·格林：《学习的风景》，史林译，北京师范大学出版社 2016 年版，第 80 页。

提高生活水平所需要的努力①。愿意充当批判性思考者的教师将向学生展示他们的原则和理性，表现得像生活在世界上的真诚的人、被考虑在内的人——关心世界的人②。教师具备了批判性反思能力，就可以避免统治者利用学校教学科目将年轻人的视野固定在由他人定义的现实之上。

全面觉醒的教师依赖于教师教育。格林在全面觉醒之人的培养问题上所做的是一种从根本上进行解决的方案。她强调教师教育的重要性。之所以强调教师教育，是因为格林意识到个体之所以将资本主义社会的现实视为理所当然的给定的现实，与个体受到的教育不无关系。格林指出，教师常常陷入官僚主义，传达给学生的是周围的世界是给定的，是无法改变的和预先定义好的。这样，教师就充当了维护体制的代理人。教师自己首先获得了解放，才能教会学生学习，教会学生发展批判性反思能力，进而促使学生不断地超越。格林认为准教师们必须能够从历史学、社会学、人类学、经济学和哲学等多种视角看待世界，学会借助不同视角有意识地整理从经验中获得的材料。她认为应该激发教师教育者和他们的学生（准教师）独立思考，并对自己的表现进行反思。格林认为这是一种天性解放，能够使教学和倡导焕发勃勃生机③。教师教育者应该研究如何帮助人们在感到自身成为某种无法控制的力量的受害者时，抵抗内心的无用感和无力感。④ 教师教育者如果想引发改变，必须构想出一套能够督促人们坚定地表达自己主张的方法，激励人们发挥主动性，克服施加在身上的异化力量⑤。

除了教师教育之外，格林认为想象文学也能使个体全面觉醒。格林认为一些文学作品拥有一种特殊的能力，能够唤起我们所处时代的全面觉

---

① ［美］玛克辛·格林：《学习的风景》，史林译，北京师范大学出版社 2016 年版，第 66 页。

② ［美］玛克辛·格林：《学习的风景》，史林译，北京师范大学出版社 2016 年版，第 62 页。

③ ［美］玛克辛·格林：《学习的风景》，史林译，北京师范大学出版社 2016 年版，第 80 页。

④ ［美］玛克辛·格林：《学习的风景》，史林译，北京师范大学出版社 2016 年版，第 83 页。

⑤ ［美］玛克辛·格林：《学习的风景》，史林译，北京师范大学出版社 2016 年版，第 90 页。

醒，这种觉醒是实现超越和改变社会基质的必要条件①。格林认为如果我们像诗人一样，进入创造而成的宇宙当中，以开放的姿态面对价值观的世界，我们便无法允许自己的想象力被单维度的视角束缚，我们以开放的姿态将自己视为能够发挥想象力、运用直觉、感受世界并进行思考的存在，可能会和其他人一起发现创造自己的意义究竟意味着什么②。

第四节　基于自我实现的民主社会构建

解放教育的最终目的是个体的自我实现和对社会的构建。意识到困境并对其进行批判不是格林的最终目的，格林追求的是民主社会中的自我实现。

一　理性与道德并重的自我实现

自我实现即是个体运用自己的理性能力审视自己的生活，发挥自己的主观能动性，过一种有意义的、道德的生活。

乔治·赫伯特·米德认为自我包括两个层面，主格的我和宾格的我。宾格的我指的是在先前的历史和采取行动的背景下被内化的文化经验；主格的我是指自我的自发性、自由意识和主人翁意识③。格林在解放教育中强调的是主格的我。格林认为在今天的世界中，我们很难体会到自身的主观能动性；我们每天经历的日常生活似乎在持续地阻碍着我们发挥解放的能动性④。这即是说日常生活阻碍了人们发挥主观能动性，个人无意识地受人控制。通过全面觉醒，个体意识到异化和压迫，进而追求自我实现。格林认为人类是独立自主的，他们拥有自我引导的能力，可以在开放的世

---

①　［美］玛克辛·格林：《学习的风景》，史林译，北京师范大学出版社 2016 年版，第 46 页。

②　［美］玛克辛·格林：《学习的风景》，史林译，北京师范大学出版社 2016 年版，第 37 页。

③　George Herbert Mead, *Mind*, *Self and Society*, Chicago：University of Chicago Press, 1948, pp. 173-178.

④　［美］玛克辛·格林：《学习的风景》，史林译，北京师范大学出版社 2016 年版，第 24 页。

界中自由地进行观察和选择①。格林强调一旦人类学会如何询问、交流和使用自己的认知能力，就能获得自主性和有效性②。格林主要强调个体应该运用自己的理性能力，运用自己的想象力去审视自己的日常生活，从中发现统治自己的力量，进而选择。格林认为个体可以通过有意识地努力保持清醒，思考自己在世界中所处的环境，向看起来统治着他们的力量提出疑问来克服这种感受③。

个体意识到自己的自主性后就会向给定的世界发起挑战，从多种可能性中选择最好的一种。格林强调对可能性的想象和创造。格林认为如果人们意识到自己是自由人，能够作为一个可以选择自己行动方案的人来考量当前的处境，人们就会在"道德代理人"的道路上向前迈进一大步。格林认为道德选择的根源是自我概念的核心，选择不仅涉及行动，还涉及思考。教学的问题在于如何赋予人们将原则内化和人格化的权力，以便在两个优秀的方案中选择最好的，而不是在一好一坏之间进行选择④。道德意味着对所在的基质采取一种立场，并且用批判性的思维看待被认为理所当然的事物。道德意味着坚持自己的原则，同时清晰地为这种原则发声，从而走上正确的轨道。做出决定的总是在特定情境和特定时刻自愿采取行动的个人。如果个体只是无意识地或者按照惯例采取行动，仅仅去做他人期待的事情，并且完全按照他人的要求做事，他们便无法过上道德生活⑤。

格林实践教育哲学意义上的自我实现，强调的是个体的实践。格林既说明了教师和学生两类群体在教育活动中的生命实践，又强调将个体引入更为广泛的社会实践中。

---

① ［美］玛克辛·格林：《学习的风景》，史林译，北京师范大学出版社 2016 年版，第106 页。

② ［美］玛克辛·格林：《学习的风景》，史林译，北京师范大学出版社 2016 年版，第4 页。

③ ［美］玛克辛·格林：《学习的风景》，史林译，北京师范大学出版社 2016 年版，第56 页。

④ ［美］玛克辛·格林：《学习的风景》，史林译，北京师范大学出版社 2016 年版，第63 页。

⑤ ［美］玛克辛·格林：《学习的风景》，史林译，北京师范大学出版社 2016 年版，第63—64 页。

二　正义的民主社会建构

格林的解放教育思想起始于资本主义社会对个人的异化，最终诉求则是在解放个人的基础上构建社会。格林认为个体不应该依据社会的需求来发展自己，进而将自己融入社会体制之中。相反，个体应该用多种视角审视自己的存在，不断地超越给定的社会，这样才能实现自我。显然，格林对资本主义的现实世界是持批判态度的。她说现代社会极力阻止人们提出问题，拒绝给人们提供思考的原料①。格林明确指出意识到现实的不公平、不公正、不平等等问题，个体就可以进行揭露和批判，进而阐释意义，构建世界和实现自我。

格林强调，要在马克思主义意义上的实践来改变社会。在《关于费尔巴哈的提纲》中，马克思认为："哲学家们只是用不同的方式解释世界，问题在于改变世界。"② 在《德意志意识形态》中，马克思、恩格斯认为："实际上，而且对实践的唯物主义者即共产主义者来说，全部问题都在于使现存世界革命化，实际地反对并改变现存的事物。"③ 格林继承了马克思主义改变世界的观点。在格林看来，那些对社会现实漠不关心、觉得他们对社会现实无能为力的人们而言，实践是一种激进的，要求人们参与其中的，旨在改变世界的活动是遥远的④。这样，通过批判"远离实践者"这一观点，格林强调的是个体应该通过参与实践活动来改变现存世界。

格林强调建构杜威意义上的民主社会。在民主社会中，个体的理性才能够得到解放并指导自己的行动，个体的自由、社会的正义才能得以实现，并不断追求创造自我的意义。格林坦言，"专注地生活和追寻生活的意义是多么令人喜悦"⑤。

---

① ［美］玛克辛·格林：《学习的风景》，史林译，北京师范大学出版社 2016 年版，第 105 页。

② 《马克思恩格斯文集》（第 1 卷），人民出版社 2009 年版，第 502 页。

③ 《马克思恩格斯文集》（第 1 卷），人民出版社 2009 年版，第 527 页。

④ ［美］玛克辛·格林：《学习的风景》，史林译，北京师范大学出版社 2016 年版，第 12 页。

⑤ ［美］玛克辛·格林：《学习的风景》，史林译，北京师范大学出版社 2016 年版，第 20 页。

在社会构建的过程中，格林特别强调学习型社区的重要性。她致力于在社区中发起一场对话，一场能够让人看得见的教育性对话，一场能够让形形色色的人参与并创造意义的对话。学习型社区应让身在其中的人们能够发现在理解和构建意义的过程中，如何活力四射地与他人相处并彼此支援。学习型社区必须解放教室，同时又超越教室。它应该延伸到周围的世界中，无论人们选择了何种基础，都应该努力去促使那些不确定的人和没有找到恰当语言来表达自己想法的人参与进来。在格林看来，学习者，无论他们是谁，都是人类世界的"新人"①。格林认为，回到"基础"的运动常常导致思维的溃退，导致人们求助于外部机械主义来"修复"一些只有通过人类内部共同努力才能"修复"的问题。格林认为学习型社区比学校更加能够"改变社会的秩序"②。

格林的实践教育哲学思想有其内在的逻辑。任何看似分散的人物思想，如果研究者加以深入的文本阐释都能够发现其思想的内在逻辑。格林实践教育哲学思想的基点是人在实践活动中获得的自由。面对这一问题，格林并不认为自由是天赋的产物，也不认为仅仅靠资本主义社会的制度就可以实现人的自由。她借鉴了马克思、恩格斯等思想家关于自由的认识，强调人的自由是在各类实践活动中获得的。基于这一点，格林对资本主义社会中对人自由的限制以及由于社会问题导致人的内在困境等问题进行了揭露和批判。但是揭露和批判不是格林的最终目的，而是实现目的的手段。通过对问题的揭露，格林将目光聚焦于教育。在格林看来，教育可以变革资本主义社会现实，其前提是教育者的觉醒，觉醒的教育者可以通过文学、艺术等作品将受教育者领入现实的社会实践。事实上，格林是将教育过程与更为广泛的社会实践活动相结合，以完成理性与道德自我的实现以及正义的民主社会建构这一最终诉求。

---

① ［美］玛克辛·格林：《学习的风景》，史林译，北京师范大学出版社 2016 年版，第103—104 页。

② ［美］玛克辛·格林：《学习的风景》，史林译，北京师范大学出版社 2016 年版，第110 页。

第四章　玛克辛·格林实践教育哲学思想的核心内容及特征

格林的实践教育哲学基于她对人的自由及实现的分析，在此基础上，她认为资本主义社会体制本身的问题是个人自由实现的障碍。在资本主义社会体制之下，科学技术决定论、实证主义、神秘化对人的异化导致个体要么盲目乐观，相信资本主义社会本身可以解决问题，要么陷入"人心自囚的桎梏"，陷入麻痹和沉默的愤世嫉俗。格林认为这些都无助于问题的解决，最终还是需要教育参与其中。至此，格林实践教育哲学思想的内核也就呼之欲出了，那就是她对批判教育哲学的探索，对想象教育的阐释与重构，以及在此基础上围绕实践对实践教育哲学观的建构。具体而言包括对教育概念、教育目的、教育者和受教育者以及教育方式的建构。教育观的建构不是格林的最终目的，而是其思想过程的外显。遵循上述思路，本章主要就格林实践教育哲学思想的核心内容展开论述。

第一节　批判教育哲学的探索

批判教育哲学有两种典型的模式，一种是德国式的批判教育哲学，其强调教育的解放作用；另一种是美国式的批判教育哲学，其主要针对资本主义社会对人的异化之现实进行批判，期望通过教育来变革社会，最终走向自我解放和民主社会的建构。美国式的批判教育哲学产生于 20 世纪 70 年代，其标志是巴西教育家弗莱雷《被压迫者教育学》的出版。玛克辛·格林继承了弗莱雷的批判教育哲学思想，通过与吉鲁、麦克莱伦等交流，形成了其独特的批判教育哲学思想。

批判教育哲学的理论基础可以追溯到马克思主义的社会批判哲学。

马克思在分析资本主义社会的工人阶级和资本家之间的矛盾时指出，资本家使文明社会和国家以某种特殊的方式来保护他们自己的利益。所谓的某种方式即是工人阶级变成了工资奴隶。资本家则拥有巨大的权力。由资本家控制的国家机器的主要武器是"意识形态"。资本主义的意识形态确保了构成普遍意义和理所当然之现实的思想和价值观，是那些能够复制有利于资本家境遇的思想和价值观①。资本主义的意识形态如何才能发挥资本家所期望的效应？资本家将目光转向了教育。因为教师可以将资本主义的意识形态传递给一代又一代的工人。正如有研究者发问，在资本主义社会中，教师作为国家的侍从，教育学生按照国家要求行事，应该到什么程度？教师在决定什么是对他们的学生最适合的教育上是自由的吗？②

法国的马克思主义者路易·阿尔都塞在其《意识形态和意识形态国家机器》一文中具体论述了学校和教师作为国家之工具运作的方式。在阿尔都塞看来，在"资本主义国家中，教师除了身处意识形态之中和被意识形态决定之外，没有其他事情可做。教师成了复制资产阶级意识形态的工具，而教学则不可避免地成为服务于权力者需要的政治行为。教师的工作是缓慢地向学生灌输：去接受工作伦理，服从他人，尊重权威，献身于一种雇佣劳动力的生活"③。与阿尔都塞一样，美国的批判教育哲学家阿普尔同样关注教育中资本主义意识形态的运作机制，并对其进行批判。阿普尔首先对知识进行了伦理政治学的考察，进而指出官方知识是社会不平等和国家权力的"同谋"，技术知识和管理知识则是意识形态与资本的权力游戏④。

资本主义意识形态控制下的教育，使得师生被异化。弗莱雷对此进行了解蔽。在《被压迫者教育学》一书中，弗莱雷指出，教育正遭受着讲

---

① ［英］尼格尔·塔布斯：《教师的哲学》，王红艳等译，山东教育出版社 2014 年版，第76 页。

② ［英］尼格尔·塔布斯：《教师的哲学》，王红艳等译，山东教育出版社 2014 年版，第76 页。

③ ［英］尼格尔·塔布斯：《教师的哲学》，王红艳等译，山东教育出版社 2014 年版，第77 页。

④ 徐冰鸥：《意识形态解蔽与教育批判——阿普尔教育哲学思想研究》，高等教育出版社 2014 年版，第86—92 页。

解这一弊病的损害①。具体而言，教师作为讲解者引导学生机械地记忆所讲解的内容，讲解将学生变成了任由教师"灌输"的"容器"。学生被自己的学习所异化，学生与他的学习的疏离以及缺乏"实践"，根植于复制主仆关系的师生交互方式：

教师教，学生被教；

教师无所不知，学生一无所知；

教师思考，学生被考虑；

教师讲，学生听——温顺地听；

教师制定纪律，学生遵守纪律；

教师作出选择并将选择强加于学生，学生唯命是从；

教师作出行动，学生则幻想通过教师的行动而行动；

教师选择教学内容，学生（没人征求意见）适应学习内容；

教师把自己作为学生自由的对立面而建立起来的专业权威与知识混为一谈；

教师是学习过程的主体，而学生纯粹是客体。②

弗莱雷认为，这些态度和做法整体上反映了压迫社会的面貌。弗莱雷批判的并不是教师的这些做法，而是被资本主义意识形态控制之下的教师的这些做法。在弗莱雷看来，教师变成了向学生传递"世界是如何"之意识画面的代理人，学生学习了教师所讲解的内容，就不得不去证明他们所学的，这里没有实践，因为学习总是与学生自己所经历的现实割裂③。通过对这种教学方式的揭露和批判，弗莱雷指出解放是一种"实践"，是人类为了改变世界而施与世界的行动和反思，教师和学生都是关于世界的对话的参与者，这个世界是他们能够按照自己的感知和经历影响的世界。

---

① ［巴西］保罗·弗莱雷：《被压迫者教育学》，顾建新等译，华东师范大学出版社2001年版，第35页。

② ［巴西］保罗·弗莱雷：《被压迫者教育学》，顾建新等译，华东师范大学出版社2001年版，第37页。

③ ［英］尼格尔·塔布斯：《教师的哲学》，王红艳等译，山东教育出版社2014年版，第80页。

弗莱雷之后的批判教育哲学家将批判教育哲学思潮从学校拓展至了全社会。如吉鲁对批判教育哲学的延展"试图把教育推向为了大众生活得更广泛的战斗中去，在那里，对话、远见和同情一直都是批判地留意着把日常生活各个方面组织起来的解放性和统治性的关系。如此，批判教育哲学从教室推进到作为一个整体的社会关系，现在的工作是为了各个领域的社会正义"①。麦克莱伦也说批判教育哲学与所有的解放斗争有关，解放穷人、解放女人、解放有色人种、解放同性恋和土著居民，对那些为了社会正义而斗争，虽被一种主人式话语捕获但是反抗它的人来说，批判教育哲学"为无声和边缘的人、为被边缘化和驱逐的人代言"②。

总而言之，在批判教育哲学家看来，在任何既定社会里，教育要做什么，完全取决于决定它的政治关系，并复制这种关系，教师不可避免地卷入其中，而且还成为其意识形态的代理人。批判教育哲学家们就是要帮助师生创造新的现实。这即是马克思说的"哲学家们只是用不同的方式解释世界，问题在于改变世界"③。帮助师生创造新的现实就是改变世界的实践活动。这个过程中，既有教师的实践活动，也有学生的实践活动，学生和教师一起享受生命的实践。

格林对批判教育哲学的探索主要源于当时的时代背景。阿伦特描述当时的社会背景时用了"黑暗时代"这样一个词。阿伦特所谓的"黑暗时代"是指公共领域散发的光芒"由于不被人信任而熄灭，被'看不见的政府'所遏制，被那些掩盖丑闻的虚伪演讲所遮蔽，同时还遭受那些所谓告诫劝勉、高高在上的道德规训等的压制，人们以维护传统真理观为借口，粗暴地将所有的真理都贬为毫无意义的平凡琐事"④。让·鲍德里亚则将当时的时代描述为"沉默的大多数"。在当时的社会背景之下，大多数人发现他们对孩子的期望和希望都来自"教育改革"的讨论。而改革

---

① ［英］尼格尔·塔布斯：《教师的哲学》，王红艳等译，山东教育出版社 2014 年版，第 82 页。

② ［英］尼格尔·塔布斯：《教师的哲学》，王红艳等译，山东教育出版社 2014 年版，第 82 页。

③ 《马克思恩格斯文集》（第 1 卷），人民出版社 2009 年版，第 502 页。

④ ［美］玛克辛·格林：《释放想象：教育、艺术与社会变革》，郭芳译，北京师范大学出版社 2017 年版，第 59 页。

报告则将儿童视为扩大生产力的"人力资源",将儿童视为保持美国经济竞争力和世界军事领先地位的手段。格林认为在一个不断扩大的资本主义社会中,大多数人正在被社会化为工厂生活和雇佣劳动力,人们与自己的生产力疏离①。我们生活在一个黑暗的时代,几乎没有任何历史记忆。在工业城市中有大量的混乱,工会的腐蚀,今天几乎没有阶级意识的迹象。我们的大城市表面光鲜亮丽,建造高科技产品,展示惊人的消费品。在小街上,在裂缝里,在被烧毁的街区里,有无根的、依赖的、生病的、永久失业的人。即使是那些非常成功的人,也缺乏代理意识,他们几乎没有能力去看待事物,仿佛它们本可以不是这样的。② 格林通过细致的观察,注意到当时的人们生活在欧洲人所说的"管理社会"中,她开始意识到技术主义和实证主义,以及马尔库塞所描述的单一维度。大众文化,尤其是在媒体中体现出来的,被公认为(在评论家阿多诺的帮助下)是神秘化的主要来源。学校被认为是面向知识的差异分布的"文化再生产"的代理人。麻木不仁、难以驾驭的教育思想家,寻求新的模式来阐明意识形态控制和操纵的影响,转向欧洲新马克思主义学术界,寻找批判性教学的线索。③

　　格林认为要赋予年轻人权利,让他们从事有意义的工作。格林认为我们居住的这个世界是有缺陷的:有不必要的不平等,破碎的社区,空虚的生活。格林认为做人文学科的研究者不能对现实的社会问题视而不见,而教育学在解决社会问题中有着重要的作用。格林指出当我们"做"人文科学——包括现象学、诠释学、符号学、文学批判,我们必须从某种意义上把自己与社会联系起来,这个社会也许被某些看不见的、没有气味的东西所污染,上方笼罩着一动不动死寂的云团。这是被外界强加的云团,却被那些受制于想当然、身陷日常琐碎之中的人称为"自然的"。我们还必须牢牢记住现代世界是一个通过官方语言结构化,并实施管制的世界。通常这些语言本身就代表控制、权益与权力,在应该听得见普通人讲话的地

---

　　① Maxine Greene, "In Search of a Critical Pedagogy", *Harvard Educational Review*, Vol. 56, No. 4, November 1986, pp. 427–441.

　　② Maxine Greene, "In Search of a Critical Pedagogy", *Harvard Educational Review*, Vol. 56, No. 4, November 1986, pp. 427–441.

　　③ Maxine Greene, "In Search of a Critical Pedagogy", *Harvard Educational Review*, Vol. 56, No. 4, November 1986, pp. 427–441.

方却只有可怕的沉默，而我们的教育学在某种意义上可以打破这种沉默①。

　　面对上述社会问题，格林将目光聚焦到教育领域，探索了批判教育哲学。面对这样的黑暗时代，格林向教育发问，对于今天的教育而言，关于黑暗时代这样的观点有何意义？我们怎样才能保护真实？我们怎样才能找回意义？我们又怎样才能再次点燃熄灭的火焰，在绚烂光芒的映照下，教师与学生能够彼此清晰呈现，用语言与行动来表达他们是谁，他们能够做什么？当时的教育实践是否可以解决上述问题呢？格林认为："学校教育与现有社会经济秩序之间彼此互动所产生的诸多意义，更多倾向于沟通渠道而不是提供机会，更多的是束缚而不是解放，更多的是预先给定而不是赋予个体自由。"② 格林认为使儿童能够获得一个所指与能指的世界是人性化的批判教育哲学所关注的至关重要的问题③。

　　面对当时的社会问题以及学校教育的缺陷，格林试图探索批判教育哲学以解决当时的学校教育和社会存在的问题。格林探索批判教育哲学的思想资源主要有三个方面。第一个思想资源是文学作品中的意象，特别是诗歌。格林认为诗人是特殊的，虽然他们不是教育家，但是他们的作品提醒人们存在的缺失、模糊以及存在的可能性。诗人的作品往往是带着激情去做的。格林认为激情正是使我们认识可能性的重要方式之一，因为未来的存在就是现在所缺乏的，而未来的存在本身就揭示了现实的不足。格林指出诗人激励人们发挥想象力，扩大生活体验的范围，超越自己的领域。当然，格林也提醒我们，诗人不会给我们答案，也不会解决批判教育哲学的问题。但是诗人的作品可以唤醒人们去反思，唤醒人们去恢复失去的风景和失去的自发性。在这样的背景下，教育工作者们可能会时不时地去寻找对自己有意义的批判性教学④。

　　①　[美] 玛克辛·格林：《释放想象：教育、艺术与社会变革》，郭芳译，北京师范大学出版社 2017 年版，第 64 页。

　　②　[美] 玛克辛·格林：《释放想象：教育、艺术与社会变革》，郭芳译，北京师范大学出版社 2017 年版，第 68—69 页。

　　③　[美] 玛克辛·格林：《释放想象：教育、艺术与社会变革》，郭芳译，北京师范大学出版社 2017 年版，第 74 页。

　　④　Maxine Greene, "In Search of a Critical Pedagogy", *Harvard Educational Review*, Vol. 56, No. 4, November 1986, pp. 427–441.

  格林的批判教育哲学思想的第二个思想资源是西方哲学批判的传统。格林认为批判的冲动是西方哲学古老的传统。格林追溯了苏格拉底对雅典公众的唤醒，《理想国》中对囚徒的释放以及培根激励他的读者与使他们的视野变得模糊、扭曲他们的理性能力的"偶像"决裂；大卫·休谟呼吁揭露人们习惯性的生活的"诡辩和幻想"。还有很多的哲学家主动要求他们的听众打破布莱克所说的"思想枷锁"，这些镣铐不仅束缚了人们的意识，而且它们的有效性保证了统治制度的继续存在——君主制、教堂制、土地所有制和各种武装力量①。

  在这一思想资源中，格林重点论述了法兰克福学派的社会批判思想。格林认为法兰克福学派继承了哲学的传统，包括康德的、黑格尔的、现象学的、心理学的以及精神分析的。格林认为这些传统当然也是所有知识分子的。法兰克福学派的批判理论认识到理性可以用来证明在酷刑和灭绝方面应用技术专长的合理性。欧洲人看到了这与通过官僚主义手段使社会合理化之间的联系，以及将长期被视为文明生活固有的道德考虑分离开来的联系。在格林看来，西方哲学批判的传统致力于使人们打破被认为理所当然的东西，这对解决资本主义社会对人的束缚、统治和异化有重要的作用。

  格林批判教育哲学的第三个思想资源是美国批判的传统。格林关于这一传统论述得最多。格林认为美国的批判传统直接源于欧洲启蒙运动时期的批判理论。当时运用批判理论的主要是新兴的中产阶级，他们关心自己要摆脱不合时宜和不公正的束缚。他们认为自己的"权利"正在遭到践踏，这些"权利"主要包括生命、自由和追求幸福。19世纪中期，随着马克思主义在美国的传播②，早期乌托邦社区和社会主义社会的出现确实反复质疑美国意识形态的一些假设，特别是那些与个人主义有关的假设。社会主义者呼吁一个更加人性化和理性的社会安排，以及对布朗森所描述的"财富和劳动关系的危机"的批判性洞察力。他说："对事实视而不见是没有用的，就像鸵鸟一样，自以为很安全，因为我们把头藏得太深，以

---

  ① Maxine Greene，"In Search of a Critical Pedagogy"，*Harvard Educational Review*，Vol. 56，No. 4，November 1986，pp. 427−441.

  ② 郭建斌：《美国马克思主义在中国的传播及反思》，《马克思主义哲学研究》2019年第2期。

至于我们看不见过程。"①此后，格林引用梭罗等人的思想来阐明美国的批判传统。梭罗故意用"第一人称"来称呼读者，激励他们运用自己的智慧，通过被认为是理所当然的、传统的、上流社会的方式来"挖洞"。他希望他们拒绝自我开发，拒绝我们现在称为虚假意识和人为需求的东西。他将"广泛觉醒"与世界上的实际工作和项目联系起来。他知道，如果人们想要塑造、表达、在世界上留下他们自己的指纹，他们需要从内部和外部的约束中解放出来。19世纪末，帕克上校与库克县师范学校的老师们合作，戏剧性地强调要把孩子从竞争环境和冲动中解放出来。他鼓励艺术和自发的活动；他鼓励分享工作。他相信，如果民主化，学校可以成为"解决人类自由这一重大问题的核心手段"②。

　　美国批判传统的继承者杜威同样也看到了资本主义社会对个体的异化和统治。与自由意志主义者和浪漫主义者不同，杜威把注意力放在个体成长所发生的"社会媒介"和重大关切的相互关系上。在《公众及其问题》一书中，杜威把人们所认为的意识形态控制称为"社会病理学"，"有力地反对对社会制度和条件的有效探究"，他继续写道，"它以多种方式表现自己：诉求不满、无能的漂泊、对分心事物的不安追求、对长久以来建立的理想化、简单的乐观主义如同披风一般的概括、对'事物本来的样子'的狂热颂扬、对所有反对者的恐吓——这些方式压抑和驱散思想，因为它们以微妙而无意识的普遍性运作，因而更加有效"。他说，必须开发一种社会探究方法，以减少导致拒绝和默许现状的"病态"。面对病态的社会，杜威同样将目光聚焦到教育上。他认为教育"善于表达的公众"是主要的教育任务之一。对他来说，公共领域的产生是因为某些私人行为的后果在人们之间创造了一种共同利益，这种共同利益要求人们采取深思熟虑的合作行动。③ 面对社会问题以及人民的反抗，美国政府确实做出了一些改革。但是，在格林看来，改革教育并没有为贫困和歧视造成的损失提供赔偿的短期努力，并没有阻止对美国学校的激进批评。而自由主义、

①　Maxine Greene, "In Search of a Critical Pedagogy", *Harvard Educational Review*, Vol. 56, No. 4, November 1986, pp. 427-441.

②　Maxine Greene, "In Search of a Critical Pedagogy", *Harvard Educational Review*, Vol. 56, No. 4, November 1986, pp. 427-441.

③　Maxine Greene, "In Search of a Critical Pedagogy", *Harvard Educational Review*, Vol. 56, No. 4, November 1986, pp. 427-441.

马克思主义、民主主义等多方面的批判，在不同程度上实现了美国教育学的批判潜力。格林总结认为：如果没有爱默生、梭罗或帕克，就不会有自由学校运动或"去学校化"运动；如果没有杜波依斯，就不会有解放运动，也不会有临街学校；如果没有社会重组主义的传统，就不会有马克思主义的声音，即要求建立一个以群众为基础的劳动人民组织，强有力地阐明企业资本主义的替代方案，作为进步教育体系的基础；如果没有杜威，就不会有人关心"参与民主制""共识"、公共领域的重构。①

格林坦言，在继承西方哲学传统方面，巴西的弗莱雷是为数不多的能清晰阐述西方传统的教育工作者之一。格林认为弗莱雷是马克思主义和存在主义现象学思想指导下的教育学的先驱；他关于批判性反思的概念重新唤醒了可以追溯到柏拉图的传统主题，以及在西方世界受压迫地区占据主导地位的解放神学，他自己的文化和教育超越了他的巴西血统，使他在思想生活方面成为世界公民。②

基于文学作品中的意象、西方哲学的批判传统以及美国的批判传统思想，格林探索了她的批判教育哲学思想。

格林探索了批判教育哲学对教育年轻人的人（也就是教师）来说意味着什么。在格林看来，批判教育哲学可以释放教师的想象力，可以唤起教师身在其中的自由传统。格林认为批判教育哲学可以让教师再次听到对正义和平等的反复呼吁。在格林看来，批判教育哲学必须致力于自由的实现。批判教育哲学必须注意到美国声音的多元性、生活故事的多元性，这样才能克服实证主义。当然，任何社会的任何人都不能否认权力的事实。但是人们可以抵抗。在格林看来，教育应该使人成人，而不是用经济作为教育的导向。在格林看来，教师以人的身份与学生交往就是在肯定自己的不完整性，教师也有尚需探索的空间，应该有需要开发的欲望和追求可能性。格林认为教师要重新发现关怀的价值，回顾自己关怀和被关怀的经历可以作为伦理理想的源泉。诺丁斯说，这是一种通过"对话、实践和确认"来培养的理想过程，其过程与那些参与开放公共领域的过程非常相似。在格林看来，批判教育哲学就是要打开这样的领域，在这个空间里，

① Maxine Greene,"In Search of a Critical Pedagogy",*Harvard Educational Review*,Vol.56,No.4,November 1986,pp.427-441.

② Maxine Greene,"In Search of a Critical Pedagogy",*Harvard Educational Review*,Vol.56,No.4,November 1986,pp.427-441.

可以想象事物更好的状态。格林认为我们只有想象一个更好的社会秩序，才能觉察到现实存在的差距，进而修复和改变现实。①

具有批判教育思想的教师要让年轻人对自己的生活和身处的世界有自己的解释。格林认为这样做可以让年轻人开拓出更广阔的视野。格林希望看到教师们热情地努力让年轻人可以使用各种符号来整理自己的经验，希望看到教师利用智能的光谱，鼓励年轻人多读书面文本和阅读世界。在格林看来，虽然这是一个黑暗和阴影笼罩的时代，但是批判教育哲学可以使人们运用自己的想象力，让人们自由地感受和表达愤慨，打破不透明，拒绝沉默。教师需要以这样一种方式教学，时不时地唤起激情。②

格林的批判教育哲学要求教师持有辩证关系的原则。格林说，"如果我们教师要发展一种人性化的解放的教育学，就必须时刻坚持一种辩证关系的原则"③。所谓的辩证关系原则即是指"每一种人类境况的根本特征都是一种辩证的关系：无论个体与环境之间、自我与社会之间，还是主体意识与客观世界之间都是辩证关系。这里的每一种关系都在生活情境的反思与反思对象之间预设了一种调节与紧张"④。格林强调特定的人类行为在超越社会情境的同时，也会受到社会情境的制约，这些人类行为在某种程度上改变这个世界，但这种改变不是脱离现有的社会情境，而是在现有社会情境基础之上。因此，我们追求变革的教育学必须既要关注现有条件，也要关注我们努力追求实现的目标，这个目标就是超越现状。格林所谓的超越现状不是设想一个理想的蓝图然后朝这个蓝图走去，而是自觉地反抗压制。格林认为无论是重新确立极端自由的个人主体性，还是全盘接受社会决定论，都不能为我们提供替代那些摧毁个体原初风景的社会统一的理想范本的其他选择。⑤

————————

　①　Maxine Greene,"In Search of a Critical Pedagogy",*Harvard Educational Review*,Vol. 56,No. 4,November 1986,pp. 427-441.

　②　Maxine Greene,"In Search of a Critical Pedagogy",*Harvard Educational Review*,Vol. 56,No. 4,November 1986,pp. 427-441.

　③　[美] 玛克辛·格林：《释放想象：教育、艺术与社会变革》，郭芳译，北京师范大学出版社 2017 年版，第 71 页。

　④　[美] 玛克辛·格林：《释放想象：教育、艺术与社会变革》，郭芳译，北京师范大学出版社 2017 年版，第 70 页。

　⑤　[美] 玛克辛·格林：《释放想象：教育、艺术与社会变革》，郭芳译，北京师范大学出版社 2017 年版，第 70 页。

格林认为如果我们想改变主体间世界濒临的现状，就要去理解时代背景，并且激励他人一起去理解。格林认为没有多少个体能够破解社会规则密码，能够揭示他们自身所嵌入的社会结构，能够合法拥有他们自己的愿景与视角。她确信所有人都持有这样的信念，即我们理解年轻人的努力，我们揭示自身景观的努力，都必须与教育实践的观念结合起来。格林认为教育应该在年轻人身上激发一种升华的主体意识，赋予他们权利去追求自由，也许在某种程度上还能够改变他们的生活世界①。格林认为教师必须尽最大努力去破除惯例的束缚，去影响学生的意识。我们还必须使年轻人能够应付浩劫的威胁与恐惧，使他们能够充分认识与理解所发生的一切，以便在成长过程中做出重要的抉择。教育要将世界向年轻人开放，让他们进行批判性的判断，让他们把想象投射到这个世界，并及时付诸行动去改变世界②。教师自身必须坚持运用开放的、解释性的方式来处理教学内容，来看待儿童的创作文本与年轻人的生活，来理解年轻人在发现他们如何透过大海或通过回廊来组织其深富意蕴的世界时，所获得的诸多意义。解放个体，或使他们能够揭示生活世界而获得启蒙，这还不够，生活世界本身具有开放性，有待我们去反思，去改变。③

总而言之，格林的批判教育哲学不断呼吁人们要不断地尝试，不断地追求自由与批判性的理解，不断地追求生活世界的改变。④

第二节　想象教育的阐释与构思

20 世纪 90 年代末，有研究者做出如下论断：随着第三次工业革命的不断演进，信息时代已经不能完全准确地描述人类现时期的社会状态，逐

---

① ［美］玛克辛·格林：《释放想象：教育、艺术与社会变革》，郭芳译，北京师范大学出版社 2017 年版，第 64 页。

② ［美］玛克辛·格林：《释放想象：教育、艺术与社会变革》，郭芳译，北京师范大学出版社 2017 年版，第 75 页。

③ ［美］玛克辛·格林：《释放想象：教育、艺术与社会变革》，郭芳译，北京师范大学出版社 2017 年版，第 79 页。

④ ［美］玛克辛·格林：《释放想象：教育、艺术与社会变革》，郭芳译，北京师范大学出版社 2017 年版，第 80 页。

渐被想象力时代所代替①。国内研究者也认为强国将是富有"想象力"的国家，而"中国想要成为真正意义上的世界强国之一，就需要教育部门将传统的专业能力教育提升为注重想象力培养的素质教育；相应地整个社会也需要公民想象力的形成与发挥"②。可见，这是一个想象力成为个体能力的时代，这是一个需要个体的想象力的时代，这是一个需要想象教育的时代。格林结合自己所处的时代以及自己的经历，力图通过阐释想象教育③，进而建构自己的实践教育哲学思想。格林一方面对想象和想象教育进行了论述；另一方面对想象教育的内容和方法进行了相关的阐释。

一　关于想象教育的阐释

格林教育哲学思想的底色是实践，这注定格林不可能仅仅对批判教育哲学和教育做形而上的思考，而是要在此基础上，落脚到教育实践活动中。格林实践教育哲学思想的实践归属是格林对想象力的研究。正如在其最后一本书《释放想象：教育、艺术与社会变革》中表述的一样，无论是其对人的自由及其在实践中获得的研究，还是其对资本主义社会问题的揭露和批判，抑或是其对批判教育哲学的探索和教育观的重构等，都是要落脚到教育者和受教育者在教育场域中释放自己的想象。格林的实践教育哲学思想的最终指向就是想象教育。

关于想象的定义，格林认同杜威的认识。杜威认为"想象是一种观看与感受事物，仿佛它们构成一种综合整体的方式。它是巨大而普遍的心

①　Magee C., *The Age of Imagination: Coming Soon to A Civilization Near You*, Second International Symposium: National Security & National Competitiveness: Open Source Solutions Proceedings, 1993, pp. 95-98.

②　雷家骕：《迎接想象力经济扑面而来》，《中国青年科技》2008 年第 4 期。

③　关于想象教育，有研究者从三个层面进行了界定：微观层面上，它是一种以主体的认知和情感为根基，持续不断地发展师生想象力，反过来又能促进教育教学质量提升的教学实践形式；中观层面上，"想象教育"可以突破教学实践层面，它是一种以"想象"为方法论，持续改善教育系统或教育学科的教育或教育学实践形式；宏观层面上，"想象教育"可以突破教育系统，它是一种以教育立场和教育尺度为根基，持续促进社会发展的社会实践形式。参见张晓阳《想象教育论——想象教育的理论与策略体系构建》，科学出版社 2017 年版，第 21 页。

在本书中，格林意义上的想象教育兼有微观和宏观之义。微观方面，其指向具体的教学实践；宏观层面，其指向社会共同体的建构。

灵与世界接触之时兴趣的混合。当老的与熟悉的事物在经验中翻新时，就有了想象。当新的东西被创造之时，遥远而奇特的东西成了世界中最自然而不可避免的东西。在心灵与宇宙相会之时，总是存在某种程度上的探险，而这种探险就在此程度上成为想象。"①

格林想象教育论的基点是通过两种观看世界和教育的方式的比较肇始的。在《释放想象：教育、艺术与社会变革》一书中，格林指出了两种看待世界和教育的方式。一个人把世界看得渺小，就是选择从一个超然的角度来看世界，从系统的视角来观察人们的行为，关注的是大趋势而不是纠缠日常生活的意图与琐碎。把世界看得伟大则一定不能仅仅将他人视为客体或棋子，相反要将他们看作特殊的完整的个体②。对于把教育世界看得伟大的人来说，偶尔可以看到这样的教师，他们把每一次行动都看作"一次新的开始，一次用破蔽的装备，向无法言说的事物发动的袭击，最后总是溃不成军，只留下不准确的感觉乱作一团，一群没有纪律的激情的乌合之众"。把教育世界看得渺小是借助系统的视角来看待学校教育，突出权力或既有意识形态的重要性，基本上采取技术的观点讨论问题③，这样的教师没有任何责任感，把那些貌似另类的学生、那些持有异见的学生硬说成语无伦次，是不善表达。把教育世界看得渺小，其基本信念是学校教育的改变能够带来进步的社会变迁；目的是把学校教育与国民经济问题联系起来；行为是专注于考试分数、"学习时间"、管理程序、种群与族群的所占比例、问责措施等，忽略了个体是现实生活中活生生的人的面孔与姿态。把教育世界看得伟大会使我们密切关注事件的细节与特质，不会被简化为数字。

教师如何面对将教育看得渺小的情况呢？格林认为教师要学会站在不同的立场来看待问题，要抵制人为地将学校与所处社会情境剥离开来，要抵制各种去情境化的极端歪曲现实的做法。为了做到这种抵制，教师必须重视一直未能清晰界定的关联性和延续性问题。这意味着教师要关注多样性街头生活的方方面面，既包括它的潜在危险，也包括它的神秘诱惑所带

---

① ［美］约翰·杜威：《艺术即经验》，高建平译，商务印书馆2010年版，第310页。
② ［美］玛克辛·格林：《释放想象：教育、艺术与社会变革》，郭芳译，北京师范大学出版社2017年版，第12页。
③ ［美］玛克辛·格林：《释放想象：教育、艺术与社会变革》，郭芳译，北京师范大学出版社2017年版，第13—14页。

来的影响①。在格林看来，一旦教师有了在复杂情境中反思自己实践的能力，就可以期待教师做出超越他们自身情境局限的选择，打开内心，接纳整个世界②。格林所谓的教师在复杂情境中反思自己实践的能力就是一种想象力。把事物看得渺小所体现的那种客观公正是有益的，同时也接纳并认同充满情感地靠近事物、将之看作伟大的做法。这是由于努力将事物看得伟大的强烈情感正是想象的开端。唯有如此才有了非其所是看待事物的可能。对格林而言，这种可能就是其重建学校教育所追求的主旨。因此，将事物看得伟大是推动我们在教育改革道路上继续前行的力量③。作为教师，我们并不能预言正在形成过程之中的共同体世界到底是什么样子，也不能最终评判哪一种共同体更好。然而我们却能够给聚集在一起的年轻人带来温暖，带来对话与欢笑，用以取代独白与刻板。我们一定要确认再确认，我们所尊奉的是以公平、自由、尊重人权信仰为核心的原则，如果不是这样，无论我们冒怎样的风险，也会连为每一个人争取起码的接纳与包容都是不可能的。只有越来越多的人在聚集到一起的过程中学会将这些原则具体化，并选择按照这些原则的要求去生活、去言说，我们的共同体才有可能形成。我们所能做的是看着彼此的眼睛，敦促彼此投入新的开端。我们的课堂应该是培养人的地方，需要思虑周全，同时照顾到所有方面。课堂的脉搏理应随着什么是人、什么是活着的多元化概念一起跳动。课堂里应当回响着参与对话的年轻人的明确有力表达的声音，他们的对话也许并不完整，那是由于还有更多未知需要我们去发现，更多观点需要我们去表达。我们一定要激发每一个学生全面觉醒，充满想象地去行动，不断更新其对可能性的认识，同时也务必让他们获得彼此之间温暖的友爱④。

　　想象在教师的生活与学生的生活中一样重要，在某种程度上是因为教师如果不能擅长想象思维，或者不能引导学生与文学著作或其他艺术形式

　　① ［美］玛克辛·格林：《释放想象：教育、艺术与社会变革》，郭芳译，北京师范大学出版社 2017 年版，第 14—15 页。

　　② ［美］玛克辛·格林：《释放想象：教育、艺术与社会变革》，郭芳译，北京师范大学出版社 2017 年版，第 15 页。

　　③ ［美］玛克辛·格林：《释放想象：教育、艺术与社会变革》，郭芳译，北京师范大学出版社 2017 年版，第 21 页。

　　④ ［美］玛克辛·格林：《释放想象：教育、艺术与社会变革》，郭芳译，北京师范大学出版社 2017 年版，第 58 页。

相遇，那么他就不能与年轻人交流想象的作用到底意味着什么。想象可以提高一个人感受他人立场的能力，不擅长想象的教师缺乏同情①。教育中的想象力除了教师的想象力之外，还有学生的想象力。格林认为与现实中希望学会学习的人的任何相遇，都既需要教师的想象，也需要学生的想象②。正是由于想象，人们才能够认识到某种追求是可以实现的，这与我们所要培养提倡的那种学习相类似。正是由于想象，人们才能突破惯常的认识框架，才能在某种程度上理解生活在现实情境中的年轻人。年轻人也正是由于想象，才能认识走向世界的道路。③

在肯定教育中两类主体的想象之重要后，格林对想象的作用进行了分析。面对社会存在的问题，教师如何不再复制再生产这个社会，而是引导自己和学生都带入关注自己的生活情境，抵制人生的无意义，格林强调了想象的作用。格林将想象作为建构共同世界的工具。她认为想象可以使移情成为可能，而正是移情使我们能够跨越自己与所谓"他者"之间的隔阂。唯有想象能够使我们相信还有其他不同于我们的真实存在，可以使我们打破想当然，搁置那些习以为常的特征与定义。格林认为要想真正切实地进入孩子的世界之中，依靠的不仅仅是理性力量，还有我们的想象，运用想象进入陌生的世界，不断丰富自己的经验，理解和把握有另外的一种人类的可能性。④ 理解他人世界的程度通常依赖于我们诗意地运用想象的能力，将作家、画家、雕塑家、电影工作者、编舞者以及作曲家所创造的"假想世界"变为现实的能力。⑤ 想象常常把分离的部分聚拢到一起，整合形成和谐的新秩序，从而生成整体。⑥

---

① ［美］玛克辛·格林：《释放想象：教育、艺术与社会变革》，郭芳译，北京师范大学出版社 2017 年版，第 49 页。

② ［美］玛克辛·格林：《释放想象：教育、艺术与社会变革》，郭芳译，北京师范大学出版社 2017 年版，第 17 页。

③ ［美］玛克辛·格林：《释放想象：教育、艺术与社会变革》，郭芳译，北京师范大学出版社 2017 年版，第 18 页。

④ ［美］玛克辛·格林：《释放想象：教育、艺术与社会变革》，郭芳译，北京师范大学出版社 2017 年版，第 4 页。

⑤ ［美］玛克辛·格林：《释放想象：教育、艺术与社会变革》，郭芳译，北京师范大学出版社 2017 年版，第 5 页。

⑥ ［美］玛克辛·格林：《释放想象：教育、艺术与社会变革》，郭芳译，北京师范大学出版社 2017 年版，第 52 页。

格林以想象的方式来理解教和学，她关注的焦点是行动而不是行为。行动强调行动者的主动性，意味着站在行动者的立场上来理解他们所憧憬的未来，其感兴趣的是：学习是如何开始的，而非学习的结果①。教与学的本质就是破除障碍，教学就是要为每一个人提供他们自学所需要的技能诀窍与专门知识。学生以自己的方式进行实践。② 在这一点上，格林认同后现代哲学家的认识。后现代主义认为并不存在一种理性体系可以解决一切问题，解决一切不确定性。格林认为我们所能做的就是在这个变动不居的世界上培养看待事物的多种方式，进行多方面的对话与交流。我们所能做的就是设法激励读者，以及他们的学生共同奋斗，开辟出一条崭新的道路，在这个世界上留下自己独特的痕迹。③

在对想象和想象运用于教育进行阐释之后，格林回到了美国的教育实践。她首先批判了《2000 年目标：美国教育法》规定的教育目标。《2000 年目标：美国教育法》规定的目标是：所有儿童在入学前都要做好入学准备；中学毕业率要达到 90%；所有美国人都要具备基本文化素养；要培养优秀师资；父母要参与儿童的学习；所有学生在学术科目中都要达到世界一流的标准，特别是"科学与数学的学业成就要排名第一"；要制定国家评价标准来确保学生能够展现他们"挑战课程材料"的能力。格林对这个目标进行了批判，认为其将标准与测试简单地强加于教育之上，且并未重视多样性。格林认为美好的社会秩序思考起来容易，实现起来却困难重重。面对困难，人们往往会退缩，麻痹自己，甚至放弃行动，拒绝改变。伴随而来的是个人与集体效能感的缩减与丧失，由此人们安于现状，对于任何抗议与不满都无动于衷。针对这种情况，格林说我们提倡想象能力就是要培养人们以非其所是的方式看待事物的能力④。格林认为我们要将每个人的现实理解为被阐释过的经验——阐释模式取决于他/她在社会

① ［美］玛克辛·格林：《释放想象：教育、艺术与社会变革》，郭芳译，北京师范大学出版社 2017 年版，第 19 页。
② ［美］玛克辛·格林：《释放想象：教育、艺术与社会变革》，郭芳译，北京师范大学出版社 2017 年版，第 18 页。
③ ［美］玛克辛·格林：《释放想象：教育、艺术与社会变革》，郭芳译，北京师范大学出版社 2017 年版，第 20—21 页。
④ ［美］玛克辛·格林：《释放想象：教育、艺术与社会变革》，郭芳译，北京师范大学出版社 2017 年版，第 25 页。

中的位置与处境，同时也取决于一个人是否能够多视角看待问题——多视角看待问题能够揭示偶然世界的多重维度，而不仅仅局限于从自我存在出发的角度。我们发挥想象就可以超越想象者的那些所谓标准或"共识"，从而在经验中形成新的认知秩序。唯有如此，人们才可能从惯常的思维模式中解脱出来，才有可能看到新的东西，才有可能形成应该是什么，以及尚未成为什么的观念。唯有如此，同一个人在同一时间内，才能与他的未知可能性保持联系。①

　　通过批判，格林将想象置于人的培养方面进行论述。格林认为从某一个角度认识的世界并不是一个完整的世界，要全面地认识世界，个体必须从多个视角来观察。个体生活在现实的世界中，其生活是一个逐步展开的过程，而不是必然的结果，故而，成为你自己是一个自我生成的过程，一个身份认同的过程。② 若一个人选择将他/她自己置身于事物发展变化的过程之中，将自己视为创造者、学习者或探索者，那么他/她就会拥有想象的能力，就能够看到新事物的出现，越来越多新开端的产生也就成为可能。③ 以非其所是的方式来想象事物是相信事物能被改变的第一步。当人们选择依据可能性去行动的时候，一个自由的世界就在他们面前铺陈开来，他/她就会感受到作为创始者以及行动者到底意味着什么，也就是说，他们虽然生活在他者之中，但却拥有为他/她自己做出选择的力量。④ 当习惯的绳索紧紧捆缚住一切，一个接着一个雷同的日子以及可预见性吞噬掉所有可能性的迹象。只有当我们质疑既定的或想当然的观念的时候，只有当我们采取多样的、有时是陌生的视角来看待事物的时候，事物才会如其所是显示自身，即我们可以根据不同情况从多种角度对事物做出多种阐释；如果要把它统一起来，就需要利用某种一致或未经检验的共识。一旦我们能够将既定的看作偶然的，那么我们就有可能设想出更多种其他的生

① ［美］玛克辛·格林：《释放想象：教育、艺术与社会变革》，郭芳译，北京师范大学出版社 2017 年版，第 25—26 页。

② ［美］玛克辛·格林：《释放想象：教育、艺术与社会变革》，郭芳译，北京师范大学出版社 2017 年版，第 27 页。

③ ［美］玛克辛·格林：《释放想象：教育、艺术与社会变革》，郭芳译，北京师范大学出版社 2017 年版，第 29 页。

④ ［美］玛克辛·格林：《释放想象：教育、艺术与社会变革》，郭芳译，北京师范大学出版社 2017 年版，第 30 页。

活方式与更多种其他的价值取向，然后做出选择。①

对于教师而言，困难在于要怎么样设计适切的情境，使年轻人脱离习惯性的、日常循规蹈矩的世界，有意识地去自省与探究。格林认为她所追求的言说方式是要能够为教师以及其他人开启建构一个真正的共同世界，格林的意思并不是建构一个她指定的、渴望的共同世界，而是请读者建构一个自己指定的、渴望的世界。相反，她的任务就是激发读者的想象，这样我们所有人才能够超越"令人产生错觉的多种语言交流带来的混乱……意义交汇的歧义纷争，历史记录的大相径庭，无法预期的回应，无法理解的幽默"，从而获得某种命名、某种意义建构，这种命名与意义建构以及共同体的形式将我们聚集到一起。②

格林想象教育论的最终指向是民主的共同体。共同体不能仅仅凭借合理设计而形成，也不能通过颁布法令强制产生。像自由一样，它的产生依靠众多被赋予了空间的个体。在空间中，人们能够发现他们共同认可、共同欣赏的东西，也就是说既然人们拥有了空间，那么就一定会去发现形成主体间认识的方式。格林强调的是，这个空间应该充满一种想象意识，这种想象意识能够使得身处其中的人，想象他们的自我生成，以及他们所属群体生成的其他可能性。共同体的问题不是个体是否接受了最合理的社会契约的问题。它的问题在于怎样做才有助于追求共同利益：人们应以怎样的方式聚集在一起，应以怎样的方式处理相关关系，以及应如何实现理想的共同世界。③ 我们应该怎样去理解那种能够给人们提供不同生活方式的共同体？我们认识到民主意味着一种始终处于生成之中的共同体。民主共同体的标志是不断生成凝聚力，包括某些共同的信仰，彼此之间的交流与对话，因此民主共同体必须保持开放与包容，不仅是那些新来者，还有那些被弃置边缘太久的人。④ 格林认为正是想象的重新发现减缓了社会日渐

① ［美］玛克辛·格林：《释放想象：教育、艺术与社会变革》，郭芳译，北京师范大学出版社 2017 年版，第 32 页。

② ［美］玛克辛·格林：《释放想象：教育、艺术与社会变革》，郭芳译，北京师范大学出版社 2017 年版，第 3 页。

③ ［美］玛克辛·格林：《释放想象：教育、艺术与社会变革》，郭芳译，北京师范大学出版社 2017 年版，第 53 页。

④ ［美］玛克辛·格林：《释放想象：教育、艺术与社会变革》，郭芳译，北京师范大学出版社 2017 年版，第 53 页。

麻木瘫痪的进程，让我们重拾信心，以尊严与人性的名义采取措施来为这个社会做点什么。格林所追求的是这样一个想象的观念，就是要对人类社会当前的发展加以伦理关注，这种关注必然要涉及理应正在形成的共同体，以及赋予共同体色彩与意义的价值观念。因此我们关注的焦点再一次回到全面觉醒的重要性，认识这个世界的未来会是什么样的重要性。[①] 人们要求年轻人成为主动的学习者，而不是简单地成为未经思考就接受预先消化信息的被动接受者。人们期望年轻人越来越多地讲述他们的经历，提出自己的问题，带着各自的视角在这个共同世界之中共同在场。[②] 要想年轻人可以理解并接受民主共同体就要唤醒他们"共同经验"的愿景，也就是杜威所说的共同的意义、共同的利益以及共同的奋斗。这个共同体的标志是彼此相互联系、彼此共享与共融。这个共同体不断追求的是思想的自由以及表达的自由，由此可能实现的共同体才会充满活力、生机勃勃。面对这样的愿景，教育者所能够做到的只有努力培养未来参与民主共同体建设的年轻人，掌握某些重要技能，具备一系列基本素养。在民主共同体中，人们期望所有年轻人有一天都会形成一种思维习惯，这种思维习惯能够帮助他们主动参与学习过程，使他们成为批判的、自我反思的学习者，最终成为实践者。[③]

　　总而言之，格林认为想象的作用并不是解决问题，不是指出道路，不是提高与完善。想象是要唤醒，要揭示那些通常未曾见过、未曾听过、出人意料的世界。想象为我们提供事物具体的细节，无论是眼睛还是耳朵都能够感受到它们切切实实存在。正是想象鼓励我们，使我们能够在经验的碎片之间建立新的联系，提醒我们身处现实的偶然性。正是想象的能力使我们能够体验不同观点之间的共情。想象是我们去除自我中心性的一种新方式，通过想象我们可以打破个人主义与利己主义的禁锢，从而进入一个新的世界，在那里我们可以与他人一起面对面地呼唤："我们在这里。"

---

　　① ［美］玛克辛·格林：《释放想象：教育、艺术与社会变革》，郭芳译，北京师范大学出版社2017年版，第47页。

　　② ［美］玛克辛·格林：《释放想象：教育、艺术与社会变革》，郭芳译，北京师范大学出版社2017年版，第46页。

　　③ ［美］玛克辛·格林：《释放想象：教育、艺术与社会变革》，郭芳译，北京师范大学出版社2017年版，第45页。

二 聚焦文学与艺术的想象教育

想象教育的总体目的是要把想象力引入教育，因为"教育质量"取决于教育当中想象力的参与程度①。想象教育如此之重要，究竟什么样的内容才能培养学生的想象力？格林对此主要分析了想象教育的内容。在格林看来，能培养个体的想象的材料，一个是文学作品，一个是艺术作品。

（一） 文学作品之于想象教育

格林于 1934 年至 1938 年在巴纳德大学攻读文学专业，并获得文学学士学位。鉴于自己的学习经历，在格林的著作和文章中，她极为重视文学作品的作用。在"玛克辛·格林实践教育哲学思想的基点"一章中，我们曾提到想象文学之于全面觉醒的教师和全面觉醒的个体之意义和作用。在这一部分，我们将重点论述格林将想象文学作品作为教学材料的思想。

格林认为一些文学作品拥有一种特殊的能力，能够唤起我们所处时代的全面觉醒，这种觉醒是实现超越和改变社会基质的必要条件②。她认为西方文学作品中存在许多争取解放的例子。对文学作品的阐释性解读在某种程度上能够使现代读者的生活变得更加明晰化。为了将注意力集中到我们自己的生活上，即我们所处的世界和环境上，我们应该与一系列反对派艺术家保持联系，进而发现自己从浸没之中浮现出来，对现实提出我们自己的关键性问题。格林进一步认为与这些清楚的描述抗争（即文学作品中的描述）的作家取得联系便是与适应深层次的文化取得联系。深层次文化展现了一些表面上看不到的感受和思考，如对官方历史的反思、对愈加严苛的统治过于乐观的估计、对特定需求和考量的忽视。我们也可能与批判性艺术家取得联系，对于批判性艺术家来说，自我成就是最真实的人类价值，它可能引导我们回到"基础"，进而有可能完成超越。③ 格林认为之前的文学作品中已揭示了当下人遇到的困境，作家能够对先前的文学作品进行解读，以使当下的人意识到自己的困境，进而改变困境。

---

① 张晓阳：《想象教育论——想象教育的理论与策略体系构建》，科学出版社 2017 年版，第 110 页。

② ［美］玛克辛·格林：《学习的风景》，史林译，北京师范大学出版社 2016 年版，第 46 页。

③ ［美］玛克辛·格林：《学习的风景》，史林译，北京师范大学出版社 2016 年版，第 48 页。

在《学习的风景》一书中，格林详细论证了"想象性文学的作用"。格林认为对于教师和"准教师"来说，对某种想象性文学的重要著作进行研究可以为其中任何一种方法提供有益的补充。19世纪和20世纪初创作的作品尤其适合被用于这样的研究。① 在此基础上，格林分析了福楼拜、罗伯特·劳森伯格、约瑟夫·海勒、布莱克、波德莱尔、阿尔文·古尔德纳、豪尔赫·路易斯·博尔赫斯等人的作品在释放想象方面的作用。格林强调文学的意义在不同历史时期以特殊的方式表现出来，其他方面也存在"日积月累的生活意义"，不允许我们突然退回到过去，我们仅能够以当下的视角，依据文本的内容和形式来解读作品。我们在解读作品的过程中，同样可以自由地寻找"先驱者"，借此修饰我们对过去、现在和未来的概念。②

在《人文与解放的可能性》一文中，格林指出文学作品可以解放人们对人类可能性的认识，扩大人们的视野。在格林看来，文学作品和人文学科是实证主义和技术统治的解药。格林指出随着计算机化和"人工智能"的使用，社会科学一直被坚持数学化，分析哲学一直处于去人格化的状态，坚持行为主义的目标，有效率和质量控制的"规范"。这些状况使得人文学者不断地防御。格林指出文学作品是某种人类意识的表达，这些意识渗透到世界上，与事物的接触先于对事物的思考。富有想象力的作家、画家、作曲家、雕塑家、编舞者，甚至某些电影制作人都是范式化的，其中涉及"给予声音"和"风景"，他们的作品是格林选择称之为人文学科的核心。但是格林也将某些类型的文学和美学批评涵盖其中，因为她将纳入历史、社会学和哲学的研究模式。格林认为每当有人做别人做不到的事情，或者做不容易做的事情，无论是制作更好的捕鼠器，更好的杂耍行为，更好的体质，更好的构想或更好的诗歌时，以及每当别人以一种品质的感觉谈论它做事的关键——这里就有人文学科。③

在《人文与解放的可能性》这篇文章中，格林列举了大量文学作家

---

① ［美］玛克辛·格林：《学习的风景》，史林译，北京师范大学出版社2016年版，第25页。

② ［美］玛克辛·格林：《学习的风景》，史林译，北京师范大学出版社2016年版，第31页。

③ Maxine Greene, "The Humanities and Emancipatory Possibility", *The Journal of Education*, Vol. 163, No. 4, 1981, pp. 287-305.

的名字，强调我们应该重视他们的作品，如弗吉尼亚·伍尔芙和亨利·詹姆斯这样的人，他们明显反对作家的自我意识和生存意识；像杰弗里·哈特曼这样的当代作家，他公开谈论自己的"见识"斗争，而哈罗德·布鲁姆则阐明了自己的矛盾情绪和"焦虑"，即使他摆脱了困境；还有像莱昂内尔·特里林、利奥·马克斯、马蒂森、安·道格拉斯、乔治·斯坦纳的作品等；对于哲学家，格林认为威廉·詹姆斯、乔治·摩尔、约翰·杜威、路德维希·维特根斯坦、斯图尔特·汉普郡、艾里斯·默多克、让-保罗·萨特、莫里斯·梅洛-庞蒂、玛乔莉·格雷恩、斯坦利·卡维尔、保罗·里科是应该纳入人文学科的思想家，因为他们的声音可以听见，而且有时可以传达他们对生活世界的感觉。至于历史学家，格林会考虑像卡尔·卡尔这样的人，他们将历史的发展视为对话。某些自由主义历史学家，例如理查德·霍夫施塔特、查尔斯·比尔德和玛丽·比尔德、奥斯卡·汉德林、马克·布洛赫、赫伯特·穆勒、约翰·赫曼·兰德尔、彼得·盖伊。对文学作品的选择，格林强调没有明确的标准。格林指出："尽管我认为我们必须公开生活中的现实，但没有必要根据简单相关的标准从人文科学中进行选择。例如，没有必要寻找一些明确涉及福利制度的小说，除非这些小说被视为复杂的艺术品。简而言之，没有必要转向像《医院》这样的电影，甚至转向弗雷德里克·怀斯曼在医院拍摄的纪录片，以使人们陷入我所想到的富有成效的疏远中。"[1]

格林强调文学作品能给读者无限的可能性。格林认为虽然文学作品中没有明确改变现实社会的答案，但是那些被转移到自己困境中去的人也许能够在某种程度上对象征和安置在审美空间中的同类困境做出反应。文学作品中没有答案，但是与文学作品接触，可能让读者"睁开眼睛"，抵制"审美传播"。那些睁开眼睛的人至少可以改变自己的生活世界。格林指出，作者的意图，应该隐藏在文本的后面；不是作者及其原始读者所共有的历史情况；不是这些读者的期望……甚至没有他们对自己作为历史和文化现象的理解，必须采用文本本身的含义，以一种动态的方式将其理解为文本所打开的思想方向。这样，我们尽可能地脱离浪漫主义理想，即与外来心理相吻合。如果说我们与任何事物都相吻合，那不是另一个自我的内

---

① Maxine Greene, "The Humanities and Emancipatory Possibility", *The Journal of Education*, Vol. 163, No. 4, 1981, pp. 287-305.

在生命，而是披露一种看待事物的可能方式，这才是真正的参照力。萨特指出，只有当人类意识到可能发生的事情，他们才有能力接受"失败和缺乏"。格林的解释是我们决定对我们的自由采取行动，超越自己，改变自己的生活。[①]

格林在分析文学作品在想象教育方面的作用的基础上，强调学生要大量阅读相关的文学作品，教师要将文学作品作为自己的教学材料。

（二）艺术作品之于想象教育

在格林的想象教育论中，可以释放想象的材料除了文学作品之外，还有艺术作品。

有研究者在研究格林关于教师实践本体存在的实现路径时指出，其路径就是与艺术相遇。该研究者认为教师实践本体存在显现为陌生人，作为陌生人就是要悬置其自然态度，就是要有新的看待事物的角度。格林认为这种"新"的看待事物的角度，就是知觉世界方式的改变，继而指出只有与艺术相遇，教师的这种改变才有可能实现[②]。该研究者还具体论述了教师如何与艺术相遇，即通过释放想象打开新的自我空间，培养自己的解放思维，进而为学生打造一个充满想象意识的公共空间，最终培养学生的自主意识，让学生全面觉醒[③]。

鉴于已有对艺术作品之于教师的实践本体存在的研究，在本部分，我们侧重于论述艺术作品之于学生的重要意义。

艺术作品之于学生的想象教育主要在于体验。格林认为困扰自己的问题是学生们在教室里感到无聊。海德格尔认为无聊常常是对无意义感的回应。格林将自己的问题与海德格尔的论断结合起来，认为由于忽略了想象力，忽视了对可能性的思考，学生们经常会认为在学校发生的事情与他们和他们的未来完全无关。格林对艺术最有力的论据之一是这样一个事实，即艺术可以激发学生的想象力，学生可以将视线转移到可能的东西、应该的东西，这是一种可能性的超越。格林认为艺术正在提高人们对世界的认

---

① Maxine Greene, "The Humanities and Emancipatory Possibility", *The Journal of Education*, Vol. 163, No. 4, 1981, pp. 287-305.

② 郭芳：《教师哲学思想研究：以 20 世纪下半叶的美国为例》，北京师范大学出版社 2017 年版，第 120 页。

③ 郭芳：《教师哲学思想研究：以 20 世纪下半叶的美国为例》，北京师范大学出版社 2017 年版，第 129 页。

识。正如格林对美育的认识一样，她认为美育的理念是让人们不再是被动的旁观者，而是愿意从事的参与者。①

格林认为年轻人对艺术品的体验常常发生在意义领域。格林指出按照相关的要求去体验艺术品可以阐述一些偶然的非凡体验，基于此类体验，可以很容易将艺术品理解为拥有特殊地位的客体。格林引用一些研究者的认识，认为审美体验是一种非同寻常的知觉性事件，常常发生在与学校中的年轻人极为接近的意义领域，包括十分年幼的孩子在内的所有儿童都能对艺术品做出反应。格林引用了加德纳等人的研究，认为儿童有时会误解艺术品真正想要表达的意义，但这是审美敏感性发展的必经阶段。在格林看来，如果教师希望促使学生对艺术持开放的姿态，克服虚伪的观点，从"人性视角"看待问题的话，就必须甘愿冒险。艺术教育和审美教育一样，能够为视角和意识领域创造出新的可能。艺术教育能够增强人们拓展生活意义的意识，还可以创造更多明晰和欢快的时刻。格林坚信，随着教师促使越来越多的人进入想象性意识模式当中，赋予他们将自己的想法变成现实的自由，我们能够通过从事的工作使这一切成为可能②。所谓的"这一切"，便是通过实践来变革现实的社会。

格林认为艺术品中包含了对应然理想的隐喻，这些隐喻可以使想象得以释放，进而抵制社会中存在的问题。在格林看来，当毕加索激起我们的欲望去观看一幅又一幅怀抱着死去婴儿的女性素描，我们就开始意识到生活世界中悲惨的不足与缺陷。但是如果我们充分了解这些画作，使它们成为经验的客体，在我们现实生活的背景中与之相遇，我们就会产生追求更美好的现实的观念，在更美好的世界中，不再有惨烈的战争，女人不会再悲伤哭泣，也没有炸弹杀死无辜的孩子③。格林认为当艺术品成为我们经验的客体时，一方面可以激发我们产生追求更美好状态的渴望；另一方面还可以让我们意识到日常生活中被遮蔽的以及被习俗与惯例压制的东西。

艺术作品虽然可以释放学生的想象，但是这不是自然发生的。格林列

---

① Maxine Greene, *Releasing the Imagination：Essays on Education，the Arts，and Social Change*，National Association of Independent Schools，1995.

② ［美］玛克辛·格林：《学习的风景》，史林译，北京师范大学出版社 2016 年版，第264—265 页。

③ ［美］玛克辛·格林：《释放想象：教育、艺术与社会变革》，郭芳译，北京师范大学出版社 2017 年版，第 168 页。

举了非自然发生的种种。在格林看来，单纯的观光客匆匆忙忙地进出博物馆，他们所形成的只是对画作走马观花的肤浅接触，没有任何反思的时间，也没有了解关于艺术作品的任何介绍，没有深入的接触或者对话①。格林认为学生对艺术作品的反思需要教师引导。格林指出审美体验需要有意识地参与到艺术作品之中，需要能量的输出，需要具备一种对于戏剧、诗歌、四重奏等欣赏评论的能力②。如何才能获得这样的能力？在格林看来，就是要在促进学习者去关注与促进解放学习者以获得特定作品的意义之间，争取微妙的平衡③。总而言之，格林认为艺术可以滋养我们的生活，点燃未来的希望，描绘未知的探索，给予世界以光明，格林呼吁要抵制对艺术的忽视，使审美体验教学成为我们的教育信条④。

在格林看来，将艺术品作为想象教育的材料就是通过与艺术相遇促使年轻人去想象，去拓展更新这个世界。这里涉及两种教育取向：第一种教育取向是把具有可塑性的年轻人打造成为满足后工业社会与现代技术需要的人；第二种教育取向与个体的成长密切相关，与个体通过教育成为与众不同的人，成为能够发出自己的声音、有效参与共同体形成的人密切相关⑤。格林批判第一种教育取向，赞同第二种教育取向。要实现第二种教育取向，就需要将艺术作为教育的内容。格林指出，当人们努力搁置先见，澄清内心，追求成为这个世界上更具有热情忠诚的人时，与艺术相遇，以及参与艺术领域的各种活动就能够滋养个体成长，促使人们彼此之间建立起有效的联系。格林强调如果我们最终能够认识到艺术对于个体成长、对于创造性以及问题解决的意义，我们就会战胜那令人绝望的停滞，

---

① ［美］玛克辛·格林：《释放想象：教育、艺术与社会变革》，郭芳译，北京师范大学出版社 2017 年版，第 171 页。

② ［美］玛克辛·格林：《释放想象：教育、艺术与社会变革》，郭芳译，北京师范大学出版社 2017 年版，第 171 页。

③ ［美］玛克辛·格林：《释放想象：教育、艺术与社会变革》，郭芳译，北京师范大学出版社 2017 年版，第 171 页。

④ ［美］玛克辛·格林：《释放想象：教育、艺术与社会变革》，郭芳译，北京师范大学出版社 2017 年版，第 182 页。

⑤ ［美］玛克辛·格林：《释放想象：教育、艺术与社会变革》，郭芳译，北京师范大学出版社 2017 年版，第 180 页。

就会燃起希望，燃起未来充满可能性的希望。①

三 发展于对话教学中的想象教育

美国教育家巴士卡里亚曾敏锐地指出，在美国，20世纪60年代是每个人对每个事物都提出疑问的奇妙的时代。学生不只坐在课堂上记笔记，还要对老师说的话加以反驳；70年代是一个反省的年代，一个平静的时代，一个大家都意识到对外无路可走，开始走向内心深处的时代，结果，产生了一批极端利己主义、无法与外界交流的个体。他认为，80年代应该是人走出来，建设人与人的桥梁的时候了。换句话说，应该是对话的时候。② 格林的思想从20世纪60年代开始形成，经历了70年代和80年代，其应该也意识到这个问题。故而，在格林看来，为了变革世界的想象教育，其方式应该是对话的。

在《学习的风景》一书中，格林强调"基础性"教育者承担着多方面的责任，他们必须有能力提出与被人类过度统治的世界相适应的新问题。而要完成这一任务，就需要引发一种对话，借此引导教学过程中的所有参与者反思他们的生活环境以及对环境系统化可利用的构想。③ 在这里，格林主要表达的是必须培养"准教师们"具备对话的能力，来打破理所当然，进而引起人们的反思。对话被认为是培养具有批判性反思能力的教师的手段。可见，格林所谓的对话首先指向的就是教师，换句话说，教师必须具备对话的能力和素质。

面对资本主义社会的教育对个体的控制，格林认为对被视为理所当然的事情及理所当然地传播的事情发起挑战是问题的关键。据此，格林认为我们需要采取新的教学法———一种使个体能够自由地理解他们从各自的位置出发构建共同大陆和共同世界的方法。④ 格林将这种新的教学法称为

---

① ［美］玛克辛·格林：《释放想象：教育、艺术与社会变革》，郭芳译，北京师范大学出版社2017年版，第181页。

② ［美］巴士卡里亚：《爱和生活》，顿珠桑译，生活·读书·新知三联书店1988年版，第131页。

③ ［美］玛克辛·格林：《学习的风景》，史林译，北京师范大学出版社2016年版，第78页。

④ ［美］玛克辛·格林：《学习的风景》，史林译，北京师范大学出版社2016年版，第92页。

"民主教学法"。在上下文中，格林隐晦地指出民主的教学法就是对话教学法。例如，格林认为教育者以民主的方式教育和解放学生并且促使他们理解所居住的社会现实是构建而成的过程，应该避免用专家式的高姿态来对待学生。这样，他们（即教师们）和学生才可能进入一种双向的对话之中。这种双向对话营造出了一个易于提问的世界，人们在里面可以用真诚的方式发表言论。① 再比如，格林认为学科应该被用来为个体参与者提供更多的可能性，每个参与者都有能力建立一种与他/她关注点相关的结构，并且借助这种结构阐明自己想表达的事情，如果这种对话和交流被当成一种模式固定下来，那么实证性解释便可能成为一种看待问题的视角，扭曲的现象也会得到理解。② 通过格林的这些论述，我们注意到她所谓的民主教学法就是对话教学法。格林的对话教学法不仅仅对教师提出了要求，而且对学科，即组织化的知识结构也提出了自己的见解。

除了论述学校教育中的对话教学法之外，格林还将对话扩大到社区中。格林认为我们要在社区中发起一场对话，一场为了促使人们看见的教育性对话，形形色色的人都参与对话中，一起创造意义。身在学习型社区中的人们能够发现如何在理解和构建意义的过程中活力四射地与他人相处并彼此支援；学习型社区必须解放教室，同时又超越教室，它应该延伸到周围的世界中，无论人们选择了何种基础，促使那些不确定的人和没有找到恰当的语言来表达自己想法的人参与进来。学习者，无论他们是谁，都是人类世界的"新人"。③

第三节 实践教育哲学观的建构

面对黑暗的时代背景和科学技术实证化的缺陷对学校教育的冲击，格林基于西方哲学的传统、美国批判的传统等思想资源探索了批判教育哲

---

① ［美］玛克辛·格林：《学习的风景》，史林译，北京师范大学出版社 2016 年版，第90 页。

② ［美］玛克辛·格林：《学习的风景》，史林译，北京师范大学出版社 2016 年版，第91 页。

③ ［美］玛克辛·格林：《学习的风景》，史林译，北京师范大学出版社 2016 年版，第103—104 页。

学。格林的批判教育哲学强调马克思主义哲学意义上的改变世界。其改变世界的方式不是重塑一种社会蓝图，而是从教育的视角出发，强调教师和学生不断地想象和实践。基于这样的思想，格林建构了其实践教育哲学观。格林的实践教育哲学观隐含在其不同时期的著作和论文之中，为了系统化，我们拟从教育概念、教育目的、教育者和受教育者、教育方式几个方面对格林的实践教育哲学观进行梳理和总结。

一 走向自由实践的教育

概念随着认识水平的提升而变化，也随着事物本身的发展而发展。古今中外的许多哲学家、思想家都对教育的概念进行过界定。各家各派，众说纷纭、莫衷一是。格林对教育概念的研究是在批判资本主义社会教育现状的基础上进行的，其得出的结论即教育是自由的实践。

回溯整个西方哲学史，我们注意到不同历史时期的哲学家都比较关注人的自由问题。宗教哲学家将人的自由寄托于神灵、上帝等虚无的东西。在他们看来，人的生命自由的真正价值和意义不在于肉体的快乐而在于灵魂的安宁，人的一切行为都应当以绝对服从上帝为最高目标，只有皈依超验的神的世界，才是人的最终归宿，才能完全展现人的神性自由，从而使自我得救，使灵魂永生。[①]自然哲学家则否定了宗教哲学家的自由观，认为人就是自己的上帝，而非神。他们将人的自由看作本能欲望及其感官享乐。唯心主义哲学家站在理性主义立场上，从人的纯粹理性及其社会历史活动出发诠释人的自由的理性根源及其生命表现，把人诠释成"理性人""抽象人"。在他们看来，人的自由及其表现最终是由人的理性来决定的，唯有理性才能使人与自然、人与动物区别开来，使人达到自由的境地，过上自由和幸福的生活。[②] 非理性主义的哲学家将人的生命本质看作人的意志或者存在，而人的自由就是意志自由，但由于人的意志具有不自觉、不强大等问题，这导致了人的不自由，故而需要人不断地为了自己的自由去抗争和行动。

从以上几种哲学流派的自由观来看，这些哲学家关于人的自由问题的

---

① 朱荣英：《论人的自由的实践根源及其生命表现——西方哲学的自由主张及马克思哲学对它的批判实践》，《河南大学学报》（社会科学版）2019 年第 4 期。

② 朱荣英：《论人的自由的实践根源及其生命表现——西方哲学的自由主张及马克思哲学对它的批判实践》，《河南大学学报》（社会科学版）2019 年第 4 期。

研究都是从应然之自由与实然之不自由之间的差距出发，认为人的信仰的不彻底、感性的不全面，或者认为人的理性的不完善、意识的不觉悟等导致了人的不自由。这些观点实际上都不是从人的现实出发的。对这些分析理路先进行了价值预设，自然不能探究出导致人不自由的社会现实原因，如经济的原因、制度的原因等。不从人的现实出发，就不能把握人对存在意义的探求，也就不能找到解放人、实现人的自由的正确道路。①

与其他哲学流派的自由观及其实现不同，马克思从现实活动中的人出发，以实践活动铲除导致人的异化的社会关系，为推进人的"自由个性"的全面发展创造条件。在马克思看来，人的自由是其生命的表现特征，这与社会实践及人的全面发展是密切联系的。人的生命自由的实现过程就是人在现实的社会活动中实现自己全面发展的过程，当然，反过来也成立，即只有获得了人的全面发展，才能实现人的生命自由。就自由实现的标志而言，马克思认为自由不是主观上的意志自由，也不是适应自然而否定人的理性，更不可能是通过上帝、神灵等实现，而是人积极能动的生命活动。人的自由的实现是人对必然性的认识以及在改造世界中所显现的生命力量。生命自由就是对克服限制人在现实活动中获得全面发展这一根本目的的高度自觉的活动。总而言之，自由是人能动地改造世界的生命活动本身。

马克思的自由观是一种积极的自由观。在马克思看来，实践是人的自由自觉的一种类活动，是人的自由及其生命体现。人的自由是自我决定、自我创造和自我实现的统一，人通过创造性的实践活动来实现意志自由和行动自由的统一。② 据此而言，马克思认为自由只能通过实践而实现③。实践既是人的生命自由的根源与表现，也是实现自由的途径与手段。

综上所述，马克思的自由观克服了西方哲学史上的各家各派自由观的缺陷，提出了科学的自由观，即积极的自由观。马克思提出的自由只能在实践中获得。人类的实践是多种多样的，如文化实践、劳动实践、教育实

---

① 朱荣英：《论人的自由的实践根源及其生命表现——西方哲学的自由主张及马克思哲学对它的批判实践》，《河南大学学报》（社会科学版）2019 年第 4 期。

② 徐晓宇：《实践·解放·自由时间：马克思哲学自由观研讨》，《人民论坛》2017 年第 15 期。

③ 肖前、李淮春、杨耕：《实践唯物主义研究》，中国人民大学出版社 1996 年版，第 48 页。

践等。各种实践活动都是实现自由的途径和手段。

格林继承了马克思主义哲学的自由实践观，并对实践进行了多维的分析，进而论证了教育和实践的关系。格林对实践的分析起源于资本主义社会的现实问题。格林认为自由社会的探究促使我们针对自己所处的生活环境和现实进行批判性反思，被称作"实践"的了解成为必需。这种了解的过程在尚未认知的领域打开了一个通道。我们必须揭露即将超越的现实，之所以需要超越这样的现实，是因为它的不充分、不完整和非人性折磨着我们。我们必须拒绝这样的现实，同时积蓄力量，力图实现转变。① 格林对自由的论述直接建立在马克思主义哲学的基础上。格林坦言，我最感兴趣的是人的自由，超越既定事物的能力，以不同的方式看待事物。② 格林反对将自由视为绝对自由，看作对本能和非理性的放纵，格林强调的是理性自由，是经过深思熟虑，关注自己的生活世界，发现阻碍自我实现的障碍，进而克服障碍的过程，是一种情境自由。

在论证教育和实践的关系时，格林首先对实践进行了分析。面对资本主义社会存在的问题，卢卡奇和弗莱雷都强调通过教育对现实社会进行批判性干预。弗莱雷认为："人类只有生活在丰富多彩的现实中，才能变得真正具有批判性。也就是说，只有当他们的行动所包含的批判性反思能够逐渐组织他们的思维，进而引导他们从对现实的单纯理解走向一个更高的层次，他们在这个层次上能够认识到现实产生的原因。"梅洛-庞蒂将现实视为"使我们能够采取行动并成为想要的样子"的各种自由和神奇力量的另一种表达方式。③ 对于实践哲学观而言，知识本身并不是意义的所有物，也不是精神的客体；无产阶级能够传承历史的意义，即便他们并不是通过"我认为"的形式来表达历史的意义。这种哲学观认为，主体意识并没有被封闭在主体内在本身，而是由人类解释给其他人。一个人将生活与压迫机构联系在一起，另一个人从同一种生活的其他来源和总体斗争中获得信息，也就是说，从生活的另外一种政治形式中获得信息。通过这样的冲突，理论确认自己是无产阶级生活的精确表达；与此同时，无产阶

---

① ［美］玛克辛·格林：《学习的风景》，史林译，北京师范大学出版社 2016 年版，第 164 页。

② Maxine Greene, *The Dialectic of Freedom*, New York: Teachers College Press, 1988, p. 3.

③ Maurice Merleau-Ponty, "*Sartre and Ultrabolshevism*" in *Adventures of the Dialectic*, Evanston: Northwestern University Press, 1973, p. 132.

级的生活被引向了政治斗争层面。① 格林认为实践涉及批判性反思以及行
动——从某种意义上看，涉及由拥有共同利益和需求的人共享的情境。平
等意味着进行实践，改变环境，克服压迫和统治。我们必须进行集体反
思，必须对现实和紧急的需求做出阐释，还必须完成某种实现。②

　　通过对实践和自由的多维分析，格林认为教育是一种自由实践。"自
由实践"这一词并非是格林首创。巴西教育家弗莱雷在 1964 年就出版了
《教育：自由的实践》一书。在弗莱雷看来，教育作为自由的实践——与
教育作为统治的实践相反——否认人是抽象的、孤立的、与世界没有关联
的；它也否认世界是脱离人而存在的现实。真正的反思考虑的既不是抽象
的人，也不是没有人的世界，而是与世界有关的人。③ 格林实际上是继承
了弗莱雷的思想，认为教育即是自由实践。在《人文与解放的可能性》
一文中，格林明确使用了"自由实践"这一概念。她指出，没有中立的
教育过程。教育要么被作为一种工具，使得年青一代融入当前的系统逻辑
并实现其顺应性；要么教育成为"自由实践"，即男人和女人以批判性和
创造性的方式对待现实，并发现如何参与他们的世界的变革。④ 这里，格
林实际上提出了两种教育观，即教育作为工具，使得年青一代融入这个社
会系统中；教育作为一种自由实践，教育中的人批判地对待现实，并创造
现实，进而参与变革世界的活动。显然，格林是同意后者的。因为，在这
篇文章接下来的段落中，格林以"如果我们致力于'自由实践'，我们如
何构想人文科学？"⑤ 为开端，论证人文学科如何在致力于使教育作为自
由实践的活动中发挥作用。

　　作为自由实践的教育不是将年青一代培养成适应资本主义社会体制的
人，而是将年青一代培养成参与改变资本主义现实社会的人。20 世纪后

---

① Maurice Merleau-Ponty, "*Sartre and Ultrabolshevism" in Adventures of the Dialectic*, Evanston：Northwestern University Press, 1973, p. 49.

② ［美］玛克辛·格林：《学习的风景》，史林译，北京师范大学出版社 2016 年版，第132 页。

③ ［巴西］保罗·弗莱雷：《被压迫者教育学》，顾建新等译，华东师范大学出版社 2001 年版，第 45 页。

④ Maxine Greene, "The Humanities and Emancipatory Possibility", *The Journal of Education*, Vol. 163, No. 4, 1981, pp. 287-305.

⑤ Maxine Greene, "The Humanities and Emancipatory Possibility", *The Journal of Education*, Vol. 163, No. 4, 1981, pp. 287-305.

半叶的美国学校教育中，大部分大学和中学教育被保守意识形态控制，仅仅专注于方法，热衷于工具性的问责措施，而教育行政管理者则是一帮既没有广阔视野又缺乏对教育批判性理解的不学无术之徒，根本不知道教育在增强想象力、推动民主社会的公共生活的重要作用。① 格林在批判资本主义社会时指出，虽然现代社会（即当时的资本主义社会）具有强大的同化和吸收能力，但是充分的教育仍然能够促使人们与同化的力量切断联系。② 这一论述印证了格林将教育作为一种自由实践的认识。在批判当时的教育目的时，格林指出："时至今日，教育体制的目的仍不在于使得每个人都学会提问，更不在于促使每个人的潜能得到最大程度的发挥，相反，我们不断被告知，教育的目的是促使年轻人进入工业体系，将年轻人分层，以便满足各种不同的需求，让他们能够去监督、执行统治，进行神秘化。"③ 这即是上面格林批判的第一种教育观，即将教育作为一种工具，从而使年轻人融入当时的社会体制中。格林认为讨论学校教育时，依旧是官方话语占主导地位，他们认为某些知识是具有客观价值的，他们想当然地认为学校教育的主旨就是要满足国家经济与科技发展的需要。传统观念中提高效率的方式强调从外部控制学校教育来完成预设目标。这常常意味着无论教师还是学生都要为了他们自己的利益而服从外部的要求，为达成预设目标而努力④。格林认为人类是独立自主的，他们拥有自我引导的能力，可以在开放的世界中自由地进行观察和选择。面对资本主义社会对人的主动性的控制和异化，格林认为实践在这种背景下意味着恰切的行为模式，人们采取实践这种行为是为了引发改变。教育可以对试图构造意义的人发挥作用。无论是从正面论证作为自由实践的教育，还是从反面批判作为工具的教育，格林实际上一直强调将教育作为一种自由的实践。

　　在对美国当时的教育政策拷问时，格林提出了教育的意义究竟是什么

---

① ［美］亨利·吉鲁：《反思作为自由实践的教育——保罗·弗莱雷谈批判教育学的前景》，吴万伟译，http：//truthout.org.2010-11-12。

② ［美］玛克辛·格林：《学习的风景》，史林译，北京师范大学出版社2016年版，第26页。

③ ［美］玛克辛·格林：《学习的风景》，史林译，北京师范大学出版社2016年版，第87页。

④ ［美］玛克辛·格林：《释放想象：教育、艺术与社会变革》，郭芳译，北京师范大学出版社2017年版，第11—12页。

的问题。格林在这里列举了两种教育观，一种观点认为，"教育的责任在于满足经济体制发展的需要，为了层级化的科层制结构而促进孩子的发展，为了维护社会秩序而不惜一切代价，甚至不平等地分配教育资源并施加社会性控制来压抑创新和提问"；另一种观点是所谓"教育"，即促使个体思维从较为满足的状态向较为不满足的状态发展，促使个体以更为宏大和连贯的视角看待自己所处的当前社会。① 格林认为资本主义社会中统治者显然是同意前者的。但是格林认为前一种观点显然是学校服务社会政治经济的发展而不是个体的发展。面对这种局面，不同的研究者持有不同的观点。一种观点认为这是学校在更宏大的体制之中发挥作用不可避免的后果；一种观点认为我们无法在体制本身改变之前作出任何有意义深远的改变；一种观点认为我们在体制内工作的同时有可能培养出批判性思维；一种观点认为如果要想改变教师和学生的意识，我们需要在科层制之外开展工作；一种观点认为教育者需要提高学校的重要性，使学校变得更加人性化，从而增强学校的效用。② 格林认为大多数学校管理者符合前两种观点。在较大的城市和更为贫穷的社区中，学校的责任不是促进年轻人完成自我实现或成为具有批判性思维的思考者，而是促使他们以恰当的方式行事③。格林对此进行了全面的批判。格林认为培养学生从不同的视角观察我们所处的世界，并且能够对被视为理所当然的事情提出疑问尤为重要。

在《教师作为陌生人：现代教育哲学》一书中，格林指出教育就某个角度而言，是引导学生对其社会与文化做出思考与行动的过程。从另一个角度来看，则是一个人从无知到有经验的发展，从幼稚的直觉到概念思维的发展，是一个社会因其新生代的努力而革新，使其在历史中能继续繁荣。只有通过教育，才能使人们有能力应对当代环境，为普遍福利做出贡献，为自己创造良好的生活。只有通过教育才能使个人获得独立和批判性思维，为自己创造意义。只有通过教育才能选择职业，培养职业。只有通

---

① ［美］玛克辛·格林：《学习的风景》，史林译，北京师范大学出版社 2016 年版，第 121—122 页。

② ［美］玛克辛·格林：《学习的风景》，史林译，北京师范大学出版社 2016 年版，第 122 页。

③ ［美］玛克辛·格林：《学习的风景》，史林译，北京师范大学出版社 2016 年版，第 123 页。

过教育才能减轻不公正现象，保护国家安全，保障社会进步。① 分析格林对教育的解释，实际上涉及三个角度，第一个是文化的传承，第二个是个体的发展，第三个则是社会的革新。在格林的最后一本书中，格林再一次对教育进行了定义。"教育"乃使人成为"不一样"的历程，以进入来自作品的多元意义领域。要进入此领域，学习者必须破除"理所当然"，或称为"自然态度"，从不同的观点去获知、看见、感觉，以一种自觉的努力对经验重新安排。②

总而言之，格林通过继承马克思主义哲学、西方马克思主义哲学、弗莱雷的解放教育学等思想，在理解自由和实践的关系的基础上，重新对教育进行了解释。在格林看来，教育显然是一种自由实践活动。作为自由实践活动的教育既要促进个体的全面自由发展，又要促进社会的民主、平等、正义等的实现。然而，在当时的资本主义社会体制之下，统治者对教育的理解严重偏离了教育的本体意义，而将教育作为一种工具，使得年青一代融入资本主义社会的体制中。格林对此进行了批判，认为教育是一种自由实践的活动。

二 洞察人性与理想社会愿景的实现

教育目的的核心是培养什么样的人的问题。其解决的问题是"为什么要进行教育"和"为了什么而进行教育"两个问题。③ 教育目的观在任何一个人物的思想中总是处于核心的统率地位。格林的教育目的观因为具有实践和自由的底色而涉及个体的生命和社会的变革两个方面。格林最关心两个问题：一个是个人的主体自由，另一个是群体的社会正义。格林将二者统一于其教育目的观中。

格林教育目的中关于个体发展的认识源于其对人性的洞察。"人是什么?"在格林看来是最古老的哲学问题之一。格林认为传统的回答是指某种可定义的"本质"，每个人都拥有的一种抽象的性质。对古希腊人来说，这是一种理性，或者说是一种理性的灵魂，表现在逻辑上的能力和在

---

① Maxine Greene, *Teacher as Stranger*: *Educational Philosophy for the Modern Age*, Belmont: Wads Worth Publishing Company, Inc., 1973, p. 4.

② Maxine Greene, *Variations on a Blue Guitar*: *The Lincoln Center Institute Lectures on Aesthetic Education*, New York: Teachers College Press, 2001, p. 5.

③ 刘庆昌：《教育思维论》，广东教育出版社 2008 年版，第 29—30 页。

公共领域中作为自由人的能力。对于基督教徒来说，与众不同的品质是内在的和精神上的，不朽的灵魂、神圣的火花在奴隶以及有权势和自由的人的胸膛中发光。对于文艺复兴时期的思想家来说，智力和美德的结合，使人的光荣和卓越成为挑战。在莎士比亚笔下的哈姆雷特眼中，人是"动物的典范"，人也是"尘埃的精华"。对一些人来说，随着岁月的推移，人类的兽性似乎占主导地位，他的生命是肮脏、野蛮和短小的。在认为自然是好的人和认为自然是野蛮和坏的人之间，矛盾出现了。无论"人"被认为是动物还是天使，是感性的还是理性的，使用工具还是符号，是孤独的还是合群的，人们倾向于把注意力集中在抽象的"人"之上，而不是到具体的个人身上。① 在格林看来，这种抽象的定义人已不充分，因为在历史的这一刻，人的地位、尊严和本性都成了问题。面对时代问题，人会质问："我是谁？我是什么？我能把自己变成什么呢？"

格林认为当个体不得不接受别人对自己的看法时，就会产生抵制。个体抵制的是官方的分类和决策的压力。这个时候，个体可能意识到不管他知道自己是什么，他所扮演的角色、他穿的衣服、他所属的阶级、他的肤色，这些都可以识别他。但是当个体被他人制造成统计数据，或被他人操纵时，他就会想"成为人的真正意义"。② 在格林看来，当时的个体应该反抗所有非人化的对待与剥削③。格林实际上反对的是个体生活在资本主义制度之下，对体制本身产生的一种无力感，进而丧失了追求自我人生意义的信心和行动的状况。在格林看来，一个存在的人，对他自己及可能性有主体的觉知，对其生命情境能自由地选择，自由地创造他自己。④ 在格林看来，人是能随时觉醒的主体存在，能体察情境、自我反思、明智选择、有效行动，以创造自我并改善社会文化。

格林教育目的观的另一方面是社会愿景。格林对理想社会的愿景继承

① Maxine Greene, *Teacher as Stranger*: *Educational Philosophy for the Modern Age*, Belmont: Wads Worth Publishing Company, Inc. , 1973, pp. 43-44.

② Maxine Greene, *Teacher as Stranger*: *Educational Philosophy for the Modern Age*, Belmont: Wads Worth Publishing Company, Inc. , 1973, p. 45.

③ Maxine Greene, *Teacher as Stranger*: *Educational Philosophy for the Modern Age*, Belmont: Wads Worth Publishing Company, Inc. , 1973, p. 49.

④ Maxine Greene, *Teacher as Stranger*: *Educational Philosophy for the Modern Age*, Belmont: Wads Worth Publishing Company, Inc. , 1973, p. 77.

了杜威的民主社会思想。真正的民主社会并不是某种政治体制，也不是公民的投票制度，而是一种群体的利益能让所有成员共同参与、群体与其他群体的互动能全面而自由的理想社会。这样的理想社会并非是静态和固定的，而是永远在形成当中，甚至是永远不可企及的高远理想。正如杜威所说，民主是一个一直追求但永远无法实现的完美理想，就像共同体自身，也是永远都处于形成之中。①

格林之所以以杜威的民主社会作为其社会愿景主要是基于其对美国资本主义社会的批判。格林认为马克思正是由于不能忍受那些虚弱的儿童在黑暗的工厂车间里受尽奴役的场景，不能遏制自己对于工人沦为"最廉价等价物"社会地位的愤怒，才奋起研究政治经济，以至哲学。即便是今天，我们还是会激动于《共产党宣言》里那首关于力量的赞歌。《共产党宣言》中还指出当市场价值吸纳所有力量，当一切不能被市场化的东西都受到压制，也就产生了对人类可能性的束缚。② 格林认为社会批判需要持续不断地努力，通过拒绝绝对的、静态的实在观，避免这种实在观所导致的主客观分离，来克服虚假意识。社会批判还包括，当人们聚集到一起，不但要"命名"，而且还要改变，甚至转化他们的主体间世界时，生成新的解释框架。为完成所有这些社会批判之使命，批判的行动需要真实的自我反思，需要在日常生活的众多情境中经过深思熟虑之后再形成认知。一旦突破限制，变换视角，允许出现新的可能性，这种思想方式就会竭力追求新的规范标准，追求可能是什么，以及应该是什么。就这一点而言，社会批判就是对更加人性化，更加完整的多元化，更加公正、更加幸福的共同体的社会愿景的一种探索③。

格林认为要想年轻人可以理解并接受民主共同体就要唤醒他们"共同经验"的愿景，也就是杜威所说的共同的意义、共同的利益以及共同的奋斗。这个共同体的标志是彼此相互联系、彼此共享与共融。这个共同体不断追求的是思想的自由，以及表达的自由，由此可能实现的共同体才

①　[美] 玛克辛·格林：《释放想象：教育、艺术与社会变革》，郭芳译，北京师范大学出版社 2017 年版，第 89 页。

②　[美] 玛克辛·格林：《释放想象：教育、艺术与社会变革》，郭芳译，北京师范大学出版社 2017 年版，第 86 页。

③　[美] 玛克辛·格林：《释放想象：教育、艺术与社会变革》，郭芳译，北京师范大学出版社 2017 年版，第 82 页。

会充满活力、生机勃勃。

面对上述这样的愿景，教育者所能够做到的只有努力培养未来参与民主共同体建设的年轻人，掌握某些重要技能，具备一系列基本素养。在民主共同体中，人们期望所有年轻人有一天都会形成一种思维习惯，这种思维习惯能够帮助他们主动参与学习过程，使他们成为批判的、自我反思的学习者，最终成为实践者。①

格林的教育目的观涉及个体的生命之舞和社会愿景两个方面，并且将二者最终统一到教育这一自由的实践活动中。或许，我们可以从下面这段话中读出格林是如何将生命之舞和社会愿景统一到其教育目的中的："作为教师，我们并不能预言正在形成过程之中的共同体世界到底是什么样子，也不能最终评判哪一种共同体更好。然而我们却能够给聚集在一起的年轻人带来温暖，带来对话与欢笑，用以取代独白与刻板。我们一定要确认再确认，我们所尊奉的是以公平、自由、尊重人权信仰为核心的原则，如果不是这样，无论我们冒如何的风险，也会连为每一个人争取起码的接纳与包容都是不可能的。只有越来越多的人在聚集到一起的过程中学会将这些原则具体化，并选择按照这些原则的要求去生活、去言说，我们的共同体才有可能形成。我们所能做的是看着彼此的眼睛，敦促彼此投入新的开端。我们的课堂应该是培养人的地方，需要思虑周全，同时照顾到所有方面。课堂的脉搏理应随着什么是人、什么是活着的多元化概念一起跳动。课堂里应当回响着参与对话的年轻人的明确有力表达的声音，他们的对话也许往往并不完整，那是由于还有更多未知需要我们去发现，更多观点需要我们去表达。我们一定要激发每一个学生全面觉醒，充满想象地去行动，不断更新其对可能性的认识，同时也务必让他们获得彼此之间温暖的友爱。"②

三 承载双重启蒙的教育使命

"贤者以其昭昭，使人昭昭；今以其昏昏，使人昭昭。"③ 在孟子看

---

① ［美］玛克辛·格林：《释放想象：教育、艺术与社会变革》，郭芳译，北京师范大学出版社 2017 年版，第 45 页。

② ［美］玛克辛·格林：《释放想象：教育、艺术与社会变革》，郭芳译，北京师范大学出版社 2017 年版，第 58 页。

③ 《孟子·尽心下》。

来，真正的贤者首先使自己明白，然后才能使别人明白。作为教育者，如果自己都不明白，显然不能使学生明白。

教育者在教育过程中的作用是不言而喻的。作为教育观中的一个核心要素的教育者不仅仅与实践活动中的教师对应。在具体的研究过程中，研究者多将教育者具体为教师。虽然涉及两个词的使用问题，但是为了呼应学术研究中的习惯问题，有时候，我们就将教育者和教师替换使用。就教育观的分析而言，我们应该对教育者进行理性的审视。格林的实践教育哲学思想，一方面指向受教育者的实践，另一方面指向教育者的实践。教育者和受教育者在教育活动过程中是双方的生命实践。就这一对关系而言，格林首先强调的是教育者的生命实践活动。在格林看来，只有教育者在教育过程中做的是生命实践的活动，才能将受教育者培养成变革社会的时代"新人"。

已有研究者在研究格林的教师哲学思想时认为，格林视域下的教师的本体是实践存在。研究者认为格林的教师实践本体存在的最根本的特征在于主体通过行动不断超越给予的、既定的，获得现实性，其行动建立在悬置自然态度、全面觉醒的意识基础上。全面觉醒的意识水平能够使他超越想当然，为他带来对世界新的认识；行动的逻辑特征是"做哲学"，即依据意识而行动，通过改变知觉世界的方式，反思、选择、决定、解放自我、赋予他人自由，从而改变世界；具体实现方式是与艺术相遇，释放想象，从而建设新世界。① 这一论断将格林的教师哲学思想，特别是"教师作为陌生人"的隐喻揭示了出来。但是，需要注意的是，格林的教师哲学思想与当时的社会背景具有密切的联系。与此同时，格林的教师哲学思想与其受教育者观联系在一起。故而，在本部分，我们试图就格林教育观中的教育者和受教育者的具体认识及其关系进行阐释。

格林注重对教师教育意识的觉醒研究。在教师教育意识的唤醒方面，格林的实践教育哲学思想是对教师本体的研究。所谓教师的教育意识是指教师对其在教育决策、开放和发展中的地位与作用的观点与态度，对教师在教育活动中的意义，对如何开展有效教学以及学生如何有效学习等方面

---

① 郭芳：《教师哲学思想研究：以 20 世纪下半叶的美国为例》，北京师范大学出版社 2017 年版，第 89 页。

的综合观念与意识。① 弗莱雷在其《被压迫者教育学》一书中指出："教师意识觉醒是教师建立主体性，发展自主性，活出解放教育理想的关键。教师必须对自己以及所身处的实践世界有更多觉知，能够质疑、挑战习以为常的做法和现象。"② 提出这样的观点，主要是资本主义社会将教育作为一种工具，希冀通过教育将年青一代融入资本主义社会的体制之中。批判教育学家是反对将教育作为一种工具，而强调教育本体价值的实现。教育本体价值的实现需要教师的教育意识。正是在这个意义上，格林强调教师必须从新的眼光来看，不能视文化为理所当然。为使其再次产生意义，教师必须根据他有所改变的经验，来诠释并重新组织他所看到的事物，他必须有意识地进行探究。③ 与弗莱雷和格林一道，美国的另一位批判教育学的代表人物吉鲁也强调教师的教育意识。在他看来教师应该被视为具有自主智能、批判意识及负有教育使命的转化型知识分子和公众的知识分子，是能动、负责地检视并改善学校的课程与教学实践，而不只是受过专业训练的高级技师，因此教师是有意识的教育工作者。④

教师一旦具有了教育意识，就可以抵抗资本主义社会的工具理性主义。在当时的美国社会中，教育领域被工具理性所主宰。在此背景下，教师成为外部指令的执行者，教师的"自我"在执行指令的过程中消失殆尽，这反映了教师的"自我"价值不大。格林认为，为师的意义在于对生活世界的好奇和探究，离开好奇和探究，生活世界就是熟视无睹的了，这样，教学就是按部就班，无须质疑⑤。格林的教师哲学思想是基于对个人主体性的高度关注，并注意到整个社会的弊端和教育本质的扭曲。在格林看来，要解决这些问题，关键在于教师。格林认为："作为教育者，我们的义务是让学生采取行动反抗这种无能为力感，超越当前含糊地拒绝的东西。我们的义务是让学生把自己看作'主体'，而非受人控制的被动

① 姜勇：《关于教师专业意识的研究——从角色隐喻看教师专业意识的觉醒》，《教师教育研究》2006年第5期。

② Paulo Freire, *Education for Critical Consciousness*, New York：Continuum, 1973, p. 107.

③ Maxine Greene, *Toward a Community of Wide-awareness：Art, Imagination, and Diversity*, Tempe, AZ：Arizona State University, 1990, p. 149.

④ H. A. Giroux, *Teachers as Intellectuals：Toward a Pedagogy of Learning*, Granby, Mass：Bergin & Garvey, 1988, p. 79.

⑤ 王丽华：《教师意识研究》，博士学位论文，华东师范大学，2009年。

客体。"①

　　教师如何才能具有教育意识以抵抗资本主义社会的工具理性？在格林看来，教师"做哲学"以及发展反思性批判能力可以获得教育意识。对格林而言，哲学不是一种静态的知识结构，而是一种思维方式。格林把哲学从名词转为动词。所谓哲学化的行为，也就是"做哲学"，是指当这个世界中的现象和事件向意识呈现它自身的时候要保持高度敏锐，即需要一个人用"最崭新的经验和最切近的恐惧"，来"冒险思考他正在做什么"。"对于他所做出的选择以及承诺要变得越来越自觉""要批判地审视他的所思所说背后隐藏的观念"②。有研究者认为格林"做哲学"的思想就是一种哲学意义上的行动，在意识到困境之后尝试改变，以求建设一个可供完整人性自我展现的新世界，是一种以实践为价值取向的哲学。③在格林看来，行动就意味着改变，在反思的行为中解放自己，意识到自己是一个追求自由的历史性存在。④在"做哲学"思维方式转变之后，格林认为教师看世界的视角从单一维度向多样化转变；对人的认识出现对个人与社会关系的辩证认识，理想人形象的新理解与教育观念的转变；在知识论层面则出现辩证理性地看待科学主义和新非理性主义的分歧及其对教育的影响；在认识论层面，则澄清各种认识论预设，绝不盲从，要理智行动；教学模式层面，教师可以明确具体的教育实践不能从理论研究中演绎出来，而是要在具体情境中做出恰当的选择；在道德层面，强调不能奉某一种道德理论为圭臬，而要从多种理论视角来看待教师的生活世界。⑤

　　与"做哲学"思想直接联系的是发展教师的反思性批判能力。格林认为生活在资本主义制度之下的人们很少进行批判性质询，无论哪一派都相信真正的平等能够在现行的体制中得以实现。但是现实并非如此。人们意识到对自由的承诺是空洞无物的。这时，新自由主义观点应运而生。新

---

　　① 王丽华：《教师意识研究》，博士学位论文，华东师范大学，2009年。

　　② 郭芳：《教师哲学思想研究：以20世纪下半叶的美国为例》，北京师范大学出版社2017年版，第96—97页。

　　③ 郭芳：《教师哲学思想研究：以20世纪下半叶的美国为例》，北京师范大学出版社2017年版，第97页。

　　④ Maxine Greene, *Teacher as Stranger: Educational Philosophy for the Modern Age*, Belmont: Wads Worth Publishing Company, Inc., 1973, p. 7.

　　⑤ 郭芳：《教师哲学思想研究：以20世纪下半叶的美国为例》，北京师范大学出版社2017年版，第99页。

自由主义使得人们相信技术和自由的企业体制以及解释并赋予其合法性的存在都被归为不可改变的现实，人们越来越少地关注解放思想和批判性思维，进而导致人们对改革无望，产生了一种能够令人沮丧的愤世嫉俗。① 无论是教师适应资本主义社会，还是按照新自由主义的理想，都不可能改变现实的状况。格林认为教师具备了批判性思维，就可以避免学校的学科（教学科目）被统治者利用将年轻人的视野固定在由他人定义的现实之上，而不是自我建构的现实。她认为应该激发教师教育者和他们的学生（准教师）独立思考，并对自己的表现进行反思。格林认为这是一种天性的解放，能够使教学和倡导焕发勃勃生机。自我反思还能促使我们描绘出一种前所未有的可能性——在个体为了实现自我创造而进行选择和探索未来的过程中。② 在格林看来，教师发展自己的反思性批判能力就是批判性知识分子自我形塑的过程。具备了反思性批判能力的教师是能够促进年轻人采取行动并超越所学知识的教师；需要具备多种素质：对理论知识的实用性做出判断；在实证研究中有所发现；理解年轻人和孩子并做出实际的判断；能够将自己的思维形象化地呈现给年轻人；将各个领域的工作模式展示给学生；基于批判性思维对教学内容做出自己的判断；打开多种视角探索世界。③

无论是发展教师的教育意识，还是培养反思性批判能力，一方面需要教师教育的变革；另一方面需要教师有"陌生人"的视角。

就教师教育的变革而言，格林的实践教育哲学表现出彻底性。所谓的彻底性意指格林的教师哲学所解决的问题是从根底上，即准教师的视角就开始了。一般的教师哲学研究者多就教师问题从抽象的本体、价值等方面进行探究，或者为教师专业发展提供路径和策略等。格林注意到既要变革现有的教师，还要注重从准教师的角度入手。格林注意到当时的资本主义社会的日常生活阻碍了人们发挥主观能动性，个人无意识地处于受人控制的状态。用格林的原话讲，即是"在今天的世界中，我们很难体会到自

---

① ［美］玛克辛·格林：《学习的风景》，史林译，北京师范大学出版社 2016 年版，第 75 页。

② ［美］玛克辛·格林：《学习的风景》，史林译，北京师范大学出版社 2016 年版，第 80 页。

③ ［美］玛克辛·格林：《学习的风景》，史林译，北京师范大学出版社 2016 年版，第 109 页。

身的主观能动性；我们每天经历的日常生活似乎在持续地阻碍着我们发挥解放的能动性。科技统治论（科技万能论，一些人把科学技术视作全能的救世主，认为所有难题，包括精神、价值、自由等都可以经由科学技术而获得圆满解决）和所谓的'功能理性'正在逐渐向我们逼近。我们被卷入生产性导向、实证性实践和用途性预设的大潮中。我们发现，自己不仅被某种外在的控制性因素物化了，还内化了那些将这些因素合理化的解释。我们不假思索地默认了那些几乎不被理解的解释，默默顺从那些身份不明的当权者。'虚假意识'（个人无意识地处于受人控制的状态）影响着我们，甚至连我们也没有发觉"①。格林认为这样的问题一方面提醒人们注意上述问题，另一方面唤醒人们身上具有的"不可动摇"的理性。而教育要发挥这样的作用，主要在于培养新教师。② 格林认为教师教育的责任之一在于引发"更加真实的发言"，以此抵抗神秘化③。

格林认为对于准备投身教育事业的人来说，重要的是投身于实践活动当中，只有在实践当中，他们才能改变发现的不足，超越识别出的非人性化现象。全面觉醒可以克服无知和抵抗操纵的力量，还可以抑制使人们陷入麻痹和沉默的愤世嫉俗与无能为力的感觉。④ 准教师们必须能够从历史学、社会学、人类学、经济学和哲学等多种视角看待世界，学会从不同视角有意识地整理从经验中获得的材料。教师教育者应该研究如何帮助人们在感到自身成为某种无法控制的力量的受害者时，抵抗内心的无用感和无力感。⑤ 格林的教师哲学思想是从准教师的培养开始的，她期望准教师能够带着实践的思维方式投身到教育实践活动中，进而变革社会。

就"陌生人"的视角而言，格林非常重视教师以一种"陌生人"的视角来看待现实世界的熟悉的东西。格林的代表著作即是以"教师作为

① ［美］玛克辛·格林：《学习的风景》，史林译，北京师范大学出版社 2016 年版，第24 页。
② ［美］玛克辛·格林：《学习的风景》，史林译，北京师范大学出版社 2016 年版，第25 页。
③ ［美］玛克辛·格林：《学习的风景》，史林译，北京师范大学出版社 2016 年版，第71 页。
④ ［美］玛克辛·格林：《学习的风景》，史林译，北京师范大学出版社 2016 年版，第71—72 页。
⑤ ［美］玛克辛·格林：《学习的风景》，史林译，北京师范大学出版社 2016 年版，第83 页。

陌生人"命名的，即《教师作为陌生人：现代教育哲学》。

在教育活动中，存在两类主体，一类是教育者，另一类是受教育者。格林的实践教育哲学既考虑到了教育者的独特性，也考虑到了受教育者的权利和自由问题。在教育实践中，作为主体的教师所从事的是教育实践，作为另一类主体的学生则从事的是学习实践。正如格林所言，我们都必须选择成为学习者，对永远无法完全了解的世界表现出开放的姿态，愿意在"现实面前"生活。从客观上看，我们本质上或许只不过是一粒"尘埃"，但是，我们可以做出选择，有时也可以做出改变。①

在格林看来，学习是为了成为一个真正存在的人。格林指出："为了学习，为了成为一个真正的人，个体必须与虚无和惰性作斗争，并致力于他的'基本事业'，作为充分实现人的价值的成就。"② 格林所暗示的学习并不是从某人或某一情境中获得的。学习不是把认识论的逻辑包裹从知者传递给未知的人的游戏。它也不是那些声称了解那些被认为"需要教学"的人所使用的一种权力形式。从对现有的恐惧中去理解这个世界，就是使"学习"进入"存在"的范围，就像萨特在《存在与虚无》中所说的那样："存在"和"为自己"。在任何关于学习的讨论中，存在的条件都是必要的，特别是当学习涉及一个人对所处位置的理解时，也意味着一个人意识到自己的存在，这种存在是不可预测的，就像它是无意识地被拥有和有意识地恐惧一样。③

存在不是某种虚无，而是在现实的社会中生活，故而，学习的焦点是生活。格林认为学习必须是一种发现和再发现的过程，这一过程用以回应具体情境下意识生活中产生的有价值的问题，学习必须以某种解放的方式进行，学习使得学生能够理解他们接触到的知识结构的历史、科学研究中使用的范式以及人类兴趣和特殊时刻之间的关系。在面对某些技术中心论，甚至官僚主义时，人们也可以通过学习来了解技术的意义，并明白技

---

① ［美］玛克辛·格林：《学习的风景》，史林译，北京师范大学出版社 2016 年版，第 21 页。

② Maxine Greene, *Teacher as Stranger: Educational Philosophy for the Modern Age*, Belmont: Wads Worth Publishing Company, Inc., 1973, p. 19.

③ John Baldacchino, *Education beyond Education: Self and Imaginary in Maxine Greene's Philosophy*, New York: Peter Lang Publishing, Inc., 2009, p. 26.

术控制的危害。① 格林认为如果学习的焦点是活的生活，那么它应该能促使人们认识到向前发展的环境当中的缺失，在识别缺失和不足的过程中，他们可能学会如何修复和超越。当然，这在很大程度上取决于他们如何理解自己的生活，避免将事情视为理所当然的程度，以及愿意承担的风险。②

四　追求知识的本真意义

教育内容观是教育观的另一个要素。教育内容观主要解决的是向学生传授什么的观点和看法。

上文已经呈现了格林的教育目的观，即个体的自我实现和社会变革的统一。就知识的本体方面，格林认为知识是帮助我们了解我们自己和我们生活的世界的所有东西。③ 在格林看来，值得学习的知识既是那些能解放越来越多的人的知识和技能，又是那些能使他们反思式地际遇到的一系列的艺术品。这些作品唤醒、鼓励人以意想不到的方式去看、去听、去感受。与艺术品的知性相遇能使人类与自我进行交往。为了建设一个公正的、富有同情心的和有意义的民主社会，我们一定要保持清醒。④ 在格林看来，最好的教育是一个教人探索关于自我和生存世界的观念的过程；是一个教人质疑生活经验，同时又允许模糊的过程；是一个教人无惧地关注非常事物和用新眼光看待平常事物的过程。⑤ 教育首先是帮助学生认识他们的深刻联系与责任，不仅是对于他们的个人经验而言，也是对于与他们共同分享这个世界的他人而言。教育还要帮助学生使他们能够用不同的语言表达自我，包括想象、音乐、舞蹈。具体而言，学生应该探索情境的意义，与他人分享自己的观点，将自己的观点与他人的观点进行比较，在此

---

① ［美］玛克辛·格林：《学习的风景》，史林译，北京师范大学出版社 2016 年版，第 20 页。

② ［美］玛克辛·格林：《学习的风景》，史林译，北京师范大学出版社 2016 年版，第 20 页。

③ 檀传宝：《世界教育思潮：50 位现当代教育思想大师探访地图》，福建教育出版 2011 年版，第 241 页。

④ 檀传宝：《世界教育思潮：50 位现当代教育思想大师探访地图》，福建教育出版 2011 年版，第 241 页。

⑤ 檀传宝：《世界教育思潮：50 位现当代教育思想大师探访地图》，福建教育出版 2011 年版，第 242 页。

过程中反思自己的思维。学生需要理解的学习理由在于培养自己的智力天分，以把我们的社会建设成一个更加民主公正和充满关怀的居住场所。① 基于这两方面的认识，格林探索了适合其整体教育思想的教育内容观。在格林的实践教育哲学思想中，教育内容观的具体表述是其课程观。

格林的教育内容观是基于对传统教育的批判发展起来的。格林意识到在传统教育中，学校的教师所要传授给学生的知识，包括信念、文化与真理，这些是随着时间而发展出的事实之汇集。② 在格林看来，这些知识是累计的，是先在的，是等着年轻人来学习的，这些知识是固定的、静态的、事实之累计，是由学校的教师照本宣科的。格林批判的这样未经反省的知识，早就被敏锐的人所嘲讽，美国的诗人爱默生在 1973 年指出学校的弊端时说："我们把孩子教得跟我们一样。"③ 格林认为知识是实用的，无论是科学或哲学，其作用在于让人活得更好。科学技术、科学方法乃至科学思考本身都只有工具价值，并非终极价值，也不能保证民主理想与自由、正义的实现。在格林看来，知识的获得不能独立于真实的人与社会，经验不能独立于现象世界，她同意杜威对"经验"与"现象世界"的观点，即"经验同时也在于自然之中。人所经验到的并非经验本身，而是自然……事物以某种方式与人互动即产生所谓经验"④。

格林在知识论方面强调解放性认知。格林认为课程设计应当为个人提供一系列机会，促进他们明确并反思生存的主题，直到他们了解自己将存在于世界当中，并且能够清楚地说出之前模糊的概念。如果想要达成这一目标，我们必须提供学习多个学科的机会，这些学科象征着在传统中被用来创造意义的图式。当学生能够自觉地通过这些图式整理他们的经验时，他们便应该可以自由地俯瞰各自的风景以及那些所谓的知觉基础。⑤ 格林

---

① 檀传宝：《世界教育思潮：50 位现当代教育思想大师探访地图》，福建教育出版 2011 年版，第 241 页。

② Maxine Greene, *Teacher as Stranger: Educational Philosophy for the Modern Age*, Belmont: Wads Worth Publishing Company, Inc., 1973, p. 99.

③ 转引自 Maxine Greene, *Teacher as Stranger: Educational Philosophy for the Modern Age*, Belmont: Wads Worth Publishing Company, Inc., 1973, p. 99。

④ Maxine Greene, *Teacher as Stranger: Educational Philosophy for the Modern Age*, Belmont: Wads Worth Publishing Company, Inc., 1973, p. 127.

⑤ ［美］玛克辛·格林：《学习的风景》，史林译，北京师范大学出版社 2016 年版，第 19 页。

认为我们仅能够以当下的视角，依据文本的内容和形式来解读作品，我们在解读作品的过程中，同样可以自由地寻找"先驱者"，借此修饰我们对过去、现在和未来的概念。我们对"自我形塑"的过程有了更为深刻的理解，如果我们足够幸运的话，还可以理解萨特所描述的"具体的自由"。① 格林认为西方文学作品中存在许多争取解放的例子。对文学作品的阐释性解读在某种程度上能够使现代读者的生活变得更加明晰化。为了将注意力集中到我们自己的生活上，即我们所处的世界和环境上，我们应该与一系列反对派艺术家保持联系，进而发现自己从浸没之中浮现出来，对现实提出我们自己的关键性问题。格林进一步认为，与这些清楚的描述抗争（即文学作品中的描述）的作家取得联系，便是与适应深层次的文化取得联系。深层次文化展现了一些表面上看不到的感受和思考，如对官方历史的反思，对愈加严苛的统治过于乐观的估计，对特定需求和考量的忽视。我们也可能与批判性艺术家取得联系，对于批判性艺术家来说，自我成就是最真实的人类价值，它可能引导我们回到"基础"，进而有可能完成超越。②

除了文学作品之外，格林认为一些艺术品也应该呈现在教育内容之中。格林认为艺术品展现了人类意识对现实的入侵。③ 一些历史作品应该被包括在艺术和人性项目当中，这些作品能够促进人们的全面觉醒，激发人们开始有意识地发现意义，这很大程度上影响了人们活在世界中的感受。④ 格林希望看到某种艺术形式被用在教育背景中，因为审美体验能够为质疑提供基础，从而使得人们理解存在于世界之中意味着什么，并且从中获得意义。⑤

---

① ［美］玛克辛·格林：《学习的风景》，史林译，北京师范大学出版社 2016 年版，第 31 页。

② ［美］玛克辛·格林：《学习的风景》，史林译，北京师范大学出版社 2016 年版 第 48 页。

③ ［美］玛克辛·格林：《学习的风景》，史林译，北京师范大学出版社 2016 年版，第 220 页。

④ ［美］玛克辛·格林：《学习的风景》，史林译，北京师范大学出版社 2016 年版，第 222 页。

⑤ ［美］玛克辛·格林：《学习的风景》，史林译，北京师范大学出版社 2016 年版，第 224 页。

五 探寻通向真理的民主教学法

教育方式是人们头脑中的一个教育行为图景，教育方式观表达的是人们对做教育应采取什么方式的基本看法。[①]

在格林的实践教育哲学思想中，教学法占有重要的地位。格林认为在当前的社会环境下，人们的确会关注意义和尊严问题，同时也会关注自由和自治问题。但是今天，考虑到技术统治之下的社会所发生的翻天覆地的变化，我们意识到自己需要的远不仅仅是改变与生产和机器的客观关系。我们不得不关注人类的主观性，如果我们想要以某种方式减少统治的话，必须将人类意识考虑在内。现代教育的地位之所以如此重要，原因之一在于一旦教学法确立了决定性地位，在负责教学、待人、管理或组织的人身上的分裂与扭曲便会呈现出此前从未有过的重大政治意义。[②]

格林对教学法的探寻主要是对通向真理和信仰的途径的探索。在格林看来，因为教师参与教学，故而教师应该了解和寻求真理的现实。教师应该理解与认知和推理相关的过程，不是智力上的困惑，而是持续行动的模式。对教师来说，这些都是很重要的事件，当教学有效激发个人学习的时候，这些事件在某种程度上就会显现出来。当教师开始处理"知识问题"时，他们感兴趣的是如何在这么多传统观念受到质疑的时候，使自己的教学更加有效，他还感兴趣的是阐明他对什么可以知道，什么应该知道，什么是一些不确定性否认，如果他真的想说，什么知识可靠，什么不可靠，常识的作用是什么。[③] 格林认为对教学法的研究不同于行为科学家所从事的研究。因为教学是一种实践活动，一种实践活动的理论，如保罗·赫斯特所指出的，"是用来确定和指导活动的"，它不是"追求的最终产物"。要构建一个适当的教学理论，个人必须参考自己的价值观和信仰；他必须考虑一系列的主题，包括行为科学以及要教授的学科的研究。哲学，特别是认识论，如果理解哲学涉及澄清和增强意识，那么哲学在这类理论建构中就可以发挥作用，必须探讨"知识""信仰""意义""真理"等问题；

---

① 刘庆昌：《教育思维论》，广东教育出版社 2008 年版，第 37 页。

② ［美］玛克辛·格林：《学习的风景》，史林译，北京师范大学出版社 2016 年版，第 127 页。

③ Maxine Greene，*Teacher as Stranger：Educational Philosophy for the Modern Age*，Belmont：Wads Worth Publishing Company，Inc. ，1973，pp. 119-120.

行为目标和其他目标的位置也必须如此。从事哲学研究的人提出的问题并不是经验主义研究者可以具体回答的，尽管它们可能涉及科学处理的问题。哲学问题的框架并不会导致可获得的实质性知识的增加。哲学探究者的目的是使事物变得更清楚，提高对替代品的认识，指出关系和联系，所有这些都是为了做出影响教学行为的实际判断。① 格林认为大多数 20 世纪的哲学家都把认识与某种类型的参与者行动联系起来，或是与有问题的情境进行有意的接触。一些人强调实践中的作用，或是现实存在的转变；很少有人认为知道是被动的或仅仅是沉思的。②

基于以上的判断，格林认为民主教学法是一种使个体能够自由地理解他们从各自的位置出发构建共同世界的方法，这种方法赋予人们建立民主社会的权利。③ 基于民主价值观采取行动就是对有意识地被人格化了的自由、正义和关心他人等原则做出回应。如果个体能够将这些原则运用在自己身上，同时在面对经阐释而成的具体现实时参考这些原则，那么这种方法便能够被用于实践中，并被用来拉近世界和人心欲求的距离。④ 在民主教学法中，对话至关重要。格林认为对话引导教学过程中的所有参与者反思他们的生活环境以及对环境系统化可利用的构想。格林的对话教学法突破了学校教育的藩篱，拓展到了更为广大的社区中。格林认为要在社区中发起一场对话，一场为了促使人们看见的教育性对话。形形色色的人都参与对话，一起创造意义。学习型社区，身在其中的人们能够发现如何在理解和构建意义的过程中活力四射地与他人相处并彼此支援。学习型社区必须解放教室，同时又超越教室。它应该延伸到周围的世界中，无论人们选择了何种基础，促使那些不确定的人和没有找到恰当的语言来表达自己想法的人参与进来。学习者，无论他们是谁，都是人类世界

---

① Maxine Greene, *Teacher as Stranger: Educational Philosophy for the Modern Age*, Belmont: Wads Worth Publishing Company, Inc. , 1973, pp. 120-121.

② Maxine Greene, *Teacher as Stranger: Educational Philosophy for the Modern Age*, Belmont: Wads Worth Publishing Company, Inc. , 1973, p. 121.

③ ［美］玛克辛·格林：《学习的风景》，史林译，北京师范大学出版社 2016 年版，第 92 页。

④ ［美］玛克辛·格林：《学习的风景》，史林译，北京师范大学出版社 2016 年版，第 92—93 页。

的"新人"。①

通过民主教学法的探寻,格林实际上将自己的教育理想聚焦到了个体的自我引导上。格林认为人类是独立自主的,他们拥有自我引导的能力,可以在开放的世界中自由地进行观察和选择。② 具有自主性的人是那些能够主动注意周围的世界,同时在面对多种不同的情境且拥有多种选择方案的情况下清楚地认识到自己究竟选择了什么的人。他们有可能被原则指导——并且和牵涉其中的人一起依据这一原则自由地选择生活。这些原则包括对公平的关注、尊重他人和对人类完整性的考虑。③

第四节　玛克辛·格林实践教育哲学思想的特征

任何一位具有影响力的思想者,其思想都有独特的方面。美国著名的教育哲学家玛克辛·格林吸纳了多种哲学思想和教育思想,将目光聚焦于资本主义的社会现实和教育现实,并对其进行了深刻的揭露和批判,在此基础上,希冀通过改变教育来变革社会。格林实践教育哲学思想的思维方式是实践的思维方式,分析问题的方法论是辩证的,研究问题的视角是整体论的视角,贯穿于思想始终的是其历史性的研究脉络。通过对玛克辛·格林实践教育哲学思想的缘起、基点和核心内容的研究与梳理,可以概括出格林实践教育哲学思想如下几个方面的特征。

一　历史性的研究脉络

玛克辛·格林极为重视历史,其实践教育哲学思想正是建基于哲学史、资本主义社会发展史和美国教育哲学发展史。对历史的分析始终贯穿于其思想的发展历程,就此而言,格林的实践教育哲学思想的形成表现出了历史性的研究脉络,主要表现在以下四个方面。

---

① ［美］玛克辛·格林:《学习的风景》,史林译,北京师范大学出版社 2016 年版,第 104 页。

② ［美］玛克辛·格林:《学习的风景》,史林译,北京师范大学出版社 2016 年版,第 106 页。

③ ［美］玛克辛·格林:《学习的风景》,史林译,北京师范大学出版社 2016 年版,第 209 页。

第一，格林实践教育哲学思想建基于哲学史研究。任何哲学家思想的形成都离不开其对哲学史的分析，格林也不例外。在《教师作为陌生人：现代教育哲学》一书中，格林指出其思想的形成不是从一个哲学家开始，而是从普罗米修斯开始的。从神话人物开始，格林分析了柏拉图、笛卡尔、培根、洛克、休谟、康德、黑格尔、叔本华、克尔凯郭尔、胡塞尔、萨特、梅洛-庞蒂、摩尔、詹姆斯、罗素、维特根斯坦、杜威等人的哲学思想。格林将对这些人物思想的理解，内化为自己对哲学史的理解，继而提出我们每个人都会学会"思考我们正在做的事情"，都将推进塑造一个体面未来的进程，并为认同自己而奋斗。[①]

在研究哲学史的基础上，格林选择了实践哲学。实践，贯穿于格林教育哲学思想的始终，不仅是其思想的底色，也是她思考教育和社会问题的思维方式。格林的实践哲学是对马克思实践哲学的继承，在运用马克思的实践哲学分析问题之前，格林分析了亚里士多德的实践观、康德的实践观以及西方马克思主义者卢卡奇的实践观，最后将目光聚焦于马克思在《关于费尔巴哈的提纲》中关于实践的认识。她引用了"环境的改变和人的活动或自我改变的一致，只能被看作是并合理地理解为革命的实践""全部社会生活在本质上是实践的。凡是把理论引向神秘主义的神秘东西，都能在人的实践中以及对这种实践的理解中得到合理的解决"等话语，指出必须通过实践对现实进行批判性干预。[②] 格林还将马克思的实践观与萨特等人的实践观进行比较，证明其分析问题的合理性。可见，格林对实践的把握是建立在实践哲学史的基础上的。

第二，格林的实践教育哲学思想建基于西方马克思主义者对社会和教育的批判。西方马克思主义者基于马克思的社会批判理论对资本主义社会进行了深刻的批判。格林通过分析马尔库塞对资本主义社会的批判，分析了资本主义社会对人的异化。西方马克思主义者弗莱雷是批判教育哲学的创始人，以其《被压迫者教育学》的出版为标志。格林极为重视弗莱雷的思想，其对教育概念的建构就是直接来自于弗莱雷。弗莱雷的《作为自由实践的教育》一书虽不是从理论上分析教育的概念，但其书名为研

---

① Maxine Greene, *Teacher as Stranger*: *Educational Philosophy for the Modern Age*, Belmont: Wads Worth Publishing Company, Inc., 1973, p. 38.

② ［美］玛克辛·格林：《学习的风景》，史林译，北京师范大学出版社 2016 年版，第 130 页。

究者研究教育的概念提供了视角。在此基础上，格林认为教育就是自由实践。

第三，格林的实践教育哲学思想建基于对美国自由史的批判。格林实践教育哲学思想中涉及人的自由问题，其自由观不是直接引用已有的自由观，而是通过梳理美国的自由史而形成的。具体而言，格林梳理了美国建国时的自由观以及发展过程中的自由观。在这个过程中，她还分析了如何处理自由对抗福柯所称的"权力"，以及杜威对自由与反抗之间的关系，最终形成其对自由的认识。她认为自由可以通过萨特所说的拒绝和认知来实现，通过杜威心目中的行动和对话来实现。[①] 而拒绝、认知、行动、对话又与马克思关于实践的认识勾连在一起。

第四，格林的实践教育哲学思想建基于对文学和艺术作品的理解。翻开格林的著作，一系列的文学和艺术作品成为她立论的佐证。如《序曲》《看不见的人》《包法利夫人》《地狱的箴言》《鼠疫》《局外人》等，以及《哭泣的女人》《美狄亚》《白鲸记》《浪子回头》《大地之歌》等。正是对这些作品，她阐释了关于想象的理解。格林认为，文学和艺术作品具有超前性，它们对社会的批判和讽刺能为当下变革社会和教育实践指引方向。

综上所述，格林的实践教育哲学思想从历史的发展而来，无论是对哲学史的梳理，还是对社会的批判等，皆彰显了其思想的历史性。

二　实践性的理论指向

玛克辛·格林的实践教育哲学思想的历史性与现实性结合在一起，她对历史的考察正是基于对现实的反思。而对现实的反思，促使其将思维的触角伸向理论，通过理论的发展来观照实践，变革实践。

格林早年的经历决定了她对现实的关注，参加西班牙内战的经历使格林注意到劳苦大众的苦难和资本主义社会体制的问题。格林称自己是身处情景中的哲学家，这就是强调她将自己的思想深深扎根于美国的社会时代发展与更为广大的理论背景之中。[②] 格林分析了资本主义社会的多重问题，以及这些问题导致的个体困境。其一，资本主义社会从工业社会向发

---

① Maxine Greene, *The Dialectic of Freedom*, New York: Teachers College Press, 1988, p. 10.

② 郭芳：《教师哲学思想研究：以20世纪下半叶的美国为例》，北京师范大学出版社2017年版，第50页。

达工业社会转变的过程中，虽然物质得到极大的丰富，但文化精神层面并未出现与经济发展相适应的变化；其二，美国国家公司化使得个人主义传统消失，工业化水平大幅度提高使得现代科技的价值超过人的价值，越来越多的人意识到人正在被"物化"；其三，处于资本主义社会中的人渴望自由，又对自由产生恐惧，深恐在自由中失去自我。与此同时，格林也关注了处于资本主义意识形态控制下的学校教育实践，指出资本主义社会的学校教育仅是复制主流的意识形态，教师不是在培养新人，而是在复制社会。在格林看来，要想改变资本主义社会及教育中存在的问题，需要反思性批判教师的介入，针对当时的学校教育内容进行批判，对资本主义的社会问题进行反思，进而选择合适的教育内容和教育方式来培养人。

格林对"理想人"的设想不是纯思辨的，而是以现实为基础，将受教育者带入未来的社会实践中。在这个意义上，格林极为重视想象教育的作用。一方面，想象教育可以使得教育者和受教育者拒斥被视为理所当然的金科玉律；另一方面，教育者和受教育者可以对未来社会现实和主体的生活进行合理想象。

彻底的实践观是马克思主义哲学区别于一切旧哲学的基本特征，是马克思创立唯物史观的哲学前提。[①] 格林的实践观是对马克思主义哲学实践观的合理继承，是对现实的社会实践和教育实践的分析而形成的，她的实践教育哲学思想深深地打上了彻底的实践性。与马克思、弗莱雷等人关于实践的认识一样，格林对个体生命与社会群体的不自由、不公平有着深刻的感受。由于种种原因，生活在资本主义社会制度之下的人们只能逆来顺受。负有启蒙之责的学校教育不但忽视人的主体性，而且有意无意之间传达了"视现存为理所当然"的价值。因此，格林基于实践的立场和观点对此进行批判，并强调通过实践获得自由。

综合以上事实，格林的实践教育哲学思想紧紧围绕实践，既分析了美国当时的社会实践和教育实践，也对理想之民主社会中的生活实践和教育实践进行了合理想象，彰显了其思想的实践性。

三　辩证性的观点表达

格林实践教育哲学思想的辩证性强调从不同的思维角度与文化背景进

---

① 毛振阳：《基于"英国实践"的马克思现代性社会批判思想研究》，博士学位论文，山西大学，2018 年。

行质疑。正如其所说："我最感兴趣的是人的自由，超越既定事物的能力，以不同的方式看待事物。"① 辩证法不仅是格林实践教育哲学思想的方法论，更是其在论证其观点的过程中一以贯之的思维方式。

在《自由的辩证法》一书中，格林认为每个人的境遇都存在着一种辩证的关系：主体与客体的关系、个人与环境的关系、自我与社会的关系、局外人与共同体的关系、生活意识与现象界的关系，这种关系存在于两个不同的、明显相反的两极之间，但前提是它们之间有一种中介关系。② 除此之外，格林还深入分析了当时美国人的消极自由观，而代之以积极的自由观。格林批判的消极自由观是指不受干涉、胁迫或被迫去做他们没有选择做的事情的权利。格林反对将自由视为绝对自由，绝对自由是对本能和非理性的放纵，格林强调的是理性自由，是经过深思熟虑、关注自己的生活世界，发现障碍、进而克服障碍的过程，是一种情境自由。她认为个人自由只能通过运用直觉和想象力来获得，它需要有能力在每个动作与神圣的"超灵"之间架起一座桥梁。通过"命名"和"看见"，通过自觉主动的努力，个人可以接触到理想的超然整体性。因此，自由必须与对理想的承诺、再生、自立和最终实现，与其他灵魂的交流有关。③ 就此而言，格林的辩证法是积极自由与消极自由、主体与客体、个人与环境、自我与社会、局外人与共同体、生活意识与现象界之间的辩证结合。格林讨论的自由与教育、女性主义、多元文化、审美教育等问题，无不涉及辩证的方法。

格林实践教育哲学思想的辩证性还体现在她关于对话的探索。正如上文提到的，在格林这里，辩证法不仅仅是一种方法论，它还涉及双方或者多方对同一议题、同一事物的不同理解与实践途径。在格林看来，双边或多边的对话，能达成哈贝马斯所谓的交互理解。具体到教育实践中，格林思想中的辩证性体现在其对教育者和受教育者的关系理解方面。格林否定了教师主体、学生客体，学生主体、教师主导等师生关系，主张教师与学生互为主体。站在不同的角度看待问题，就会出现不同的主体。站在教育者一方，教师是主体，学生是客体；而站在受教育者一方，则学生是主体，教师是客体。在此基础上，格林注重教育者和受教育者的对话。

---

① Maxine Greene, *The Dialectic of Freedom*, New York：Teachers College Press, 1988, p. 3.

② Maxine Greene, *The Dialectic of Freedom*, New York：Teachers College Press, 1988, p. 8.

③ Maxine Greene, *The Dialectic of Freedom*, New York：Teachers College Press, 1988, p. 34.

格林实践教育哲学思想辩证性的另一个表现是她对理想和现实关系的论述。理想总是建立在现实的基础上，格林不满意自己所处的资本主义社会现实，强调要超越现实中的理所当然，想象事物发展的另一种样态。而想象事物发展的另一种样态建立在对现实进行批判的基础之上，格林实践教育哲学思想中的想象教育正是由此形成。

四　整体性的研究视角

玛克辛·格林基于实践的思维方式和观点，将教育置于整个社会背景之中，将教育与人和社会关联在一起，使她的实践教育哲学思想具有了整体性的研究视角。具体表现在以下三个方面。

第一，把握对象的整体性。教育具有相对独立性，说其相对是因为作为社会子系统之一的教育与政治、经济、文化等有着紧密联系。从哲学视角对教育进行的研究，不能仅仅就教育谈教育，而要将教育与人、与社会结合起来。格林的实践教育哲学思想正是对对象进行整体把握而形成的。就教育和人的关系而言，格林首先论证了"人本自由"，人的自由是在实践中获得的。所谓的实践，在格林那里，既包括教育实践，也包括社会实践。人的自由在实践中获得，却又在实践中失去。格林通过对资本主义社会的批判，揭示了人在资本主义社会中被"物化"的现象。揭示问题不是格林的目的，而是其思想建构的出发点。格林最终希望的是通过教育来实现人的启蒙和解放。从此意义上来说，格林对教育、人、社会等的关联性分析与理解，正是她对作为研究对象之教育的整体把握。

第二，主体和客体的统一。在整体性中，主体和客体是不可分割的，是统一的。玛克辛·格林的思想因其实践的思维方式、辩证的方法论特征而实现了主体和客体的统一。具体而言，在论证人与人、人与社会的关系时，格林摒弃了主客体对立的二元论思维方式，而是选择互为主体。从人与人的关系来看，格林不仅强调个体的知与行的关系，也强调集体的自我反思。对于资本主义社会的不公平、不自由等问题，格林更强调在共同体中去解决。从人与社会的关系来看，格林在《教师作为陌生人：现代教育哲学》一书的开头便指出"做哲学与建构世界"。实际上，她继承了马克思主义哲学中改变世界的思想，通过实践将人与社会统一起来。

第三，历史、现实和理想的统一。人类社会的发展是一个整体系统的推进过程，也是一个曲折前进的过程。在这个过程中，历史总是被现实所取代，而现实又被理想所取代，如此往复。在格林的实践教育哲学思想中，她不是一味地否定现实，而是阐释了现实相对于过去的进步性，但是进步并不意味着完善。因此，格林又基于对现实的批判，提出通过教育实践培养理想社会的理想"新人"之目标。这就将历史、现实、理想相统一，并作为一个整体去考察和分析。

人的自由及其在实践中的获得是格林关注的焦点。以此为聚焦点，格林对资本主义社会的问题进行了揭示，她意识到这些问题是人的自由实现的障碍。为此，格林借鉴马克思主义哲学中关于自由和实践的论述，强烈地批判了资本主义社会，力图呈现民主社会的构建及自我实现的诉求。进而，格林通过借鉴卢卡奇、马尔库塞、萨特、梅洛-庞蒂等西方马克思主义哲学家的思想以及弗莱雷等批判教育学家的思想，对批判教育进行了思考和探索。特别值得一提的是，格林的批判教育指向教师教育者和教师。在她看来，具有批判教育思想的教师要让年轻人对自己的生活和身处的世界有自己的解释，要求教师持有辩证关系的原则。格林的批判教育观呼吁人们要不断地尝试，持续追求自由与批判性的理解，致力于生活世界的改变。

格林实践教育哲学思想另一个核心内容是想象教育。格林实践教育哲学源于其对美国资本主义社会的现实批判以及对学校教育的批判。在批判的过程中，格林借鉴了马克思主义哲学变革社会的最终目的，将教育作为变革社会的杠杆。基于此，格林探索了批判教育，并在批判教育的指导下建构了实践教育观。格林探索的批判教育以及建构的实践教育观能否实现？理论的成果能否落地？格林用自己的行动证明了这一点，那就是去实践自己的理论结晶。格林将自己的理论成果系统转化为想象教育模式。关于想象教育，格林首先对"想象"进行了阐释，她认同杜威的界定，即"想象是一种观看与感受事物，仿佛它们构成一种综合整体的方式。它是巨大而普遍的心灵与世界接触之时兴趣的混合。当老的与熟悉的事物在经验中翻新时，就有了想象。当新的东西被创造之时，遥远而奇特的东西成了世界中最自然而不可避免的东西。在心灵与宇宙相会之时，总是存在某种程度上的探险，而这种探险就在此程度上成为想象"①。在这个定义的基础上，格林分析了想象如何可以变革社会，进而论述了教师和学生想象

---

① ［美］约翰·杜威：《艺术即经验》，高建平译，商务印书馆2010年版，第310页。

的重要性。格林重视通过文学和艺术来培养师生的想象力，在她看来，课程的内容是艺术，而不是技术。通过研读文学作品和鉴赏艺术作品，教师和学生在对话中发展了各自的想象力，进而投身于变革社会的实践。

在探索批判教育和想象教育的基础上，格林呈现了自己的实践教育观。具体而言，她从教育概念、教育目的、教育者和受教育者、教育内容、教育方式几个方面进行了重构。就教育的概念而言，格林将教育看作自由的实践，梳理了哲学史上关于自由的认识，特别对马克思主义哲学的自由观进行了再阐释，在此基础上引入实践，对教育与实践之间的关系进行分析。在格林看来，作为自由实践的教育不是将年青一代培养成适应资本主义社会体制的人，而是将年青一代培养成参与改变资本主义现实社会的人。就教育目的而言，格林实际上是将教育目的的个体本位论与社会本位论结合起来。一方面，强调个体的主体自由，即生命之舞；另一方面，强调群体的社会正义，即民主社会的建构，将二者最终统一到教育这一自由的实践活动中。就教育者和受教育者而言，格林强调的是教育者和受教育者两类主体在教育中的生命实践。她强调教育者的教育意识，认为教师一旦具有了教育意识，就可以抵抗资本主义社会的工具理性主义。在格林看来，教师"做哲学"以及发展反思性批判能力可以获得教育意识。就受教育者而言，格林强调的是受教育者的学习实践。格林指出："为了学习，为了成为一个真正的人，个体必须与虚无和惰性作斗争，并致力于他的'基本事业'，作为充分实现人的价值的成就。"[1] 正如格林所言，我们都必须选择成为学习者，对永远无法完全了解的世界表现出开放的姿态，愿意在"现实面前"生活。就教育的内容而言，格林基于自己的教育目的观对传统的教育内容进行了批判。在格林看来，传统的知识观中的知识是累积的、先在的，只等着年轻人来学习。这些固定的、静态的知识，由学校的教师照本宣科，在课堂上传授给学生。在格林看来，知识的获得不能独立于真实的人与社会，如同经验不能独立于现象世界，她同意杜威对"经验"与"现象世界"的观点，即"经验是属于同时也在于自然之中"。格林的教育内容观是探索知识背后的意义，进而实现人生的意义探索。就教育方式而言，格林所赞同的是民主的教学法，这是一种能够使个

---

[1]　Maxine Greene, *Teacher as Stranger: Educational Philosophy for the Modern Age*, Belmont: Wads Worth Publishing Company, Inc., 1973, p. 19.

体自由地理解他们从各自的位置出发去构建共同世界的方法，这种方法赋予了人们建立民主社会的权利。①

历史性的研究脉络、实践性的理论指向、辩证性的观点表达、整体性的研究视角是玛克辛·格林实践教育哲学思想的特征。历史性的研究脉络表现在她对哲学史、资本主义社会发展史和美国教育哲学发展史的研究与梳理。实践性的理论指向表现为她对资本主义社会及教育中的问题进行揭露和批判，在分析现实问题时，格林选择了实践的思维方式，表现出了彻底的实践性。辩证法既是格林实践教育哲学思想形成的方法论，又是其一以贯之的思维方式。同时，格林将研究对象作为整体去把握，将主体和客体，历史、现实和理想相统一，体现了其思想的整体性研究视角特征。

---

① ［美］玛克辛·格林：《学习的风景》，史林译，北京师范大学出版社 2016 年版，第92 页。

第五章　玛克辛·格林实践教育哲学思想的启示

围绕教育中的异化现象、教育学中的"实践"误用、哲学和教育学的实践转向、教育和哲学的成人使命四个主要问题，我们对美国马克思主义教育哲学家玛克辛·格林实践教育哲学思想的缘起、基点、核心内容和特征等问题进行了研究。由问题不难看出，四个问题的核心均指向"实践"二字。如能理清教育与实践之间的关系，使教育工作者按照实践的具体要求去从事教育活动，可以设想，作为变革世界的教育实践将会更加完善和向好发展。

第一节　教育与实践关系的多维理解

无论从事哲学研究还是从事教育研究的研究者，都不会否认教育是一种实践活动。但是，当进一步追问教育到底是何种实践活动时，研究者或者闭口不谈，或者避而不答。国内教育哲学研究者金生鈜曾指出："当教育实践衰退为某种操作技术行为时，教育哲学重新探询实践之真义就显得特别困难，然而，这一困难也说明这种重新唤醒实践意识的探寻特别必要，因为教育学界对于实践的流俗理解不仅扭曲了实践本身，而且也扭曲了指称实践的理论和思想。"[1] 读了金生鈜老师的论断，我一度也以为是国内的教育学界扭曲了实践本身的含义。然而，通过梳理实践及实践哲学的演进史，我发现即便是哲学界对"实践"的理解也是见仁见智，莫衷

---

[1]　金生鈜：《何为实践?》，载李长伟《实践哲学视野中的教育学演进》，湖北科学技术出版社2012版，第1页。

一是。或许是"实践"本身的复杂性，导致研究者无论是从哲学方面，还是从理论方面，都难以对"实践"进行一个整体的把握。通过研究格林的实践教育哲学思想，我注意到格林不是从抽象的实践哲学、实践理论演绎出实践教育哲学思想，也不是将具体的教育实践上升到抽象的理论和哲学层面进行概括。她将教育和实践勾连起来，有时从实践哲学的角度开始论述，有时从具体的教育实践开始论述。她的这种复调式的论述方式以及具体的结果启示我们，不要拘泥于演绎或者概括，而是要具体问题具体分析。基于此，我们需要分析教育和实践的多维勾连。

一　作为教育本体的实践

教育的本体是实践。所谓教育的本体，从本体论的意义上有两个层面，一个是教育的本源，另一个是教育的本质。在本书中，我们主要探讨教育的本源问题。有研究者认为教育的产生从其显在的原因看是种族生存和发展的社会性需要，从潜在的原因看是超越本能的情感。[1] 这一论断，否定了教育的神话起源说和生物起源说，而肯定了马克思恩格斯的劳动起源说。无论是超越本能的情感，还是种族生存和发展的社会性需要，都彰显了教育是一种实践活动。因为实践是主体有目的的活动。种族的外显正是一个个的个体，种族的生存和发展正是教育的目的。按照亚里士多德的分类，即理论、实践和创制三分法，教育显然属于实践之列。

格林实践教育哲学思想正是基于教育的实践本体而进行论述的。已有研究者将格林的教师的实践本体进行了阐释，认为格林的教师本体存在是实践本体存在。该研究者认为教师的实践本体存在强调教育哲学家讨论教师的逻辑起点是实践，实践是教育哲学理论体系达到并保持其逻辑自足性的内在前提和基础，是其思想中的本体论承诺。从本体论意义来看，实践是教师社会存在的动态规定性，强调逻辑主体实现生命的动态过程。[2] 格林的教师实践本体存在，显现为具有"全面觉醒"意识的陌生人，在信

---

[1]　刘庆昌、畅肇沁：《论教育的起源、发展和消亡》，《山西大学师范学院学报》1999 年第 1 期。

[2]　郭芳：《教师哲学思想研究：以 20 世纪下半叶的美国为例》，北京师范大学出版社 2017 版，第 65 页。

仰危机的社会背景中，通过"做哲学"实现人的解放与自由。① 就格林本人的论述来看，格林将人的自由及其在实践中获得作为其实践教育哲学思想的基点，进而论述了教师和学生如何在教育这一实践活动中培养想象，发展自由，对培养全面发展的个体和民主的社会进行了阐释。她将教育的本体规定为自由实践，本身就说明了作为教育本体的实践这一论断。

实践是教育的本体论规定。这启示我们在今后的学术研究和教育实践活动的开展时，要将实践这一规定性贯穿始终。学术研究者若坚持这一规定性，就会按照实践的逻辑，而不是科学的逻辑或者技术的逻辑研究教育。教育实践工作者若按照这一规定性去展开自己的行动，会将教育做得更好。

二　作为教育目的的实践

虽然实践是教育的本体论规定，但是属于实践这一范畴的并非教育这一种活动。实践是一个家族，除了教育这一活动之外，还有艺术、经济、政治等。在马克思主义者看来，主要的实践活动有科学实验、生产实践和社会实践。在这种分法中，教育显然属于社会实践之列。德国教育学家底特利希·本纳指出："人类实践要比我们今天所熟悉的社会诸系统和行为诸领域的分化早得多。自我们所知的人类历史以来，人类的共同生活，人的'共存'就由六种基本现象决定。人必须通过劳动，通过对自然的索取和养护，创造和维持自己的生存基础（经济）。人必须提出、发展和承认人类达成理解的规范和准则（伦理）。人必须规划和建设社会的未来（政治）。人把其现实提升为美学表现（艺术），并面对同类生命的有限和自身死亡的难题（宗教）。除了劳动、伦理、政治、艺术和宗教之外的第六个基本现象即是教育，也就是说，人类处在代际的关系中，受到上一代成员的教育并且教育着下一代成员。"② 可见，在本纳看来，主要的实践活动有经济（劳动）、伦理、政治、艺术、宗教和教育六种。本纳认为作为一种实践活动的教育是特殊的、与人类其他形式相联系的实践。也就是说教育实践活动在人类的总体实践家族中有着特殊的作用。本纳认为人是

① 郭芳：《教师哲学思想研究：以20世纪下半叶的美国为例》，北京师范大学出版社2017版，第65页。

② ［德］底特利希·本纳：《普通教育学——教育思想和行动基本结构的系统的和问题史的引论》，彭正梅等译，华东师范大学出版社2006版，第8页。

唯一未"完成"和"不完善"的生物，并且正因为如此才有实践的任务和必要。① 本纳还进一步说明："人由于其创造自由的可能和局限而作为一种历史性的生物存在，既不能去追求驾驭历史，也不必屈服于笼罩着他的历史宿命对他的支配……"② 引用多处本纳关于实践和教育实践的认识，意在说明作为一种实践活动的教育实践在人类的总体实践活动中有着终极的目的。关于教育实践与其他实践之间的关系，我们仍然引用本纳引用的观点，即③：

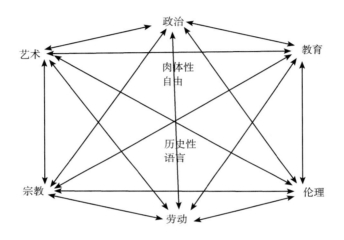

图 5-1　人类总体实践非等级性秩序

实践是主体有目的的活动。实践是人有目的、有意识改造世界的客观物质活动，是人所特有的主观见之于客观的对象性活动。④ 在马克思的实践哲学中，实践的目的就是变革世界。也即马克思所说的"哲学家们只是用不同的方式解释世界，问题在于改变世界"⑤。"实际上，而且对实践的唯物主义者即共产主义者来说，全部问题都在于使现存世界革命化，实

① ［德］底特利希·本纳：《普通教育学——教育思想和行动基本结构的系统的和问题史的引论》，彭正梅等译，华东师范大学出版社 2006 版，第 16 页。

② ［德］底特利希·本纳：《普通教育学——教育思想和行动基本结构的系统的和问题史的引论》，彭正梅等译，华东师范大学出版社 2006 版，第 24 页。

③ ［德］底特利希·本纳：《普通教育学——教育思想和行动基本结构的系统的和问题史的引论》，彭正梅等译，华东师范大学出版社 2006 版，第 27 页。

④ 《马克思主义大辞典》，崇文书局 2017 年版，第 21 页。

⑤ 《马克思恩格斯文集》（第 1 卷），人民出版社 2009 年版，第 502 页。

际地反对并改变现存的事物。"①

　　作为一种实践活动的教育，其目的就是实践。在现实中，人们认为教育的目的既有个人取向，又有社会取向。以马克思关于人的全面发展学说为理论基础的教育目的观兼而有之。实际上，进一步分析的话，无论是教育目的的个人本位还是社会本位，都强调实践。在格林看来，教育的目的既包含了生命之舞，又包含了社会愿景。生命之舞和社会愿景中都包含了格林对"实践之人"的培养的教育之道的论述。

　　总而言之，教育的目的是培养实践之人，以实现个体的生命价值和变革现存的社会现实。这是通过分析马克思的实践哲学和格林对马克思实践哲学研究并运用到教育中的阐释的启示。这是教育目的和实践的勾连。"具有内在本真目的的行动，才能称得上是实践。人的实践行动具有内在目的，也就是具有目的的规定性。这一目的是蕴含在实践之中的，而不是人随意或偶然确定的。实践指向的目的，由行动的本质所包含，实践行动本身规定了其目的，或者说，实践的目的蕴含在实践自身，而不是要获得和占有某种外在规定的目标，这就是所谓的本真目的。行动是目的所指示的，目的具有行动的构成性。"② 此之谓也。

三　作为教育主体的生命实践

　　在分析教育理论与教育实践的关系时，研究者多会提到理论工作者和实践工作者之间的相互埋怨。理论工作者常常批评实践工作者不按照教育的逻辑，或者是不按照理论去展开实践；实践工作者则常常认为教育理论晦涩、难懂。无论双方如何交涉，有一个问题是跳不过去的，即教育活动是两类主体的活动。不管理论工作者的批判是否有力、有理，实践工作者需要基于自身所开展的教育行动进行反思。自己的行动是否践行着自己的生命之实践？自己的行动是否能够带来受教育者的生命实践？一定意义上，我们可以说教育的逻辑就是生命展开的逻辑。

　　在格林的实践教育哲学思想中，起点是资本主义社会存在的问题。为了解决资本主义社会的问题，格林将教育作为其解决问题的基点。她首先

---

　　① 《马克思恩格斯文集》（第 1 卷），人民出版社 2009 年版，第 527 页。
　　② 金生鈜：《何为实践？》，载李长伟《实践哲学视野中的教育学演进》，湖北科学技术出版社 2012 版，第 1 页。

强调学校教育不能是对现存社会的复制，而应该是对被认为理所当然的事物的抵制。因何要抵制？正如有研究者的判断："现代社会，传统的等级性社会结构、稳定的发展状态和伦理秩序被打破，变动性、非等级性成为人生存的基本背景时，父母一代及其他前辈人已经无法从既有的社会秩序中为下一代找寻供其一生发展的道路时，个人就必须成为自己的成长负责人，必须参与到自我的教养中去的时候，个体成长的自我责任就会真正成为无法回避的基本论题。"① 个体成长的自我责任不能从上一辈那里得到，按照格林的阐释，教育必须承担相应的责任。故而，格林非常重视教师教育。用格林的原话说，则是"作为教师，我们只有在心中一直怀有对学生、对世界更美好的期待，我们才能与那些职员或公务员区别开来，因为我们的使命并不仅仅是复制再生产这个社会"②。

实践总是主体的活动，教育中的主体既包括教育者，也包括受教育者，因而教育作为一种实践活动，就是教育者和受教育者的生命实践活动。作为主体的人必然是实践之人。实践之人有实践的场域。经济活动是经济人的实践场域，政治活动是政治人的实践场域，宗教活动是宗教之人的实践场域。同样的，教育是教育中人的实践场域。无论在教育研究中，还是教育活动中，我们不能仅仅强调对受教育者生命自觉的培养，还要强调对教育者的生命展开。目前，在教育领域，不可忽视的一种现象是教育者年复一年地重复自己的劳动。笔者曾有意询问一些老师，其教案是否年年更新，一些老师的回答是几十年都没有更新，还是从自己老师那里得来的那些东西。教师的实践活动是具有创造力的，若年复一年地重复劳动，势必会抹杀教师的创造力，抹杀教育的创新性，抹杀受教育者的实践力。而格林提出的教师"做哲学"则彰显了教育者和受教育者在教育场域中的生命实践。

这是教育和实践的第三重勾连，即教育是教育者和受教育者生命实践的场域，教育的逻辑是教育者和受教育者生命展开的逻辑。

四　作为教育内容的实践

教育内容是为教育目的服务的。有什么样的教育目的，相应地，为了

---

① 卜玉华、刘安：《论"育生命自觉"的多重内涵》，《教育学报》2017 年第 1 期。

② ［美］玛克辛·格林：《释放想象：教育、艺术与社会变革》，郭芳译，北京师范大学出版社 2017 年版，第 1 页。

目的之实现，就会选择什么样的教育内容。基于前面讨论的教育与实践的三重勾连，自然而然地，教育与实践的第四重勾连就是将实践作为教育的内容。

在格林看来，教育一定要立足个体活生生的现实生活，要对现实生活中的理所当然的东西进行质疑和发问，这样，才能促进个体融入社会，进而变革社会。格林将文学和艺术作为其教育内容中的重要方面，不单单是因为文学和艺术可以释放想象，更重要的是文学和艺术是对现实生活的反映和超越。格林认为："我们要将每个人的现实理解为被阐释过的经验——阐释模式取决于他或她在社会中的位置与处境，同时也取决于一个人是否能够多视角看待问题——多视角看待问题能够揭示偶然世界的多重维度，而不仅仅局限于从自我存在出发的角度。我们发挥想象就可以超越想象者的那些所谓标准或'共识'，从而在经验中形成新的认知秩序。唯有如此，人们才可能从惯常的思维模式中解脱出来，才可能看到新的东西，才有可能形成应该是什么，以及尚未成为什么的观念。唯有如此，同一个人在同一时间内，才能与他的未知可能性保持联系。"[①] 这即是格林对实践作为教育内容的重视。

如何将实践作为教育内容？在已有的教育内容观中，知识当然占有很重要的位置。我们自然不会否认知识在教育内容中的重要性。进一步延伸，教育中所要求的技能、情感、态度、价值观等等都是隐藏在知识背后的东西。若我们再进一步追问，知识是什么？这不是一个单纯的认识论或者知识论的问题。在这个语境下讨论知识是什么，自然要联想到受教育者通过接受教育能够获得什么。除了我们上面讨论的知识、技能、情感、态度、价值观等，我想讨论的是什么样的人才能被认为是受过教育的人。知识背后隐含的是个体的认知能力，道德背后隐含的是个体的社会适应问题，情感背后隐含的则是个体的心理健康问题。将实践作为教育内容，就是要挖掘知识、道德、情感背后的认知能力、社会适应和心理健康问题。我们要教给学生的不仅仅是知识、道德和情感，更为重要的是让受教育者有了知识、道德和情感之后，能干什么和知道自己应该干什么。换句话说，接受了知识、道德、情感之后，是否能够实践。这又涉及另一个问

---

① ［美］玛克辛·格林：《释放想象：教育、艺术与社会变革》，郭芳译，北京师范大学出版社 2017 年版，第 25—26 页。

题——实践可教吗？我的答案是不必去单纯地追求如何教实践的问题，教育者在教育教学设计时，挖掘出自己教育内容的形成过程以及教育内容背后的作者的思维过程，自然而然就将实践传达给了学生。

五 作为教育方式的实践

教育和实践的最后一重勾连是将实践作为教育的方式。就教育方式而言，研究者多就教学的方法进行探讨。如研究者提到的教授法、讨论法、发现学习法、程序教学法等。就方法论而言，研究者基本就研究的方法论进行研究，如有研究者曾提出的教育研究方法论是研究对象与研究方法的适宜性问题。通过研究格林的实践教育哲学思想，在教育方式层面，其论述也涉及方法论问题。在格林的实践教育哲学思想中，其教育方式的方法论涉及将实践作为教育的方式。具体而言，格林虽然强调对话教学，但是其将对话教学从学校拉到广大的社会现实中，特别是在社区中如何开展对话。

值得一提的是，国内研究者提出了实践教育这一概念，并强调受教育者的社会实践的重要性。这主要表现为一些爱国基地、实践基地的建设。我们这里所强调的是从教育供给侧的角度探讨作为教育方式的实践。在格林看来文学和艺术有助于释放想象，但是文学和艺术需要深入解读。在格林看来，单纯的观光客匆匆忙忙地进出博物馆，他们所形成的只是对画作走马观花的肤浅接触，没有任何反思的时间，也没有了解关于艺术作品的任何介绍，没有深入地接触或者对话。[1] 格林将作为实践的教育方式与更广泛的社会批判联系起来。她指出社会批判需要持续不断的努力，通过拒绝绝对的、静态的实在观，避免这种实在观所导致的主客观分离，来克服虚假意识。社会批判还包括，当人们聚集到一起，不但要"命名"，而且还要改变，甚至转化他们的主体间世界，生成新的解释框架。为完成所有这些社会批判之使命，批判的行动需要真实的自我反思，需要在日常生活的众多情境中经过深思熟虑之后再形成认知。一旦突破限制，变换视角，允许出现新的可能性，这种思想方式就会竭力追求新的规范标准，追求可能是什么，以及应该是什么。[2]

---

① ［美］玛克辛·格林：《释放想象：教育、艺术与社会变革》，郭芳译，北京师范大学出版社 2017 年版，第 171 页。

② ［美］玛克辛·格林：《释放想象：教育、艺术与社会变革》，郭芳译，北京师范大学出版社 2017 年版，第 82 页。

作为实践的教育方式要求我们把教育看作开放的公共空间，在开放的公共空间里，学生能够通过表达自己的观点与主动自发的行动来辨识自我，以及根据诸如自由、平等、正义与关心他者的原则来辨识自我与选择自我。格林认为我们希望能够交流这种共识，即如果人们能够意识到在他者面前所呈现的自我，同时，人们能够表达自己的观点，并努力建设一个共同的世界，那么他们才能够成为更完整的自我，并且向世界开放。①

总而言之，格林将实践作为一种教育方式，并不是全部的教育方式，而是一种重要的教育方式。作为实践的教育方式可以将受教育者与更广泛的社会联系起来，进而在这个世界上，人们确立独特的身份认同，承担独特的责任，对于身处的环境拥有独特的价值判断模式，并通过独特的方式为实现应然理想而奋斗。②

第二节　教育与人和社会的内在关联

综观格林实践教育哲学思想，追求人的自由全面发展和社会的公平、正义、民主，是其教育哲学研究的基本理论旨趣，也是其思想的终极旨归。归根结底，格林的实践教育哲学思想体现了对民主社会的强烈向往。因为一个社会是否公正的具体表现就在于是否实现了教育民主与主体是否得到了真正解放。③ 以往的教育研究者在处理教育、人、社会三者之间的关系时，往往将教育和人的关系、教育和社会的关系分别加以阐释。这种分析可以让我们深刻地理解教育和人的关系以及教育和社会的关系。然而，人是社会中的人，社会是由人组成的社会，教育是培养人的，教育是在社会历史中发展的。教育、人、社会三者之间有着内在的联系。

---

① ［美］玛克辛・格林：《释放想象：教育、艺术与社会变革》，郭芳译，北京师范大学出版社 2017 年版，第 91 页。

② ［美］玛克辛・格林：《释放想象：教育、艺术与社会变革》，郭芳译，北京师范大学出版社 2017 年版，第 95 页。

③ 徐冰鸥：《阿普尔批判教育哲学思想研究》，博士学位论文，山西大学，2013 年。

一 培养理想社会的理想"新人"

格林的实践教育哲学思想致力于培养理想社会的理想"新人"。格林实践教育哲学思想是在资本主义社会发展过程中产生的。她首先分析了资本主义社会存在的种种问题，及其导致主体的自我困境。循着卢卡奇、马尔库塞、阿伦特等人对资本主义社会的深刻批判和揭露，她意识到资本主义社会本身存在的问题，她更意识到资本主义社会本身存在的问题不能通过资本主义制度本身的发展而解决。格林将思维的触角转向马克思主义哲学。假借杜威的民主社会思想，格林将杜威哲学思想中的马克思主义成分进行了合理的还原。要解决资本主义社会本身的问题，必然要在马克思主义对资本主义社会批判的基础上进行发展。格林虽然没有明确提出替代资本主义社会的共产主义社会形态，但是其明确表达了民主社会是解决资本主义社会问题的"良方"。作为一名教育哲学工作者，她没有像英国"新左派"思想家那样通过工人阶级的意识唤起来变革社会，或者通过大众文化来实现，而是将思想的焦点放到了教育上。因为教育是培养人的实践活动，其培养的人有"理想人"的指向。故而，格林的实践教育哲学一直在对"新人"进行阐释和描述，以期实现人参与社会变革进而实现民主社会之构建的理想。

二 实践为纽带的三维关联

教育、人、社会在格林的实践教育哲学思想中通过"实践"这一纽结取得了内在联系。在格林的思想中，她将教育作为一种自由实践，也即为了自由、在自由中进行的实践活动。为了谁的自由？格林鲜明地指出人本自由，而人的自由是在实践活动中获得的。人在实践活动中获得自由的同时也在变革着社会。正如有研究者指出的，当社会世界被"实践"定义时，我们自己的工作和我们的思想就与世界整合为一体了。[①] 就实践与教育、人、社会之间的关系而言，格林实际上强调了作为主体的教育者和受教育者在教育这一实践活动中进行生命实践，其实践教育哲学思想通过教育实践活动将作为主体的教育者和受教育者导向更为广阔的社会实践之

---

① [英]尼格尔·塔布斯：《教师的哲学》，王红艳等译，山东教育出版社 2014 年版，第79 页。

中。在格林的实践教育哲学思想中，教育不是封闭的培养人的活动，而是与社会实践紧密地联系在一起。在格林看来，作为"自由实践"的教育即是男人和女人以批判性和创造性的方式对待现实，并发现如何参与他们的世界的变革。① 这就要求教育者和受教育者皆成为"具有批判性反思能力的个体"。

综上所述，格林的实践教育哲学思想通过"实践"这一概念揭示了教育、人、社会三者之间的内在关联。这启示我们，在今后的学术研究中，揭示了教育和人的关系、教育和社会的关系之后，要通过实践，将三者的关系呈现出来。研究者要注重从人的自由实践的角度看待教育、社会，也要注重从社会变革实践的角度看教育和人，更要从教育实践的角度去分析人在实践中获得自由和社会在实践中进行变革。

第三节　教师反思的评价之维②

在格林的实践教育哲学思想中，她极为重视教师的反思性批判能力的培养。在"格林的教育者观"部分，我们已经呈现了其关于教师教育的研究和成果。将格林的教师教育思想放到其实践教育哲学思想中考量，我们注意到她是将教师的反思作为一种教育评价的手段进行阐释的。故而，格林的实践教育哲学思想给我们的另一个启示是教师反思的评价之维。

教师反思本身就是教师本人对自我的教育教学行动的评价。研究者普遍认为教师反思是教师专业成长和专业发展的重要途径，这是对教师反思衍生功能的分析。教师反思的本体是评价。教师通过反思，评价自身行动的合理性和有效性，以求教育目的的实现，进而实现自身行动的改进和改善，最终为了在实现教育目的的基础上追求善美的教育行动。研究者对教师反思的本体功能的相对忽略及对教师反思的衍生功能的重视使得实践中的教师反思不尽如人意。对教师反思的评价之维的忽略也影响了教育评价的真实性和有效性。

---

① Maxine Greene，"The Humanities and Emancipatory Possibility"，*The Journal of Education*，Vol. 163，No. 4，1981，pp. 287-305.

② 本部分参见郭建斌《教师反思的评价之维》，《新教师》2020 年第 1 期。

一　教师反思的本体是评价

反思即回头、反过来思考的意思，是思考过去的事情，从中总结经验教训。这是我们对反思的常识性认识。若置于马克思主义哲学的视域，反思是一种实践活动，是主体对自我行为、行动、认识的实践活动，即一种实践活动，存在主体、目的、对象。反思的主体是反思者。反思者可以是个人，也可以是群体。反思的目的是主体想要实现的目的，也即行动所要达成的目的。反思的对象是主体欲达成目的而做出的行为、行动、认识等。整体而言，反思是主体对自我欲实现目的而采取的行为、行动、认识等进行反思的实践活动。

将反思引进教育实践中，出现了教育反思、教师反思、教学反思、学习反思等术语。从发生学的角度来看，这些术语是将哲学的"反思"术语引入教育中。这些术语一旦进入教育学的视域中，则会有教育学的规训进行规范。更进一步讲，这些术语是教育必然会出现的，但将哲学的"反思"引入则是一种偶然。人类的理性能力使得人类的行动、行为和认识具有提前的审视、过后的总结以及过程中的调整。人类的教育活动作为一种实践活动，必然会经过人类理性的审视。当然，反思活动是发生在教育走向自为阶段后出现的思维活动。自在的教育是不会受到理性的审视。即便在教育发展的今天，自在的教育依然存在，没有教育意志和情感的教育活动依然大行其道。自为的教育当然也有很大的市场。在教育行为发生之前，有人类关于教育的审视，也即教育理论指导教育实践。所谓的教育理论就是人类利用其理性能力对教育进行审视的结果。在这个过程中，一方面存在人类对教育的本体思辨；另一方面也有人类对本体思辨结果的反思，还有人类对将要发生的教育行为和行动的反思，也即对教育教学决策和设计的反思。这样的反思毫无疑问是对自我行动的有效性、合理性的反思。在教育教学设计被执行的过程中，教育者也有时时刻刻的反思。因为教育者要时时调整自己的行为以使目标达成。在教育教学活动结束之后，教育者也要对过去发生的行为和行动进行反思。可谓反思活动无时无刻不存在于教育活动的各个时间点。正如有研究者认为的"我什么时候反思？"答案是"什么时候都可以反思"。①

---

① 刘庆昌：《反思性教学的两个问题链》，《课程·教材·教法》2006 年第 8 期。

教育者每时每刻都可以反思，反思什么呢？"我做了什么？—我的做有效吗？—我的做自身合理吗？—我还能怎样做？"① 从这个问题链中不难看出教师的反思就是对自我行为、行动的评价。它是一种独特的评价实践，有其评价的主体——教育者；评价的目的——教育者的教育目的是否达成以及如何更具善美地达成；评价的对象——教育者自身的行动、行为。教育者对自身认识、行为、行动的评价要基于受教育者的变化、反映等进行，即便如此，其也不同于一般意义上的考试等发生在教育领域的评价活动。

综上所述，格林的实践教育哲学启示我们将教师反思作为教师对自身关于教育教学的认识、行为、行动进行评价的实践活动。教师反思的本体是评价。教师反思作为评价不同于诊断性评价、形成性评价、终结性评价等评价活动，而是有其特殊的内涵和结构。

二　教师反思之评价的立足点

将教师的反思活动置于评价的视域下进行审视，我们发现作为评价的教师反思既不同于一般认为的教师反思是教师专业成长的途径等，也不同于常识中认为的考试、考评等教育评价活动。可以说，将教师反思置于评价视域下，使得教师反思和教育评价出现了新的意义，进而使得对"真教育"的评价成为可能。在格林的实践教育哲学思想中，她极为重视教师的批判反思能力的培养。教师的批判反思能力主要是教师在教育过程中的反思，是对自己在教育过程中的观点、行动等进行的反思。教师的反思是促进教育质量提升的重要举措。

（一）基于教育者对教育的评价

说到教育评价，最常见的是考试和学校领导以及教育行政部门等对教师和学校的评估，还有一种是社会公众对学校的议论。② 这些评价活动是实际发生的，也有其独有的价值。但是这些评价均不是源于教育者自身的评价。考试是对教师教的效果及学生学的效果的评价，是一种结果性评价，评价的主体是试卷的出题者；评价的目的是看学生对相关知识、技能、方法等的掌握情况，也有一些衍生的目的，如选拔等；评价的对象是

---

① 刘庆昌：《反思性教学的两个问题链》，《课程·教材·教法》2006 年第 8 期。
② 刘庆昌：《一种弱功利的教育评价哲学》，《教育发展研究》2018 年第 12 期。

学生反映出的东西。学校领导对教师的评价以及教育行政部门对学校办学的评价，显然也是发生在教育之外的评价活动，当其发生之时，教育活动应该说已经结束了，也属于对教育结果的评价。社会公众对教育的议论，仅仅涉及教育活动是否培养出了成功的学生，所谓的"成功"也是世俗的标准。这些评价活动均是站在教育过程之外，主要以教育结果的状况为依据对教育整体进行判定。[①] 以上所述教育评价活动都不是出于教育者自身对教育的评价，因而出现了"外""结果依据""教育整体"。

教育评价仅仅是教育之外的人对教育者的评价吗？以上种种教育评价活动，说到底是"别人"对教育者的评价，既有直接评价，也有间接评价。这些评价活动并非是对具体的教育教学行为、行动的评价，而是一种笼统的对教育结果的评价。教师反思则与以上三种教育评价活动不同，它是教育者基于自己对教育的理解而展开的对自己的教育教学设计、实施、结果的评价。可以看出，教师反思是源于教育者自身的评价，是走进教育过程的评价而不是站在教育过程之外进行评价；是对具体的教育教学认识、设计、行为、行动的评价而不仅仅是对教育结果的评价；是对具体的教育细节的评价，而不是笼统地对教育整体进行评价。

作为评价的教师反思是教育者自己的评价，而不是别人对教育者的评价。上述提到的教育评价皆是别人对教育者的评价。我曾经有一段时间深入一线的中小学课堂，看到一些高校的教育研究者对中小学教师的课程进行评价。我仔细观察过一些老师的眼神和神态，发现一些年轻的教师往往洗耳恭听，不时地做笔记。而一些资历较老的教师则比较轻视高校教师的评课，甚至还会问一些诘难的问题。造成这种状况的原因或许是教育学界老生常谈的问题——教育理论与教育实践脱节。但是从根本上来说是教育理论者的实践质感与教育实践者的理论素养不足造成的。从教育实践者一方来看，要对自己的教育行为进行反思需要一定的依据。若是要对自己的行为是否是教育进行反思，则需要教育的本质、概念等理论基础；若是要对自己的教育行为是否合理、有效进行反思，则需要一定的"好教育的标准""适合学生的教育"等理论。

（二）走进教育过程的评价

对教育自身评价只能是教育者本人进行评价，教育者本人评价教育的

---

① 刘庆昌：《一种弱功利的教育评价哲学》，《教育发展研究》2018 年第 12 期。

手段是反思。因而我们可以说教师反思是教育者对教育本身的评价，而对教育本身的评价必然要走进教育过程。

教师反思不同于站在教育过程之外对教育进行的评价，而是走进教育过程的评价。教育过程是一种自然的过程。当我们说到教育过程，并不是指学校中的日常所有活动，因为发生在学校中的活动并不必然是教育活动。我们所谓的教育过程可以是一个教学课时从起到止，也可以是教师进行管理和训育的过程。教育过程是师生共同进行的一个自然过程，是教育者和受教育者两类人在场的过程，除此之外的任何人走进教育过程都会破坏自然的教育过程，都不是真实的教育过程。日常的学校生活中有一种活动，是同行或者领导进入课堂进行听课，之后还要进行评课。一旦当授课教师与学生听闻有人来听课，那这堂课的表演成分就存在了。不单单是授课教师的表演，学生也存在表演。一听闻有人来听课，授课教师前一节课就会先将要上的课讲一遍，让谁回答什么问题，用什么样的教具等，都是提前做好准备的。可是当没有人听课了，课的样子又恢复到原来的样子。教育过程作为一种自然过程是一个封闭的过程，任何人走进去之后都会打破其自然之态。

只有教育者才能在教育过程之中对教育进行评价，其评价的手段是反思。处在自然的教育过程之中的人是教育者和受教育者。受教育者虽然处在教育过程之中，但是其无法对教育自身进行评价，一方面是无一定的理论基础；另一方面是无法控制教育过程。教育者可以运用自己的反思能力对自己的教学设计、教育行为等进行评价，并适时作出调整。当然，这是建立在教师对教育的理解和把握，对教育过程的控制基础之上的。

（三）立足教育质量形成的评价

源于教育者自身走进教育过程对真实教育进行评价的教师反思是立足教育质量形成的评价。有研究者认为教学质量是教学活动的价值属性，是教学过程功能水平和教学产品能力的总和。由此定义，我们不难看出教学质量包含两个部分，一个是教学过程，一个是教学产品。由此推之教育，教育质量也有教育过程和教育结果的质量之分。对教育结果进行评价是常见的教育评价活动的一贯做法。客观而言，这种评价活动对教育过程中教育质量的形成是没有多大益处的。教育质量的形成有赖于教育过程中师生配合完成教育目标，需要相应的教育策略。

教师反思作为一种评价实践，有助于教育质量的形成。教师反思发生在教育的全过程。在教育教学活动开始之前，教师要进行教学设计，其结果是教案。当教案完成之后，教师要对自己的教学设计进行反思：我这堂课的目标是什么？我要实现教学目标需要什么样的策略？我的策略能否实现预期的效果？除了这样设计，是否还有更好的设计？等等。在实施教学设计的过程之中，教师要对自己发出的行为进行反思：我发出的教育行为有效吗？我发出的教育行为合理吗？我发出的教育行为完美吗？为何我的教没能起到应有的效用？为什么学生们有点疲惫？等等。在教学结束之后，教师也要对自己整体的教育教学行为进行反思：我的设计达到了预期的目标了吗？受教育者的生命是否有所成长？听了我的课与没有听我的课是否有区别？以后要是上这样的课我还能怎么做？等等。无论是教学前对教学决策和设计的反思，还是教学过程中的反思，以及教学之后的反思，都是立足于教育质量的形成。

三 教师反思之评价功能的实现

教师反思欲成为一种评价实践，需要一定的策略。教育实践中一些学校的教案纸上留有教师反思的空格，一些学校要求教师写教学反思。这些行为因为没有置于评价的视域下，因而从操作的意义上说是比较简单的。一些教师因为没有理解教学反思的内涵和价值而将教师反思做成了形式化和应付性的材料，未能发挥作为评价的教师反思的价值。教师反思欲实现评价的功能，需要从以下两个方面加以规范。

（一）教师反思的专业化

教师反思的专业化是从教师反思的操作意义上而言的。从日常教育实践中观察教师反思的内容，一般教师都会从教学目标的达成、课堂气氛、教学效果等层面进行反思。这些反思当然是有意义的。但是从理论的角度来看，这些反思是不专业的。所谓的专业化的教师反思是指教师依据一定的教育教学原则和理论对自身教育教学行为进行的反思。依据"什么是教育"和"教育是什么"等基本理论问题，教师需要反思自身的行为是否是教育行为。依据教育教学目标等基本理论，教师需要反思自身的教育行为是否有效。依据受教育者的发展等基本理论，教师需要反思自身的教育行为是否合理。依据教师专业化等理论，教师需要反思自己的行为还能如何进行有策略的提升。依据教育教学目的和内容的基本理论，教师需要反思使用什么样的教育方式和策略进行设计自身的教育行为。依据教育目的、社会对个体的要求等理论，教师需要反思自己设计的教学目标是否合理以及如何在自己的教育教学中贯彻教育目的等。

教师反思的专业化，在操作的意义上有两个难点：一个是教师对教育基本理论的把握；另一个是教师对反思技术的领会。前一个问题涉及教育学中老生常谈的问题，即教育理论和教育实践的脱节问题；后一个问题涉及教师的哲学素养问题。教师的理论素养和哲学素养提升了，教师反思定会向着专业化的方向发展。

（二）教师反思的有意化和常规化

与教师反思的有意化相对的是教师反思的无意化，与教师反思的常规化相对的是教师反思的间或性。将教师反思置于评价的视域下，教师需要时时刻刻进行反思。在教育实践中，并非不要求教师进行反思，但是能具体执行的教师则少之又少。任何一种观念要落到实处，首先需要将其作为一种制度，用制度要求主体实施。当制度贯彻执行到一定阶段，主体就会有意为之，有时候甚至不做了还会觉得哪里做得不好。一旦当意识介入主体不得不做的事情之后，该事情就会成为主体的一种习惯。教师反思亦如此。教师明确了作为评价的教师反思之意义和价值之后，需要有意为之并将其作为一项常规的行为，将其作为一种教育教学的习惯。如此，教师反思方能很好地发挥评价的功能，才能改进教育教学行为、提升教育教学质量。

第四节　实践哲学与教育哲学关系的理解与诠释

玛克辛·格林的教育哲学思想用实践的思维方式和观点去思考社会和教育问题。将实践的思维方式和观点引入教育哲学，将会使教育哲学的致思方式和研究领域得到拓展。鉴于"实践教育哲学"涉及实践、实践哲学、教育哲学，这启示我们回到哲学史和教育哲学史中去理解和诠释实践哲学与教育哲学之关系。

一　历史视野中的实践及实践哲学

当我们提及"实践"，一连串的哲学家名字会浮现于脑海。亚里士多德、培根、伽达默尔、康德、费希特、谢林、黑格尔、费尔巴哈、马克思、葛兰西、布迪厄、哈贝马斯……这个名单还可以拉长。具体到中国哲学学科中，则有高清海、孙正聿、丁立群、俞吾金、王南湜、张汝伦、徐长福……这个名单也可以再继续。如果按照派别划分的话，马克思主义哲学的实践论、西方马克思主义哲学的实践论、南斯拉夫实践派的人道主义实践哲学、交往或关系实践论、技术实践论、解释学的实践论、实用主义的实践哲学也会不自觉地出现。这些人物和派别的实践及实践哲学思想既有统一的地方，也有存在分歧的地方，甚至有些是完全对立的。作为后来者研究实践，可以说这是一种优势，但也是一种负担，特别是哲学家们对"实践"种种尚未达成一致认识的地方。基于此，我们试图以实践及实践哲学发展的内在逻辑将这些思想贯穿起来，以便贯彻"哲学即哲学史"的思想。

（一）自在的实践及其认识

当"实践"这个词尚未出现的时候，当实践尚未被作为认识的对象而存在的时候，人类的实践就已存在。当我们研究实践的时候，总会追问什么是实践，谁最先对实践下定义，什么样的思想内容或者行为是实践。这符合人类认识的一般规律，这也符合历史研究的一般规律。人们似乎总想找到源头，从发生学的角度做一番考证。客观而言，事物在其产生的时候，是最容易被认识的，因为其更纯粹，相对来说没有多少遮蔽物。然而，这样的研究总是困难的。一方面，当时的先祖们没有留下文字和图像等记载来说明他们所从事的就是实践，也无法说明他们对实践有了一定的认识；另一方面，我们将其界定为"自在的实践"意在说明，即便先祖们所从事的就是实践（在今天看来就是实践），他们也不知道那种行为就是实践，这就是自在的实践。正如有研究者认为的哲学家们一开始并没有注意到实践问题，只是到了后来，当实际生活的震荡将旧有的问题震出裂缝之后，人们才逐渐有所分辨，并将其中某些问题命名为实践问题。①

自在的实践无法通过文字等方式进行研究，而是需要研究者通过后来的文字记载以及使用适切的方法论进行推演。一般的文献追踪"实践"概念时，不约而同地将目光聚焦到亚里士多德的著作中，特别是《尼各马可伦理学》《形而上学》等著作中。这种研究路径在实践哲学史研究中

① 徐长福：《论亚里士多德的实践概念——兼及与马克思实践思想的关联》，《吉林大学社会科学学报》2004 年第 1 期。

已基本达成共识。稍微有所不同的是，一些研究者会将柏拉图的相关思想也纳入，但也仅仅是提及。那么，问题来了，先贤们对实践的认识是发生在一瞬间吗？我想一般研究者都会否认。如果真的是这样的话，研究实践史和实践认识史以及实践哲学史，研究者们的开端就不应该从柏拉图、亚里士多德等人开始，而应再往前追溯。

自在的实践到底是什么样子的，本人给不出答案。提出自在的实践，意在说明实践史研究对象的完整性和整体性。由于先人们对实践的定位以及今天研究者思维方式的限制，笔者在本书中并不试图研究自在的实践。但是提出这个问题是有意义和价值的。如唯物主义者杨贤江曾提出"自有人生，便有教育"的观点。教育当然就是一种实践活动。如果自有人生，就有教育的话，那么是否也可以说"自有人生，便有实践"呢？如果将"实践"从这些话语体系中拉到具体的实践领域，我想研究者应该可以给出自在的实践的样态。果真如此的话，实践史的研究起点将会再往前推。而正如前面提到的，往前推的实践由于其刚刚产生，相对来说没有多少遮蔽物，更容易被认识其本质。而且，我相信在这样的研究过程中，实践的认识史，或者说研究史也会被推进。

当人类的实践认识史发展到一定阶段后，必然会出现革命性的变化。而亚里士多德就充当了实践认识史上的第一个变革者。亚里士多德为什么会有这样的实践观？他当然也是在继承和批判已有认识的基础上形成的认识和思想。从后面实践研究的成果来看，无不是对前人思想的批判、继承和超越。培根如此，康德如此，马克思也是如此。

实际上，在我们说"自在的实践"之前，有研究者已经开始关注"自在的实践"。如徐长福曾指出实践有三种：第一种是没有进入我们语言范围的人们直接改造客体世界的全部活动；第二种是我们在语言中对第一种实践的直接指称；第三种是剥除了第二种实践的表象成分所剩下的作为思维范式的实践。[①] 在这里，徐长福所谓的第一种实践就是我们所说的自在的实践。张汝伦也认为实践一词在古希腊文献中出现的很早，但只是在亚里士多德的哲学中，它才成为一个哲学概念。[②] 王南湜和谢永康认为，尽管亚里士多德以前的哲学家早就以各种方式对"实践的"问题

---

① 徐长福：《从两种实践的区别与联系看马恩的实践思想》，《宜宾师专学报》（社会科学版）1994年第1期。

② 张汝伦：《历史与实践》，上海人民出版社1995年版，第95页。

"发言"，但这些"实践"问题的探讨知识隐含着对"实践的"领域的特定理解，并不能说已具备了实践概念，只是到了亚里士多德那里，这种情况才得到了改变。① 这里足见，自在的实践有一个漫长的历史，人们对其认识也在有意无意地发生着。

（二）进入人类认识视域的实践

自在的实践不会在人类的活动史上存在很久，因为一旦当人类具有自我意识，开始反思人类的思想和行动的时候，实践必然会进入人类的认识视域。一旦当实践进入人类的反思领域，自在的实践就会走向自为的实践。所谓自为的实践就是人类知道自己所从事的活动是实践，而且遵循实践的一些规律、原则等。当然，自为的实践是建立在人对实践的认识和研究的基础上的。从这个意义上来说，实践进入人类的认识视域是从亚里士多德开始的。用亚里士多德的原话，即是"既然我们现在的研究与其他研究不同，不是思辨的，而有一种实践的目的（因为我们不是为了了解德性，而是为使自己有德性，否则这种研究就毫无用处），我们就必须研究实践的性质，研究我们应当怎样实践"②。

1. 亚里士多德的实践观

亚里士多德将人类的活动分为三种主要的形式，理论沉思、实践和制作。理论沉思是对不变的、必然的事物或事物的本性的思考活动。它是不行动的活动。实践和制作则是人对于可因自身努力而改变的事物的、基于某种善的目的的行动的活动。③ 制作是使某事物生成的活动，其目的在于活动之外的产品。实践是道德的或政治的活动，目的既可以是外在的又可以是实践本身。④ 如此一来，理论、实践和制作三类活动之间的区分是明确的。理论与实践和制作的区别主要在于对象是否是不变的，成果是知识还是行动。而实践与制作的区别主要在于目的是内在的还是外在的。在《形而上学》中，亚里士多德依据知识的对象和目的，把知识分为三类：

---

① 王南湜、谢永康：《论实践作为哲学概念的理论意蕴》，《学术月刊》2005 年第 12 期。

② ［古希腊］亚里士多德：《尼各马可伦理学》，廖申白等译，商务印书馆 2009 年版，第 39 页。

③ ［古希腊］亚里士多德：《尼各马可伦理学》，廖申白等译，商务印书馆 2009 年版，第 11 页。

④ ［古希腊］亚里士多德：《尼各马可伦理学》，廖申白等译，商务印书馆 2009 年版，第 11 页。

理论科学是以不变的事物为对象，以确定永恒真理为目的的科学，包括物理学、数学、形而上学；实践科学是以属人的善的实践为对象，以属人的善的实践的实现为目的的科学，包括伦理学和政治学；创制科学是以生产活动为对象，以生产物品为目的的知识，包括诗学和修辞学。① 亚里士多德提出实践是基于其对人类生活世界、人类活动、人类知识的划分而来。通过这种系统的三分法，亚里士多德一方面把实践活动从总体性的人类活动中剥离出来并归入人类反思的领域，使之由常识性术语擢升为哲学范畴；另一方面则把实践哲学从哲学中分离开来，确立了它相对独立的学科地位。② 暂且不论亚里士多德是不是将实践哲学从哲学中分离出来，在此仅考察其对实践做的质的规定。

第一，实践是以本身为目的的。实践不是屈从于一个外在的善的活动，它自身的善也是目的。③ 也有研究者认为实践以本身为目的，它对伦理之知的应用，是实践本身所必然的，因为伦理之知只有在实践处境中最终存在。④ 按照亚里士多德的分离，理论思辨活动以追求真理为目的，创制则是以生产活动的产品为目的，只有实践是以本身为目的的。实践是以自身为目的的道德的或政治的活动，是人对于可因自身努力而改变的事物的、基于某种善的目的的行动的活动，表达着逻各斯（理性），表达着人作为一个整体的性质（品质）⑤。实践的目的内在于自身首先意味着目的与活动过程是同一的⑥。

第二，实践的逻各斯只能是粗略的、不很精确的。这是亚里士多德的原话。亚里士多德认为："我们的共同意见是，要按照正确的逻各斯去做。但是，实践的逻各斯只能是粗略的、不很精确的……实践与便利问题就像健康问题一样，并不包含什么确定不变的东西。"⑦ 实践处于变化的社会历史领域，它面对的是易变的具体事物，所以，普遍性的认知对实践

① 李长伟：《实践哲学视野中的教育学演进》，湖北科学技术出版社 2012 年版，第 1 页。

② 文翔：《马克思实践哲学的源流及重构思路》，人民出版社 2016 年版，第 28—29 页。

③ ［古希腊］亚里士多德：《尼各马可伦理学》，廖申白译，商务印书馆 2009 版，第 12 页。

④ 金生鈜：《教育哲学是实践哲学》，《教育研究》1995 年第 1 期。

⑤ ［古希腊］亚里士多德：《尼各马可伦理学》，廖申白译，商务印书馆 2009 版，第 11 页。

⑥ 丁立群：《何为实践哲学？——对亚里士多德的回溯与超越》，《马克思主义与现实》2017 年第 2 期。

⑦ ［古希腊］亚里士多德：《尼各马可伦理学》，廖申白译，商务印书馆 2009 版，第 39 页。

没有重要的意义。同时，实践是一种道德活动，在道德活动中，个人经常处于一种特殊的境况中，无法靠普遍的原则决定行动。①

第三，实践是反思人类行为的概念。在亚里士多德看来，实践活动乃是生命的活动。故而，有研究者认为在亚里士多德哲学中，"实践"还是有多义的。"实践，或行为可用于一切有生命的东西……甚至有生命的东西的部分和器官。"② 只是在亚里士多德的伦理学语境中，实践不再具有宇宙学和生物学的意义，而成为一个特殊的人类学范畴。"人是确定行为的起源和原则，在一切有生命的东西中，只有他，而没有其他任何东西可以说在行为。""动物没有实践。"③ 实践哲学是指导人行动的学说，实践的思考以行为为目的。④

第四，实践之知即是实践智慧。实践智慧在于深思熟虑，判断善恶以及生活中一切应选择或应当避免的东西，很好地运用存在于我们之中的一切善的事物，正确地进行社会交往，洞察良机，机敏地使用言辞和行为，拥有一切有用的经验。⑤

第五，实践是自由的活动。实践是无条件的、自由的活动，无论是伦理行为还是政治行为作为实践，都是以人的自由为前提的，亚里士多德在两个方面规定了实践的自由性质：实践是一种自足，即自我完满不依赖于外在条件的活动；实践的主体是摆脱了生存压力的、有充分闲暇时间的自由贵族阶级。⑥

综上所述，实践进入人类的认识视野是从亚里士多德开始的。为什么不用"实践哲学"，主要原因有二：一是实践学和实践哲学不同，亚里士多德对实践的认识虽然包含在笼统的哲学之中，但是尚未像思考理论哲学那样思考实践哲学，正如有研究者认为的，"如果严格按亚里士多德自己

---

① 丁立群：《何为实践哲学？——对亚里士多德的回溯与超越》，《马克思主义与现实》2017 年第 2 期。

② 张汝伦：《历史与实践》，上海人民出版社 1995 年版，第 95 页。

③ 张汝伦：《历史与实践》，上海人民出版社 1995 年版，第 95 页。

④ 丁立群：《何为实践哲学？——对亚里士多德的回溯与超越》，《马克思主义与现实》2017 年第 2 期。

⑤ 文翔：《马克思实践哲学的源流及重构思路》，人民出版社 2016 年版，第 49—50 页。

⑥ 丁立群：《何为实践哲学？——对亚里士多德的回溯与超越》，《马克思主义与现实》2017 年第 2 期。

的标准论事，他的实践之学是不能叫做哲学的"①。二是因为细致推敲亚里士多德对实践的认识，其主要是对伦理学和政治学的认识，而不是对实践本身的认识，他是将人类的活动、知识划分为三类之后，进而对每一类知识或者说每一领域进行研究，这也是后来有研究者提出元实践学的原因②。当然，即便亚里士多德对实践的认识尚未上升到实践哲学的维度，但是并不影响其在实践认识中的重要地位和其对实践所做的哲学思考。

2. 培根的技术实践论

随着中世纪的结束和基督教世界框架的消解，西方文化界普遍产生了一种世俗化倾向，伴随着这种世俗化倾向，实践逐渐为创制所取代，创制的功利主义替代了实践的道德主义，同时，亚里士多德关于实践智慧的思想经过中世纪的演变，逐渐渗入了技艺和技术性因素，使实践智慧含义被篡改，亚里士多德的实践智慧理论日渐式微。③ 培根把亚里士多德实践哲学拒斥的"制作"与近代实验自然科学相结合，开创了另一种实践哲学：技术实践论。④ 虽然实践哲学界对培根的技术实践论颇有微词，但是，一方面，培根形成的技术实践论有其时代背景；另一方面，对其技术实践论的研究有助于我们重思亚里士多德的实践认识，进而避免在科学技术日益发达的今天，重蹈亚里士多德的覆辙。

技术实践论的产生有其时代背景——科学技术意识形态化。研究者认为到了近代，当理论由古希腊的宗教概念演变为近代的知识概念，制作由工匠的手艺演变为技术并与科学的理论知识相结合之后，便产生了现代科学技术。⑤ 现代科学技术的进步极大地促进了生产力发展，同时也产生了巨大的社会效应。但是，这种发展也使人们产生了一种幻觉，仿佛科学技术不仅可以解决物质问题，而且可以解决意义问题以及一切社会问题，从而产生了唯科学主义。⑥ 培根的技术实践论正是在这样的时代背景下产生的。推敲培根的技术实践论，其颠覆了亚里士多德实践的内涵和范围。

---

① 徐长福：《亚里士多德实践哲学的理论特质》，《学习与探索》2006 年第 4 期。

② 徐长福：《元实践学与异质性理论——对一套实践哲学研究方案的说明》，《现代哲学》2007 年第 1 期。

③ 丁立群：《亚里士多德实践智慧思想及其复兴》，《世界哲学》2013 年第 1 期。

④ 丁立群：《实践哲学：传统与超越》，北京师范大学出版社 2012 年版，第 40 页。

⑤ 丁立群：《亚里士多德实践智慧思想及其复兴》，《世界哲学》2013 年第 1 期。

⑥ 丁立群：《亚里士多德实践智慧思想及其复兴》，《世界哲学》2013 年第 1 期。

第一，模糊了实践和创制的边界。在亚里士多德看来，实践与创制有很大的区别，是两类不同的群体从事的不同的活动。实践的目的在自身，而创制则是以生产的产品为目的。培根则将近代的创制活动纳入了实践活动的范围之内，模糊了实践和创制的边界。在培根看来，有两种实践，一种是在物理学之下的机械学，另一种是在形而上学之下的所谓幻术。①

第二，把实践由道德伦理领域拉到了自然哲学领域。按照亚里士多德的认识，实践之学主要是伦理学和政治学，其主要是处理人与人之间的关系。而培根所开创的技术实践论主要是对自然的探索。

第三，改变了实践的含义，引出了理论和实践关系的矛盾。在近代科学技术发展以及英国经验论传统之下，培根直接将实践等同于科学的技术化。这实际上已经改变了亚里士多德意义上的实践含义。实践含义的变化直接引出了理论和实践关系的问题。在亚里士多德看来，理论和实践是两类不同的活动。但是培根将科学和理论与实际的应用结合起来，科学变成了一种技术原理，理论变成了实用的工具。②

培根的技术实践论虽然颠覆了亚里士多德所开创的实践之学的传统，但是客观而言，其形成有一定的时代背景和认识论传统。培根所形成的技术实践论传统后来遭到了海德格尔、伽达默尔、伯恩斯坦等人的批评，也遭到了法兰克福学派、生态哲学和生态伦理学派的批判。

我们仅以亚里士多德和培根为代表分析了实践进入人类的认识领域的过程，他们二人也确实形成了西方哲学史上两种不同的实践哲学传统。虽然后世的研究者将亚里士多德和培根的实践观称为实践哲学，但是客观而言，他们并未真正提出实践哲学这一名词，而真正提出实践哲学这一名称的是沃尔夫。沃尔夫虽然提出了"实践哲学"这一名词，却未对实践哲学进行深入的研究，仅是从划分哲学知识的角度区分了理论哲学和实践哲学。真正对实践哲学进行研究的是康德。

3. 实践哲学的出场

虽然西方哲学史研究者普遍认为实践哲学发端于亚里士多德，但是亚里士多德并未提出"实践哲学"这一名称，亚里士多德使用的是"实践

---

① 参见［英］培根《新工具》，许宝骙译，商务印书馆 1984 年版，第 99—109 页。
② 丁立群：《亚里士多德实践智慧思想及其复兴》，《世界哲学》2013 年第 1 期。

之学"一词。在《形而上学》第六卷第一章中，亚里士多德把学科（或学问、学术、科学）分为三种：理论之学、实践之学和制作之学。① 其中，实践之学主要包括伦理学和政治学。

首次提出"实践哲学"一词的是德国哲学家沃尔夫。沃尔夫给哲学作了有系统的、适当的分门别类，沃尔夫将哲学分为两类，一类是理论哲学，另一类是实践哲学。理论哲学即是形而上学，包括本体论、宇宙论、理性灵魂学、自然神学；实践哲学包括自然法、道德法、国际法或政治法、经济学。② 沃尔夫虽然提出了"实践哲学"，但是并未给"实践哲学"一个界定。

实践哲学的出场是从康德开始的。一方面研究者已经认识到"在亚里士多德那里，'作为哲学理论'的理论哲学与实践毫不相干，而与实践直接关联的'实践之学'和'创制之学'却算不上是哲学。如是，实践之学还不是真正意义的实践哲学，尽管它具有某种思辨的韵味。"③ 正如有研究者认为的："在亚里士多德那里，实践哲学以人的行为作为研究对象，主要包括伦理学和政治学。当然，严格地讲，在亚里士多德那里，只有理论之学才叫做哲学，实践之学还不能叫做哲学。"④ 另一方面，康德通过纯粹理性批判，发现了"理论理性的有限性"，理论并不能完全解决"做"的问题，"做"问题另有一套法则，关于"做"的理论也必须纳入人类反思的领域。⑤ 基于此，康德系统构筑了一个由对应人的知、情、意三种基本机能的理论哲学（认识论）、审美哲学（美学）和实践哲学（伦理学）组成的知识体系。⑥ 这即是实践哲学的出场。

康德同样是将哲学划分为理论哲学和实践哲学，在他看来，二者区分的标准是自然和自由。"一切被设想为通过意志而成为可能（或必然）的东西，就叫做实践上可能（或必然）的，以与某个结果的自然的可能性或必然性区别开来，后者的原因不是通过概念（而是像在无生命的物质

---

① 徐长福：《何谓实践哲学》，《理论与现代化》2007 年第 4 期。

② ［德］黑格尔：《哲学史讲演录》（第 4 卷），贺麟等译，商务印书馆 2017 年版，第 210—211 页。

③ 文翔：《马克思实践哲学的源流及重构思路》，人民出版社 2016 年版，第 57 页。

④ 徐长福：《何谓实践哲学》，《理论与现代化》2007 年第 4 期。

⑤ 文翔：《马克思实践哲学的源流及重构思路》，人民出版社 2016 年版，第 67 页。

⑥ 文翔：《马克思实践哲学的源流及重构思路》，人民出版社 2016 年版，第 68 页。

那里通过机械作用，在动物那里通过本能）而被规定为原因性的……如果规定这原因性的概念是一个自然概念，那么这些原则就是技术上实践的；但如果它是一个自由概念，那么这些原则就是道德上实践的……前一类原则就属于理论哲学（作为自然学说），后一类则完全独立地构成第二部分，也就是（作为道德学说的）实践哲学"。[①]

康德实践观的提出与康德将我们认识的对象划分为现象和物自体有很大的关系。康德认为："解决问题的关键终于被找到了，尽管在最初的使用中是生疏的，因而也是困难的。这一关键在于，所有给予我们的对象（all objects）能够按照两种方式得到说明：一方面是现象（appearances）；另一方面是物自体（thing in themselves）。如果人们把现象看作物自体，并要求在现象中，从条件的序列去推知绝对无条件的东西，人们就会陷入矛盾之中。然而，只有当人们明白，在现实中，不可能存在任何完全无条件的东西，无条件的东西仅仅是物自体时，这些矛盾才会被消除。此外，如果人们把物自体（能够包括世界上某些东西的条件）看作一种现象，也会造成没有任何东西是必要的这样的矛盾，举例来说，自由问题就是如此；一旦人们注意到对象可能具有不同的意义，这种矛盾也就自行消除了。"[②] 研究者认为，在康德看来，现象关涉自然的必然属性，属于思辨理性、理论哲学或自然哲学的范围，在这个范围内起立法作用的是知性；而物自体关涉人的意志和自由，属于实践理性、实践哲学或道德哲学的范围，在这个范围内起立法作用的是理性。[③] 在《判断力批判》的导论中，康德认为哲学有理由被划分为原则上不同的两个部分，即作为自然哲学的理论部分和作为道德哲学的实践部分。西方哲学史上自此有了实践哲学的位置，且与理论哲学二分天下。

康德对"两种实践"——技术的实践活动和道德的实践活动——做了区分。按照康德对现象和物自体以及理论哲学和实践哲学的划分，对应亚里士多德的实践观，康德的实践就是道德的实践活动。然而，康德所处的是 18 世纪，亚里士多德意义上的实践已经被培根的技术实践所遮蔽，

---

① ［德］康德：《判断力批判》，邓晓芒译，人民出版社 2002 年版，第 6 页。

② Immanuel Kant, *Philosophical Correspondence* (*1759-1799*), Chicago: The University of Chicago Press, 1970, p. 103.

③ 俞吾金：《一个被遮蔽了的"康德问题"——康德对"两种实践"的区分及其当代意义》，《复旦学报》（社会科学版）2003 年第 1 期。

康德考虑到了这个问题。康德意识到了当时的人们对实践概念的普遍的误解和误用，即人们把现象领域内的活动和物自体领域内的活动通通理解为实践活动，而按照康德的理解，他仅仅把物自体领域内的活动理解为实践活动。当个人的思想与现实发生冲突时，康德该怎么办？考虑到人们对实践概念的误用由来已久且已经根深蒂固，康德不得不退一步接受现实，即按照流俗的见解，把现象领域内的活动也称作实践，但他同时也进了一步，为了维护真正意义上的实践概念，提出了"两种实践"的学说，主张把"遵循自然概念的实践"与"遵循自由概念的实践"严格地区分开来。① 虽然康德在理想和现实面前，选择了对现实的妥协，将实践划分为两种不同的类型，但是在康德的语境中，其实践概念真正地是指"道德地实践"，研究这样的问题的哲学，即是康德所说的实践哲学。

康德的实践哲学以理性的自主性原则为出发点，把实践规定为理性规定意志并通过意志达到目的的活动。② 康德的实践哲学导致了实践之知与实践分离的"知道什么"的"知道"或者"理论性知识"，只要"知德"就能"行德"从而不再是只有处于实践通过实践亲身体察才可获致的真正的实践之知。③ 正如有研究者认为的康德的实践哲学实际上远离了人基本的、具体的和历史的实践行为，而只是盘桓在高于尘世的理性王国，以理性的产物为唯一的反思对象，以理性及其自主性为最高原则。这样，古老的实践哲学实际上蜕变为又一种先验的理论哲学……④

康德的实践及实践哲学观自然有其缺陷所在，特别是他将全部的对象划分为现象和物自体的做法，直接导致了主客二元对立。再加上后来物自体概念的消解以及实证主义的蔓延，导致康德"道德地实践"被遮蔽。但是康德在哲学中首次为实践哲学找到位置，并将实践活动区分为"技术地实践"和"道德地实践"对后世的影响也是非常大的。后世继承康德并超越康德实践哲学的当是费希特和黑格尔了。费希特把客体作用于主体称作"理论活动"，把主体创造客体称作"实践活动"。黑格尔则将实践活动看成是达到真理的内在环节，是绝对理念自我运动过程的一个环

①　俞吾金：《一个被遮蔽了的"康德问题"——康德对"两种实践"的区分及其当代意义》，《复旦学报》（社会科学版）2003年第1期。

②　李长伟：《实践哲学视野中的教育学演进》，湖北科学技术出版社2012年版，第84页。

③　李长伟：《实践哲学视野中的教育学演进》，湖北科学技术出版社2012年版，第85页。

④　张汝伦：《历史与实践》，上海人民出版社1995年版，第157页。

节。因为费希特和黑格尔的实践哲学思想都具有某种程度的不彻底性，在此，不再一一赘述。

国内研究者多将马克思主义哲学定性为实践哲学。学者们主要依据的是《关于费尔巴哈的提纲》和《德意志意识形态》，还有贯穿于马克思主义整个思想的实践的思维方式。研究者多认为"哲学家们只是用不同的方式解释世界，问题在于改变世界"① 是马克思的实践哲学的宣言。② 在《德意志意识形态》中，马克思恩格斯认为："实际上，而且对实践的唯物主义者即共产主义者来说，全部问题都在于使现存世界革命化，实际地反对并改变现存的事物。"③据此，研究者将马克思主义的实践哲学定性为实践唯物主义。

马克思的实践哲学是对西方两千多年来的理论哲学的颠覆。自亚里士多德之后，西方哲学走上了一条视理论活动为最根本活动的理论哲学的道路，直到马克思才颠覆了这一形而上学传统，将实践活动视为最为根本性的活动。④ 实践概念在马克思哲学中有着根本性的地位。在《关于费尔巴哈的提纲》中，马克思多次使用了"实践"这一语词，并做出了分析。在区分"从前的一切唯物主义"和马克思自己的唯物主义时，马克思认为："从前的一切唯物主义（包括费尔巴哈的唯物主义）的主要缺点是：对对象、现实、感性，只是从客体的或者直观的形式去理解，而不是把它们当做感性的人的活动，当做实践去理解，不是从主体方面去理解。"⑤，这就表明，马克思的唯物主义是把对象、现实、感性当做实践去理解的。这也就是马克思唯物主义的基调。关于思维的问题，马克思在《关于费尔巴哈的提纲》中说："人的思维是否具有客观的［gegenstä ndliche］真理性，这不是一个理论的问题，而是一个实践的问题。人应该在实践中证明自己思维的真理性……"⑥ 这又是一个将哲学从形而上学拉回到人的现

---

① 《马克思恩格斯文集》（第 1 卷），人民出版社 2009 年版，第 502 页。

② 徐长福：《关于实践问题的两个第 11 条——〈形而上学〉卷 3 第 11 条和〈关于费尔巴哈的提纲〉第 11 条钩沉》，《中山大学学报》（社会科学版）2004 年第 6 期。

③ 《马克思恩格斯文集》（第 1 卷），人民出版社 2009 年版，第 527 页。

④ 王南湜：《从实践意图看马克思主义理论的整体性》，《南开学报》（哲学社会科学版）2008 年第 4 期。

⑤ 《马克思恩格斯文集》（第 1 卷），人民出版社 2009 年版，第 499 页。

⑥ 《马克思恩格斯文集》（第 1 卷），人民出版社 2009 年版，第 500 页。

实生活中的创举。关于社会生活的本质，马克思认为："全部社会生活在本质上是实践的。凡是把理论引向神秘主义的神秘东西，都能在人的实践中以及对这种实践的理解中得到合理的解决。"① 这可以说是马克思对理论和实践关系的重新定位，使得理论服从于实践。《关于费尔巴哈的提纲》中的核心思想汇聚到了第 11 条，即 "哲学家们只是用不同的方式解释世界，问题在于改变世界"②。这就区别了马克思的哲学与以往哲学，以往哲学多停留在解释世界上，而马克思的实践哲学就是要在解释世界的基础上改变世界。

马克思主义的实践观认为，实践是人有目的、有意识改造世界的客观物质活动，是人所特有的主观见之于客观的对象性活动。③ 实践具有客观物质性、直接现实性、能动创造性、社会历史性等特点。综观马克思的实践观，其内涵包含以下几个方面。

第一，实践是改变世界的活动。"哲学家们只是用不同的方式解释世界，问题在于改变世界。"④ 在这一被看作马克思实践哲学宣言的第 11 条中，马克思清晰地表明其哲学就是为了改变世界。需要说明的是马克思在强调改变世界时，并不否认解释世界。有研究者认为马克思在这一条中对传统的解释世界的哲学进行了批判，甚至否定了解释世界的哲学。这显然是不符合马克思的实践观的。马克思认识到以往的哲学仅是在形而上学的范围内讨论问题，而这样的讨论并不能真正解决问题，故而哲学要在解释世界的基础上改变世界。这可谓是马克思实践观中认识世界、解释世界和改变世界的辩证法。

第二，实践是主体有目的的活动。"实际上，而且对实践的唯物主义者即共产主义者来说，全部问题都在于使现存世界革命化，实际地反对并改变现存的事物。"⑤ 这一句话表明马克思的实践是主体有目的的活动。所谓的目的就是改变现存的事物，所谓的主体就是实践的唯物主义者，也即共产主义者。实际上，马克思主义哲学一直在强调主体性，但是其所谓的主体性并不是主观能动性，或者说主体性是表现为主观性、能动性、创

---

① 《马克思恩格斯文集》（第 1 卷），人民出版社 2009 年版，第 501 页。
② 《马克思恩格斯文集》（第 1 卷），人民出版社 2009 年版，第 502 页。
③ 《马克思主义大辞典》，崇文书局 2017 年版，第 21 页。
④ 《马克思恩格斯文集》（第 1 卷），人民出版社 2009 年版，第 502 页。
⑤ 《马克思恩格斯文集》（第 1 卷），人民出版社 2009 年版，第 527 页。

造性等，而是强调现实的人，是社会关系中的人。关于目的性，我们认为人类有意识的活动都是有目的的，区别在于目的和过程是否分离。在马克思实践视野中，目的和过程是统一的。比如马克思认为共产主义是在反对现存社会的过程中产生的，不是树立了一个目标，有待人们去实现的。用马克思的原话讲，即是"共产主义对我们来说不是应当确立的状况，不是现实应当与之相适应的理想。我们所称为共产主义的是那种消灭现存状况的现实的运动。这个运动的条件是由现有的前提产生的"①。

第三，实践是一个本体论概念。关于马克思的实践在其哲学中是认识论的还是本体论的，国内研究者持不同的观点。传统的马克思哲学教科书中一般将"实践"放在认识论框架下进行解释。这种认识是受苏联教科书的影响，典型的即是实践和认识的关系研究。从马克思的文本来看，有研究者认为马克思实践哲学的本质是生存论的本体论。② 马克思哲学中的实践主体是从事现实活动的人，马克思又说："人的本质不是单个人所固有的抽象物，在其现实性上，它是一切社会关系的总和"③，"全部社会生活在本质上是实践的"④。有研究者认为实践哲学的本体化进路，是指一种将实践视为世界本体的哲学倾向，这是一条以马克思早期思想为文本依据，由西方马克思主义着力加以阐发，并在新时期中国学界得到发扬的实践哲学进路。⑤ 这些观点足以证明马克思的实践概念是其哲学中的本体论概念，而不仅仅是认识论范畴的概念。

第四，实践是一种思维方式。高清海先生《哲学与主体自我意识》一书的副标题是"论马克思实践观点的思维方式"，可见，其将实践作为马克思哲学的思维方式。在该书的序中，他认为："马克思主义哲学的伟大贡献，就在于从造成对立世界的根源中，发现了把属人世界与自然世界，主观世界与客观世界统一起来的现实基础。属人世界与自然世界的统一的基础就是人作为主体的实践活动。马克思主义哲学提出实践观点，这就意味着人类从此掌握了用以观察世界事物的一种崭新的思维方式。实践

---

① 《马克思恩格斯文集》（第 1 卷），人民出版社 2009 年版，第 539 页。

② 俞吾金：《如何理解马克思的实践概念——兼答杨学功先生》，《哲学研究》2002 年第 11 期。

③ 《马克思恩格斯文集》（第 1 卷），人民出版社 2009 年版，第 501 页。

④ 《马克思恩格斯文集》（第 1 卷），人民出版社 2009 年版，第 501 页。

⑤ 徐长福：《实践哲学的若干进路及其问题》，《天津社会科学》2002 年第 6 期。

观点是从主体与客体、主观与客观、主观世界与客观世界、属人世界与自然世界在人的现实活动中表现的对立统一的联系出发去看待一切事物的起点。"① 在马克思主义哲学中，实践不仅仅是一个研究对象的问题，还是一种哲学的思维方式问题。

自马克思以后，研究实践哲学的学术成果就比较富足了。正如有研究者认为："实际上黑格尔以后的现代哲学，在总体上是某种意义上的实践哲学，也是在这个意义上的反形而上学。"② 也正是在这些"富足"的研究成果中，"实践哲学"的内涵出现了多元化。

"实践哲学"这一名词出现之后，不同时期的研究者基于不同的考虑做出了不同的界定。

文德尔班认为："实践哲学研究的是为理想、目的所决定的人类活动问题，它包括以此为核心内容的社会哲学、历史学、法律哲学、宗教哲学、伦理学、心理学和美学，等等。"③

赫费认为："若既从个人层面又从机构性层面对人的行为进行研究，不难发现，伦理学、社会哲学、政治哲学以及法哲学和国家哲学均属于实践哲学。从较为广泛的意义上来讲，哲学人类学、历史哲学及宗教哲学也属于实践哲学……它们的存在取决于人，取决于他的需求及利益、他的希望、期盼以及他的合乎规范的评论。"④

伽达默尔和狄尔泰意义上的实践哲学是指人文科学的方法论基础、基本原理以及研究范式。⑤

王南湜认为："人们进行哲学思维的理论大致上可划分为理论哲学和实践哲学两种。这两种可能的哲学理论是由理论与生活实践的关系决定的。一种哲学理论，如果认为理论思维为生活实践的一个构成部分，理论

① 高清海：《哲学与主体自我意识：论马克思实践观点的思维方式》，北京师范大学出版社2017年版，序5—6页。

② 倪梁康：《本期视点：欧陆哲学的总体思考：海德格尔思想比较研究》，《求是学刊》2005年第6期。

③ ［德］文德尔班：《哲学史教程》（上册），罗达仁译，商务印书馆1996年版，第32—33页。

④ ［德］赫费：《实践哲学——亚里士多德模式》，沈国琴等译，浙江大学出版社2011年版，前言。

⑤ 丁立群：《何为实践哲学？——对亚里士多德的回溯与超越》，《马克思主义与现实》2017年第2期。

思维并不能从根本上超出生活，并不能在生活之外找到立足点，认为理论理性从属于实践理性，它就是实践哲学的理论；一种哲学理论，如果认为理论理性可以超越生活，在生活之外找到自己的阿基米德点，认为理论理性高于实践理性，它就是理论哲学的理路。"① 在另一篇文章中，王南湜认为："一般而言，实践哲学在西方哲学的传统中主要是用于哲学门类的划分，它与理论哲学相对，主要指以人类行为或人际交往领域为研究对象的哲学。"②

徐长福认为："实践哲学必然包含两个面向：一是关于实践的哲学，即对实践的理论解释；二是作为实践的哲学，即实际地对人们的实践发生影响。"③

丁立群认为："通常所说的'实践哲学'有两种含义，即'具有实践性质的哲学'和'关于实践的哲学'，前者包括伦理学、道德学、政治学、法学以及各种行为学科，后者是把实践本身作为一个哲学问题来研究。"④ 而后的一篇文章中，丁立群通过对实践以及实践哲学的回溯，认为："实践哲学是一种伦理学，但它不是狭义的伦理学，而是关于社会历史之目的、意义以及人生存的本质及其意义的理论，是一种广泛意义的伦理学。这种广泛意义的伦理学是人文科学这种实践科学合法性的基础，是人文科学的哲学……实践哲学把人的行为看作一个整体，在这一整体中，人与自然的关系绝非自在的关系，而只能是一种为'善'所设定的关系。因此，实践哲学又是一种立足于人的现实和未来存在而对整个世界的理解。"⑤

以上我们列举了几种对"实践哲学"的认识的观点。当然，还有很多不同的观点，我们在此不一一列出。从以上几个定义不难看出，研究者对"实践哲学"内涵的把握存在以下几个方面的分歧：其一，如何处理

---

① 王南湜：《新时期中国马克思主义哲学发展理路之检视》，《天津社会科学》2000 年第 6 期。

② 王南湜、谢永康：《走向实践哲学之路——王南湜教授访谈》，《学术月刊》2006 年第 5 期。

③ 徐长福：《关于实践的哲学与作为实践的哲学——中国马克思主义实践哲学范式的危机与出路》，《学习与探索》2008 年第 6 期。

④ 丁立群：《亚里士多德的实践哲学及其现代效应》，《哲学研究》2005 年第 1 期。

⑤ 丁立群：《何为实践哲学？——对亚里士多德的回溯与超越》，《马克思主义与现实》2017 年第 2 期。

理论哲学和实践哲学的关系问题；其二，如何处理"实践哲学"中的"实践"对应 practice 还是 praxis 的问题；其三，如何处理"实践哲学"具有的关于实践的哲学和作为实践的哲学的两面的问题。

引出研究者关于"实践哲学"界定中存在的分歧，笔者在此也不试图给"实践哲学"做一个新的界定，而是做一些规定。关于理论哲学和实践哲学的关系问题，有研究者认为哲学可被划分为理论哲学和实践哲学，二者的研究对象不同，有研究者认为实践哲学是对理论哲学的颠覆，认为自黑格尔开始，或者说从马克思算起，哲学就等同于实践哲学。在这个问题上，本书中格林的实践教育哲学思想中实践哲学中的实践取马克思哲学中将实践作为一种思维方式之意。这即是以实践为本体，寻求一种实践的思维框架，进而对全部人类问题作出统一的解释。关于 practice 和 praxis 的问题，本书认为马克思本人在表述的过程中，有时使用 practice，有时使用 praxis，似乎混淆，其实二者是有明显的区别的。Practice 主要指人对自然，而 praxis 主要指人对人。在本书中，因为研究的是教育这一人类活动，故而实践取 praxis 之意。关于"实践的哲学和作为实践的哲学"的问题，我们认为实践哲学理应包括纯哲学中的实践哲学和具体部门中的实践哲学。前者是对实践本身的研究，属于徐长福所谓的"元实践"的范畴，或者说是对"实践"的元研究，后者是为具体的实践活动中的主体提供思想的实践哲学。如具体到教育实践中，实践哲学就是要为教育者提供关于教育的思想，进而形成教育者的教育智慧、教育精神和教育信念。

二　实践哲学与教育哲学的联姻

"教育哲学"一词首先出现于 1886 年。1886 年，美国教育家布莱克特翻译出版德国哲学家罗森克兰兹《教育学体系》（1848 年版）一书时，将该书的名字译为《教育哲学》。译者在前言中说："人们普遍地感觉到需要一种真正的教育哲学，相信眼前这本书能够满足这种需要……一本著作要享有这个称号，不仅论述应该系统，它所有具体的观点也须拿到最高的哲学原理下加以检验。"[①] 19 世纪末 20 世纪初之后，一些教育哲学著作相继出版。如：1899 年德国哲学家那托普出版的《社会教育学》（也译为

---

①　石中英：《教育哲学》，北京师范大学出版社 2007 年版，第 59 页。

《哲学与教育学》）、1904 年美国教育家霍恩出版的《教育哲学》、1912
年美国教育家麦克文纳出版的《教育哲学教程纲要》、1916 年杜威出版的
《民主主义与教育》（副标题为"教育哲学导论"）等。此后，根据不同
的哲学流派，教育哲学也形成了不同的派别，如存在主义教育哲学、现象
学教育哲学、马克思主义教育哲学、分析教育哲学等等。

　　"教育哲学"一词产生之后，不同时期的不同研究者对其有不同的界
定。关于研究者对"教育哲学"的界定，我们在此不一一列举，关于国
内研究者对"教育哲学"的定义，参见侯怀银的《20 世纪上半叶中国学
者对教育哲学学科建设的探索》和《20 世纪下半叶教育哲学学科建设的
本土探索》等文章。另外一些相关的国内外研究者对"教育哲学"的界
定则散见于各个以"教育哲学"命名的著作和教材以及相关的论文中。
这里需要提及的是有研究者对已有关于教育哲学界定的评价：

　　　　已有的教育哲学基本上是一种演绎的学问。其演绎形式主要有以
　　下四种：一是对哲学研究对象的研究，如主张教育哲学是研究教育领
　　域思维与存在的关系问题，教育哲学是关于教育普遍规律的学科等观
　　点，就是根据哲学研究对象演绎而来的；二是对哲学研究方法的演
　　绎，如分析主义教育哲学就是将分析哲学的逻辑经验实证和语言分析
　　方法，运用于分析教育概念和教育命题而形成的一种学术性教育思
　　潮；三是对哲学体系的演绎，如以马克思主义哲学体系为根据建立的
　　教育哲学体系；四是对哲学观点的演绎，如认为教育哲学是用一定哲
　　学观点和方法研究教育基本问题的学问。①

　　该研究者对已有教育哲学界定的评价基本上涵盖了已有研究者关于
"教育哲学"的界定。这些界定如何呢？该研究者认为："以演绎为基本
属性和基本研究方法的教育哲学，虽也对教育者有所启迪，也要表达一定
的教育信念，但怎样也算不上是教育的智慧之学。原因有二：一是演绎的
教育哲学是'借来'的，而非教育者创造的，即便有智慧，也是哲学的
智慧，而非教育的智慧；二是演绎的教育哲学，多以'学问'为目的，
从出发点上就少有为教育者服务的企图。因此，已有的教育哲学只是教育

---

　　① 刘庆昌：《教育者的哲学》，中国社会出版社 2004 年版，第 4 页。

学问家津津乐道的，它与教育者并无太大的关系。"①

　　真正的教育哲学究竟是什么呢？研究者认为教育哲学是哲学，而不是哲学的演绎；教育哲学是教育者的哲学，而不是哲学家的教育学。进而言之，研究者认为由教育者创造的、教育者能够拥有的和教育者愿意拥有的教育哲学，才可能成为教育者的哲学。如此，教育哲学就关注了教育生活，教育哲学成为人类把握教育的一种方式以及运用这种方式而获得的成果。②

　　通过梳理历史视野中的实践、实践哲学和教育哲学，结合教育学的实践转向，实践教育哲学的出场成为必然。

　　"实践教育哲学"作为一个词组，由三个独立的词构成：实践、教育、哲学。若将其组合，应该有三种组合方式：实践的教育哲学、实践教育的哲学、实践的教育的哲学。第一种组合，意为教育哲学的实践性，或者干脆用有些研究者的表示"教育哲学是实践哲学"。第二种组合则将"实践"和"教育"纳为一体，意为对实践教育的哲学之思。第三种组合，意为教育人们如何从事实践活动的哲学。因为实践教育哲学并非本人首次提出，已有研究者已经做过相关的研究，故而我们需要在梳理前人研究的基础上，准确定位实践教育哲学。

　　在汉语语境中，"实践教育哲学"这一用法在 2011 年就已出现。若按照其内涵进行追溯的话，早在 1992 年，就有研究者提出"教育哲学的实践意识"③。1995 年，该研究者提出了"教育哲学是实践哲学"④ 的观点。2007 年，有研究者提出"教育哲学的实践性"⑤ 的观点。2008 年，该研究者以"教育哲学实践性的涵义、现状及其实现"⑥ 为题完成硕士学位论文。综观已有研究者的研究，我们发现研究者关于"实践教育哲学"内涵的认识见仁见智，有鉴于此，我们拟在梳理已有认识的基础上，准确定位"实践教育哲学"的内涵。

---

① 刘庆昌：《教育者的哲学》，中国社会出版社 2004 年版，第 4—5 页。

② 刘庆昌：《教育者的哲学》，中国社会出版社 2004 年版，第 5—18 页。

③ 金生鈜：《论教育哲学的实践意识》，《高等师范教育研究》1992 年第 1 期。

④ 金生鈜：《教育哲学是实践哲学》，《教育研究》1995 年第 1 期。

⑤ 杨日飞：《教育哲学的实践性之思》，《山西师大学报》（社会科学版）2007 年第 5 期。

⑥ 杨日飞：《教育哲学实践性的涵义、现状及其实现》，硕士学位论文，内蒙古师范大学，2008 年。

　　关于教育哲学的实践意识以及教育哲学是实践哲学的认识，研究者强调亚里士多德意义上的实践哲学传统，提出了教育哲学是以"生活世界"为其可靠的合法的基础，是以"教育智慧"为有效的独特的"知识理想"，教育哲学作为对人类教育生活的价值性阐释，以哲学的方式对教育实践的目标、原则以及行动进行洞察，形成"教育智慧"，并以此参与教育实践中去，建构独特的智慧与实践的关系。① 研究者同样认为教育哲学所追寻的是对人的现象和人在现实境遇中的问题作价值性考察和对教育现实中的基本问题的考察，对人的过去、现实、未来的整体的理解或解释，追寻教育中人的精神的运动现象和人与世界、人与文化传统、人与教育的意义关系，从而为教育提出一个包含着人文与科学、价值与事实、智慧与知识、伦理与人生、意义与发展、思想与行动的整体的理论基础。② 该种观点强调教育哲学要回归亚里士多德的实践哲学传统，要回归生活世界，从而为教育实践者提供教育智慧。

　　关于教育哲学的实践性，不同的研究者也有不同的认识。有研究者认为教育哲学的实践性主要指教育哲学在其性质上是一门"实践哲学"，即"人们从事具有历史性的社会活动的哲学"，该社会活动不仅包括"教育实践"，而且包括"集团的'社会实践'"与"个体的'生活实践'"，具体表现为价值的澄清与选择、文化的批判和指导生活方式的选择等方面。③ 也有研究者在分析教育哲学的作用时，提到教育哲学的实践性主要表现为：规定教育目标的方针、提供教育科学以理论依据、解决教育问题的指南、加深教育者的教育信仰、启发其专业兴趣、扩大教育者的胸襟、增进教育的效能。④ 还有研究者认为教育哲学的实践性就是教育哲学理论所蕴含的理想或对未来教育活动的构思与现实状况及实践状况的一致性……通俗地说，教育哲学的实践性就是如何发挥教育哲学的作用。⑤ 显然，这种观点实际上是分析教育哲学对教育实践的作用。

---

① 金生鈜：《教育哲学是实践哲学》，《教育研究》1995 年第 1 期。

② 金生鈜：《论教育哲学的实践意识》，《高等师范教育研究》1992 年第 1 期。

③ 石中英：《教育哲学导论》，北京师范大学出版社 2004 年版，第 32—34 页。

④ 侯怀银：《20 世纪上半叶中国学者对教育哲学学科建设的探索》，《教育研究》2005 年第 1 期。

⑤ 杨日飞：《教育哲学实践性的涵义、现状及其实现》，硕士学位论文，内蒙古师范大学，2008 年，第 15 页。

　　有研究者认为实践教育哲学并不仅仅是因为关注实践问题而得名，而主要是因为这种教育哲学在实践观上发生了根本转向，建立在自在实践观之上的教育哲学是一种实现实践转向的教育哲学，可称之为实践教育哲学。① 他认为实践教育哲学坚持把教育事务整体秩序和实践复杂性进行持续互动，建构包容复杂性的整体性理论；实践教育哲学反对合理化的封闭取向，坚持以合理性的开放姿态进行研究；实践教育哲学是坚定地把自在的实践世界作为研究对象，以"解释和建议"作为研究取向的教育哲学。② 可见，这一观点强调教育哲学紧密联系教育实践，而这里的实践是自在的实践，有其逻辑的实践。其实，这一观点是在批判规范的教育哲学和分析的教育哲学的实践观的基础上产生的。该研究者虽然用了"实践教育哲学"的表述，却没有给出实践教育哲学的内涵。我们认为仅仅强调教育哲学实践观的变化并不能真正揭示实践的教育哲学是什么样的哲学。

　　有研究者认为实践教育哲学是一种关于教育实践的解释和反思的新的教育哲学形态，引发了对当代教育实践中教育问题的重新思考。研究者提出实践教育哲学坚定地认为一切真正的教育的逻辑起点和归宿都是人的实践活动，实践意识和行动能力的养成贯穿整个教育活动的始终。研究者认为离开了实践活动，单纯地在教育中对受教育者进行客观知识的传授，是对教育、教育者和受教育者的"异化"，会彻底泯灭受教育者的创新意识和实践能力。③ 研究者认为在实践教育哲学看来，实践不仅是教育的现实品格，还是人的教育和生成的本质要求，离开了实践活动，不唯没有本真的教育，人和社会也会处于一种异化状态。④ 研究者还认为，以生命实践活动为出发点，知识教育实践化、生命体验艺术化和审美化是实践教育哲学的一体两面，实践教育哲学倡导一种"身体—实践"价值取向的新教育，新教育以新感受力的养成为逻辑起点，采取对话和教学合一的方式进行实践育人，达至个体最高之审美境界，引导人类走向诗意存在。⑤ 研究

　　① 余清臣：《教育哲学的实践观演变与实践教育哲学》，《教育研究》2011 年第 2 期。
　　② 余清臣：《教育哲学的实践观演变与实践教育哲学》，《教育研究》2011 年第 2 期。
　　③ 黄英杰、陈理宣：《论实践教育哲学视域下的教育改造》，《国家教育行政学院学报》2013 年第 3 期。
　　④ 陈理宣、黄英杰：《走向实践教育哲学》，《内江师范学院学报》2014 年第 3 期。
　　⑤ 黄英杰：《何谓实践教育哲学》，《教育学术月刊》2015 年第 1 期。

者同样提出实践教育哲学是用实践哲学的基本精神和基本原则来审视、分析、思考教育活动的基本问题，这些基本问题主要表现为教育实践和一般社会实践的本质特性及其相互规定性、教育实践中的主体与客体的本质特性及其关系、教育实践本身的表现形式和教育内容的实践形式等。① 关于实践教育哲学中的"实践"概念，研究者认为实践教育哲学一方面努力吸收现象学和存在主义之现代哲学的研究成果，把生活实践、身体实践和历史文化实践的意蕴润化在实践的概念之中，进而从社会实践的结构和真实问题中凝练教育的实践问题，开辟教育的新视域；另一方面，实践教育哲学将会把"教育同物质生产劳动相结合"的马克思主义教育原理贯彻到底，不断破解这一原理实现的障碍性因素，探索其实现的可能性条件，并在教劳结合的实践教育中走向教育真理的澄明之境。② 以上，我们总结了研究者对"实践教育哲学"的种种认识，不难看出研究者是在批判现有的教育，特别是教育的异化的过程中提出实践教育哲学，意在从哲学上探索一种新的教育模式，这一教育模式以实践哲学为其理论基础。进一步分析该认识，我们认为研究者更多的是强调实践育人。如此，这些研究者实际上是混淆了实践、教育、哲学三个词语在"实践教育哲学"中的组合。他们有时候认为实践教育哲学是一种新的教育哲学形态，有时候认为实践教育哲学提供一种新的教育模式。

以上观点可以概括为四种认识：第一种观点强调教育哲学研究的实践意识；第二种观点强调教育哲学的实践作用；第三种观点强调教育哲学关注自在的实践；第四种观点强调实践教育哲学提供一种新的教育模式。综合分析这四种观点，研究者都将实践教育哲学作为一种新的教育哲学，都认为教育哲学应该关注实践。客观而言，这四种观点都不同程度地阐明了实践与教育哲学之间的关系，但是尚未将"实践教育哲学"的内涵揭示出来。

关于实践的概念，有研究者在 1992 年做过统计，认为国内研究者关于实践的界定有 50 多种，其中比较典型的如：实践是人们对客观世界的改造活动，或者说是改造物质世界的客观活动；实践是人们有目的、有计划、自觉地改造世界的活动，或者说是人们自由自觉地、有意识地改变现

---

① 陈理宣：《论实践与教育的相互规定性及其表现》，《教育学术月刊》2015 年第 3 期。
② 黄英杰：《实践教育哲学之实践概念的来源》，《教育学术月刊》2016 年第 11 期。

实事物的合目的的活动；实践是社会的人运用一定的工具改造客观事物的现实的、能动的、感性的物质活动；实践是主体和客体之间的一种实际的相互作用，或者说是主体和客体之间实际的物质、能量和信息的变换过程；实践是主观见之于客观的社会活动；实践是人的本质力量现实对象化的过程……①可见，研究者对"实践"的内涵见仁见智，莫衷一是。正如前文分析的实践哲学认识史上，不同时期的不同的研究者对实践的认识也不一致。在本书中，关于"实践教育哲学"中的"实践"内涵，我们取马克思主义哲学关于"实践"的认识。之所以这样选择，是因为玛克辛·格林本人正是受到了马克思主义实践哲学中的"实践"影响而形成了自己的实践教育哲学思想。格林本人引用的正是马克思在《关于费尔巴哈的提纲》第11条中的表述，即"哲学家们只是用不同的方式解释世界，问题在于改变世界"②。在马克思主义哲学中，实践就是要改变现存世界。教育作为一种实践活动，当然也是改变现存世界的活动。这里的实践是一个本体论的概念，是一种思维方式。马克思主义哲学与以往的哲学都不同，它自觉地把自己的理论建立于实践的基础之上，为自己提出的任务就是去解答那些由于要改变现存世界而产生的各种理论课题。它的理论是为从事改变世界的实践活动而创立的，实践的内容就是它的理论的内容，它本身也就是对于主体实践活动各种矛盾关系的一种理论上的反思。③

　　关于教育，不查阅相关的书籍、工具书等，我们也知道不同历史时期的不同研究者都有不同的认识。在这里，无须通过梳理已有研究者关于教育的定义来重现选择本研究中教育的定义，但是需要明确教育的词性。教育有两个词性，一个是动词，另一个是名词。关于名词的教育，大家太熟悉了。关于动词的教育，一般来说，理论研究者却关注得不够。教育说到底是一种实践活动，教育者和受教育者的行动构成教育。我们注意到教育理论工作者，特别是教育哲学研究者在思考教育时，多将教育看作一个名词，而少有从动词的角度去思考。这自然会引起徐长福所谓的两种思维方式的僭越问题，即研究者试图通过研究作为名词的教育建构出种种教育理

---

①　王永昌：《实践活动论》，中国人民大学出版社 1992 年版，第 86—89 页。

②　《马克思恩格斯文集》（第 1 卷），人民出版社 2009 年版，第 502 页。

③　高清海：《哲学与主体自我意识：论马克思实践观点的思维方式》，北京师范大学出版社 2017 年版，第 208—209 页。

论去指导作为动词的教育。这显然会出现一流的理论和成问题的现实之间的"反差"。有鉴于此，我们认为"实践教育哲学"中的"教育"应取动词的教育，实践教育哲学研究者在研究的过程中直接面对的是教育中的种种行动，面对的是活生生的生命。

综上所述，格林的"实践教育哲学"取"实践的教育的哲学"之用法，"实践的教育"即教育人们如何从事实践活动，"实践的教育的哲学"即对教育人们如何从事实践活动的哲学之思。又因为教育是一种实践活动，实践教育哲学属于教育哲学，故而，其中的实践活动就是指教育这一实践活动。整合起来，实践教育哲学即是研究如何教育人们从事教育这一实践活动的哲学。在哲学归属上，实践教育哲学是实践哲学，而不是理论哲学。在教育学归属上，实践教育哲学是教育哲学。实践教育哲学用实践的思维方式对教育这一实践活动进行反思、批判，进而为教育实践工作者提供"教育智慧"。

实践教育哲学与相关概念既有联系，又有区别，需要加以区分。

第一，实践教育哲学与实践教育。实践教育学是对教育学知识进行分类时由德国学者布雷岑卡首先提出。布雷岑卡在对教育学知识分类时，认为教育学知识包括教育科学、教育哲学和实践教育学。[①] 在布雷岑卡看来，实践教育学就是教育的实践理论，教育的实践理论有一个实践的而非科学的目的：人们创造它们是用来为教育者提供为了合理的教育行动所需要的实践知识……实践教育学的理论是一种混合性的规范—描述性的陈述系统的理论，它应当让在特定社会—文化情境里的教育者的特定群体熟悉他们的教育任务和为完成任务所需要的方法，它应当鼓舞教育者投身于同主要的世界观与道德相一致的教育行动中去。[②] 在布雷岑卡看来，教育科学、教育哲学、实践教育学所研究的是教育中的不同的问题，其研究的目的和理论的效用也不同。实践教育学被引入中国后，引起了研究者的注意。有研究者认为教育学可以被分为理论教育学和实践教育学。理论教育学是以研究教育的起源和教育的本质与规律等为己任，主要给人们提供教育"是什么"的知识，是人们深刻解读社会内涵极为丰富的教育现象不

---

① ［德］布雷岑卡：《教育知识的哲学》，杨明全等译，华东师范大学出版社 2006 年版，第 20 页。

② ［德］布雷岑卡：《教育知识的哲学》，杨明全等译，华东师范大学出版社 2006 年版，第 211—212 页。

可多得的；实践教育学研究"教育应当"，制定规范，朝指导实践的方向发展。① 实践教育学研究受教育者怎样有效地理解和掌握教育"应当"，从而形成教育实践能力。②

从以上内容来看，国内外研究者关于实践教育学的认识不一致。布雷岑卡认为的实践教育学其实是教育学知识的一种，而国内研究者认为的实践教育学则是不同于理论教育学的教育学，是一种教育学。不管哪种认识，与我们所谓的实践教育哲学都是不同的。

实践教育哲学属于教育哲学，而实践教育学与教育哲学是并列的，或者实践教育学内含了教育哲学。在强调教育学要关注实践方面，实践教育哲学和实践教育学则又有联系。一方面，实践教育哲学和实践教育学都强调教育研究要关注教育实践；另一方面，实践教育哲学和实践教育学都直指教育者的教育行动。但是二者所强调的实践是不同的。实践教育学所强调的实践是全部的教育实践，而实践教育哲学所强调的实践是马克思主义哲学意义上的变革现存世界的实践。实践教育哲学强调教育者如何从事教育这一实践活动，强调如何通过教育这一实践活动来变革现存世界。

第二，实践教育哲学与教育实践的哲学。教育实践的哲学是研究者在教育学的实践转向这一背景下提出来的概念。既是转向，就有一个由什么转向什么的问题。研究者认为转向之前的教育学主要是由教育研究者搞出一套东西，然后交给教师，让教师照着做，这叫理论指导实践，这种自认为科学的、专业的教育学受到批判，理论理性被认为必须依据实践理性重新书写，人们越来越相信理性的行动能够而且在某些方面必须先于理性的原则。无论是试图发展一套更科学实用的教育学，还是从根本上否定哲学思辨的独特价值，他们都旨在发展一种符合一线实践者个人认知偏好或实践需要、规范而感性的"实践教育学"③。教育实践的哲学正是在这一背景下被提出来的。教育实践的哲学是关于教育实践的哲学，是为理解教育实践以及为培育教育实践智慧提供哲学维度的思想支持，它要以哲学的方式把握教育实践，形成对教育实践的高位眼光和普遍性理解，从而去追求教育实践的智慧；以哲学的方式理解教育实践的关键要素，培养改进教育

---

① 熊川武等：《实践教育学》，上海教育出版社 2001 年版，前言。

② 熊川武等：《实践教育学》，上海教育出版社 2001 年版，第 10 页。

③ 康永久：《当代教育学研究的实践转向》，《中国教育科学》2016 年第 4 期。

实践的思维与能力；用哲学的方法分析与批判当代教育实践的典型问题，为这些问题的解决提出建议；以教育实践为中心议题拓宽教育理论知识视野，丰富教育哲学知识。①

教育实践的哲学依然属于教育哲学的范畴，其研究的对象是教育实践，研究的方法是哲学的方法，研究的目的是追寻教育实践的智慧，培养改进教育实践的思维与能力。其与实践教育哲学的共同之处在于关注实践，也都是进行哲学之思。所不同的是，实践教育哲学所追寻的是在解释教育这一实践活动的基础上改造教育这一实践活动。实践教育哲学研究教育的方式是实践的思维方式。教育实践的哲学关注的是教育，实践教育哲学关注的是实践。

---

① 余清臣：《教育实践的哲学》，北京师范大学出版社 2018 年版，第 3 页。

结　语

　　教育和社会的关系是复杂的。这一复杂性首先表现在社会和教育各自的复杂性。就社会的复杂性而言，我们注意到无论是哲学研究者，还是社会学研究者，对"社会"这一概念尚未进行明确的认识。正如有研究者所说的，即便是社会学，也尚未对"社会"这一概念做充分的研究。① 也有研究者认为人们经常使用的"社会"尚且存在"小社会""中社会""大社会"之别。② 社会的复杂性，可见一斑。关于教育的复杂性，这涉及人的形塑问题，也涉及社会的发展问题。就人的形塑而言，教育关系到使人成"人"，"假如要形成一个人，就必须由教育去形成"③。现实的人的素质是多样的，理想的人也不是一个模子刻出来的。教育的复杂性，此之谓也。人的复杂性也与社会联系在一起。因为人具有社会性，社会是由人组成的。社会是以共同的物质生产活动为基础而相互联系的人们的总体，是人们交互作用的产物。④ 社会是由各种相互关联的元素及子系统、属性及关系组成的系统的一种类型，其个体建立在反馈机制之上，其目的在于借助于一定界限内起作用的规律实现个体活力的极值原则。⑤ 在社会的概念中，总是少不了涉及人。由此，我们从简短的描述中可以得出一个论断：以人为中介的教育和社会的关系具有复杂性。

　　鉴于教育、人、社会关系的复杂性，教育研究者或者从人出发进行教

---

　　① ［俄］A. A. 达维多夫：《关于"社会"概念的定义问题》，刘伸摘译，《国外社会科学》2005 年第 1 期。

　　② 李强：《社会是什么》，《解放日报》2009 年 11 月 21 日。

　　③ ［捷］夸美纽斯：《大教学论》，傅任敢译，人民教育出版社 1984 年版，第 39 页。

　　④ 《辞海》（哲学分册），上海辞书出版社 1980 年版，第 89 页。

　　⑤ ［俄］A. A. 达维多夫：《关于"社会"概念的定义问题》，刘伸摘译，《国外社会科学》2005 年第 1 期。

育研究，或者从社会出发进行教育研究。从人出发的教育研究，通过对人的假定设计教育和社会的蓝图；从社会出发的教育研究，基于对现实问题的批判，通过教育培养理想的人以改造社会，追求社会的民主、自由、公平、正义等。① 继承马克思主义哲学的批判品格，形成于西方的批判教育学则遵循了从社会出发的教育研究路径，他们针对资本主义社会存在的问题，将目光聚焦到教育领域，希冀通过改造教育以培养"新人"，进而变革社会。作为西方批判教育学中的一员，玛克辛·格林的教育研究路径正是以社会为出发点进行的教育哲学研究。需要强调的是，虽然格林是以社会为出发点进行的教育哲学研究，但是其思想有着浓厚的实践色彩，强调人的生命实践，故而涉及对人的研究。

格林继承了马克思主义哲学、西方马克思主义哲学、存在主义马克思主义和现象学马克思主义的相关思想，论证了人的自由本性，并强调人的自由本性不是因天赋的产物，而是在实践中获得。基于这样的认识，格林注意到发达资本主义社会体制及盛行其中的实证主义等对人本性的异化。面对人的异化，生活在资本主义社会中的人，或者麻木不仁、自甘堕落，进而退回到内心世界，或者盲目乐观地认为资本主义社会的制度最终会走向人的自由。格林对这些社会问题以及社会中人的问题进行批判。她认为，对资本主义社会的批判首先是要引起生活于其中的人的意识觉醒。只有意识到现实存在的问题，才能对现实进行批判，进而超越现实。在唤醒资本主义社会中的人的意识方面，格林致力寻找的道路是教育，希冀通过教育培养变革社会的"新人"。而培养"新人"首先需要"新教师""新内容"，这就决定了格林教育哲学思想的实践特质。就"新教师"的培养问题而言，格林极为重视教师教育。在格林看来，抵制资本主义社会对人的异化，首先需要的是教育不再复制资本主义社会中"神秘化"的东西，而教师在这个过程中发挥着至关重要的作用。格林强调以"教师作为陌生人""教师做哲学"来抵制教育的工具主义。在"新内容"方面，格林不再将资本主义社会的一切看作理所当然，而是极力寻求超越。她尤为关注能够释放想象的教育，重视文学作品和艺术对人的想象力的培养。循着这样的思想逻辑和认识逻辑，在批判教育学的探索和引领下，格林重新建

---

① 虽然我们提到两种教育研究的路径，但是在具体的教育研究中，研究者有时并非仅从一个基点出发进行研究，而是将人与社会这两个出发点相结合。这两种路径的结合，有助于清晰地呈现教育与人和社会三者关系的全景。

构了她的教育观，提出了实践教育哲学思想的实现路径，即想象教育。通过想象教育培养社会新人，进而实现民主社会的建构和人的自我实现，是格林实践教育哲学的最终目的。

　　格林的教育哲学思想是实践教育哲学思想。一方面，格林做教育哲学研究不是书斋式的研究，而是从批判资本主义社会的现实问题和人的困境开始，将自己的教育哲学思想深深地扎根于美国的现实社会。另一方面，格林的教育哲学思想极为重视"实践"。无论是其教育目的、教育内容，还是她对教育者、受教育者以及教育方式的认识，都以实践为基底。特别值得一提的是，格林教育哲学思想的最终归宿也是实践。她希望通过教育培养出实践之人。她期望教师从事的是实践活动，而不仅仅是知识的传授，更不是资本主义社会的再生产者。

　　马克思说："哲学家们只是用不同的方式解释世界，问题在于改变世界。"[1] 马克思和恩格斯也说："实际上，而且对实践的唯物主义者即共产主义者来说，全部问题都在于使现存世界革命化，实际地反对并改变现存的事物。"[2]格林所强调的教师"做哲学"，实际上就是倡导教师作为哲学家去从事哲学行动。在格林看来，教育对现存社会的改变，需要教育者和受教育者成为实践的唯物主义者。这两点反映了教育变革社会的可能。

　　教育能改变社会吗？从社会与教育的起源角度去阐释二者的关系，或许可以给予我们一些启示。先有社会还是先有教育？这涉及对二者的理解问题。中国马克思主义教育者杨贤江曾指出："自有人生，便有教育。"是不是自有人生，也就有社会了呢？人类早期的教育是对日常生活经验的传递，且是有意识地传递。若没有对日常生活经验的传递，人便无法生存。正是因为早期社会代际之间的经验传递，人类才能不断地适应改造自然，存有自身。当然，在改造自然的过程中，人类也在改造着自己，这是另外一个话题。正是在这种双重改造的过程中，人与自然、人与人的关系逐步明朗起来，社会也随之逐渐形成。在今天，一提起教育的目的，不管研究者如何表述，"培养人""培养什么样的人"总是不缺席的，这就将人的培养与社会发展结合起来。因为人是社会中的人，社会是由人组成的社会，而教育在"自然人"向"社会人"的过渡中所起到的作用不容忽

---

　　① 《马克思恩格斯文集》（第 1 卷），人民出版社 2009 年版，第 502 页。

　　② 《马克思恩格斯文集》（第 1 卷），人民出版社 2009 年版，第 527 页。

视。正是在此意义上，格林的实践教育哲学思想及其实践指向，进一步佐证了教育的价值。教育，像其他实践活动一样，在变革社会、推动社会的发展方面发挥着无可取代的作用。

格林以实践的观点和思维方式分析社会问题及教育问题，系统地将实践、实践哲学、教育、教育哲学关联在一起，形成了独特的实践教育哲学思想。格林既重视教育中的人性假设前提，即人本自由，又关注教育场域中以教育者和受教育者为主体的生命实践，她不是从形而上的层面去思考人、社会和教育问题，而是将三者统一到实践中。她的思想在一定程度上改变了教育哲学的致思方式，彰显了教育哲学的实践关怀和实践底蕴。她的实践教育哲学思想不是对实践哲学的演绎，而是生发于具体的教育实践和社会实践。更为重要的是，格林的实践教育哲学思想统摄了以往教育哲学领域研究的基本问题，改变了以往研究者对教育哲学实践性、实践意识等问题的探索方式。

在肯定格林实践教育哲学之于教育哲学研究和教育改革重要作用的同时，我们也应看到她思想的不足之处。其一，基于"新左派"的立场，格林对弱势群体、边缘群体过于重视，而忽视了社会是由所有人组成的社会，无论是弱势群体还是非弱势群体，都是社会成员的一部分。研究者不应过于重视一类群体而忽视另一类群体，而应观照社会整体。其二，受现实社会条件、马克思主义在美国的地位以及自身处境等因素的影响，格林并未明确指出马克思主义的共产主义社会的奋斗目标。格林虽然强调对正义民主社会的建构，但她始终没有科学构想出理想社会的"蓝图"，而是强调想象教育及其实践，以想象代替教育规律的探索。她认为主体要想象事物的另外一种样子，要通过实践去变革现存社会，她指出了我们从哪里出发，却没有科学、明确地指出我们要到哪里去。其三，格林的实践教育哲学观有待实践的进一步检验。20世纪90年代之后，格林致力于教师的培养，希冀通过自己建构的实践教育哲学来变革资本主义社会的教育。但限于各方面原因，格林的实践教育哲学观并未彰显其在实践中的影响。格林也意识到这个问题，在人生最后的访谈中，她一直强调"未完成的对话"，即她的实践教育哲学思想还要在分析资本主义社会及其教育问题的过程中去发展。

参考文献

经典文献

《马克思恩格斯全集》（第 1 卷），人民出版社 2002 年版。

《马克思恩格斯全集》（第 3 卷），人民出版社 1995 年版。

《马克思恩格斯全集》（第 10 卷），人民出版社 1998 年版。

《马克思恩格斯全集》（第 14 卷），人民出版社 2013 年版。

《马克思恩格斯全集》（第 30 卷），人民出版社 1995 年版。

《马克思恩格斯全集》（第 32 卷），人民出版社 1998 年版。

《马克思恩格斯全集》（第 42 卷），人民出版社 2016 年版。

《马克思恩格斯选集》（第 1—4 卷），人民出版社 2012 年版。

《马克思恩格斯文集》（第 1—10 卷），人民出版社 2009 年版。

中文著作

北京大学哲学系：《人道主义和异化问题研究》，北京大学出版社 1985 年版。

常淑芳：《论教育自由》，中国社会科学出版社 2016 年版。

陈刚：《马克思的自由观》，河南人民出版社 1996 年版。

陈桂生：《马克思主义教育论著研究》，华东师范大学出版社 1993 年版。

陈友松：《当代西方教育哲学》，教育科学出版社 1982 年版。

《辞海》（哲学分册），上海辞书出版社 1980 年版。

刁培萼：《追寻发展链：教育的辩证拷问》，教育科学出版社 2010 年版。

刁培萼、丁沅：《马克思主义教育哲学》，华东师范大学出版社 1987

年版。

丁立群：《实践哲学：传统与超越》，北京师范大学出版社 2012 年版。

段忠桥：《理性的反思与正义的追求》，黑龙江大学出版社 2007 年版。

范国睿、瞿葆奎：《西方教育学史略》，浙江教育出版社 1999 年版。

冯建军：《教育公正——政治哲学的视角》，福建教育出版社 2008 年版。

付粉鸽：《自然与自由：老庄生命哲学研究》，人民出版社 2010 年版。

高清海：《哲学与主体自我意识：论马克思实践观点的思维方式》，北京师范大学出版社 2017 年版。

郭芳：《教师哲学思想研究：以 20 世纪下半叶的美国为例》，北京师范大学出版社 2017 年版。

何萍：《马克思主义哲学与文化哲学》，武汉大学出版社 2002 年版。

侯怀银：《20 世纪中国教育学发展问题研究》，北京师范大学出版社 2011 年版。

侯怀银：《西方教育学在 20 世纪中国的传播和影响》，东北师范大学出版社 2011 年版。

侯怀银：《中国教育学之路》，安徽教育出版社 2009 年版。

黄济：《教育哲学通论》，山西教育出版社 2004 年版。

黄志成：《被压迫者的教育学——弗莱雷解放教育理论与实践》，人民教育出版社 2003 年版。

姜伟：《实践的西方哲学的批判》，中国工人出版社 2019 年版。

金炳华：《马克思主义大辞典》，崇文书局 2017 年版。

康永久：《教育学原理五讲》，人民教育出版社 2016 年版。

李长伟：《实践哲学视野中的教育学演进》，湖北科学技术出版社 2012 年版。

李国拱：《马克思主义教育论著选讲》，湖南人民出版社 1989 年版。

李建新：《教师教育的反思与重建》，吉林科学技术出版社 2019 年版。

李政涛：《交互生成：教育理论与实践的转化之力》，华东师范大学出版社 2015 年版。

厉以贤：《马克思主义教育思想》，北京师范大学出版社 1992 年版。

联合国教科文组织国际教育发展委员会：《学会生存》，上海译文出版社 1979 年版。

刘放桐等：《新编现代西方哲学》，人民出版社 2000 年版。

刘军宁：《市场逻辑与国家观念》，生活·读书·新知三联书店 1995 年版。

刘良华：《教育哲学》，华东师范大学出版社 2019 年版。

刘猛：《意识形态与中国教育学：走向一种教育学的社会学研究》，南京师范大学出版社 2008 年版。

刘庆昌：《教育思维论》，广东教育出版社 2008 年版。

刘庆昌：《教育哲学新论》，科学出版社 2018 年版。

刘庆昌：《教育者的哲学》，中国社会出版社 2004 年版。

刘庆昌：《教育知识论》，山西教育出版社 2008 年版。

刘森林：《实践的逻辑》，社会科学文献出版社 2009 年版。

卢朝佑：《美国批判教育学的批判解释性研究》，科学出版社 2018 年版。

卢曲元：《教育哲学探究》，湖南师范大学出版社 2018 年版。

陆有铨：《现代西方教育哲学》，河南教育出版社 1993 年版。

陆有铨：《躁动的百年——20 世纪的教育历程》，北京大学出版社 2012 年版。

彭道林：《自由教育及其践行》，西南师范大学出版社 2017 年版。

彭正梅：《解放和教育：德国批判教育学研究》，华东师范大学出版社 2008 年版。

乔瑞金：《马克思技术哲学纲要》，人民出版社 2002 年版。

乔瑞金：《现代整体论》，中国经济出版社 1996 年版。

乔瑞金等：《英国的新马克思主义》，人民出版社 2013 年版。

全国十二所重点师范大学联合编写：《教育学基础》，教育科学出版社 2002 年版。

单中惠、杨汉麟：《西方教育学名著提要》，江西人民出版社 2004 年版。

石佩臣：《马克思主义教育思想引论》，中国展望出版社 1990 年版。

石元康：《当代西方自由主义理论》，上海三联书店 2000 年版。

石中英：《教育哲学》，北京师范大学出版社 2007 年版。

石中英：《教育哲学导论》，北京师范大学出版社 2004 年版。

孙晶：《马克思人的本质思想的实践生成论研究》，黑龙江人民出版社 2018 年版。

孙玉丽：《自由实践的教育管理》，高等教育出版社 2011 年版。

孙正聿：《哲学通论》，复旦大学出版社 2007 年版。

檀传宝：《世界教育思潮：50 位现当代教育思想大师探访地图》，福建教育出版社 2011 年版。

涂艳国：《走向自由——教育与人的发展问题研究》，华中师范大学出版社 1999 年版。

王焕勋：《马克思教育思想研究》，重庆出版社 1988 年版。

王晓升等：《西方马克思主义意识形态理论》，社会科学文献出版社 2009 年版。

王永昌：《实践活动论》，中国人民大学出版社 1992 年版。

王雨辰：《哲学批判与解放的乌托邦》，黑龙江大学出版社 2007 年版。

文翔：《马克思实践哲学的源流及重构思路》，人民出版社 2016 年版。

肖前、李淮春、杨耕：《实践唯物主义研究》，中国人民大学出版社 1996 年版。

熊川武等：《实践教育学》，上海教育出版社 2001 年版。

徐冰鸥：《意识形态解蔽与教育批判——阿普尔教育哲学思想研究》，高等教育出版社 2014 年版。

徐崇温：《西方马克思主义》，天津人民出版社 1982 年版。

许纪霖：《当代中国的启蒙与反启蒙》，社会科学文献出版社 2011 年版。

杨昌勇：《新教育社会学——连续与断裂的学术历程》，中国社会科学出版社 2004 年版。

杨兆山、姚俊：《马克思主义经典作家教育文论选讲》，辽宁人民出版社 2017 年版。

叶澜：《回归突破："生命·实践"教育学论纲》，华东师范大学出版社 2015 年版。

叶澜：《教育研究方法论初探》，上海教育出版社 2014 年版。

叶澜等：《基础教育改革与中国教育学理论重建研究》，经济科学出版社 2009 年版。

衣俊卿：《20 世纪的新马克思主义》，中央编译出版社 2001 年版。

衣俊卿：《文化哲学：理论理性和实践理性交汇处的文化批判》，云南人民出版社 2001 年版。

余清臣：《教育实践的哲学》，北京师范大学出版社 2018 年版。

俞吾金：《意识形态论》，人民出版社 2009 年版。

俞吾金、陈学明：《国外马克思主义哲学流派》，复旦大学出版社 1990 年版。

袁贵仁：《马克思主义对人的哲学理解》，东方出版中心 2008 年版。

张国清：《民主之为自由：杜威政治哲学与法哲学》，华东师范大学出版社 2017 年版。

张健：《马克思主义教育思想研究》，教育科学出版社 1989 年版。

张亮：《英国新左派思想家》，江苏人民出版社 2010 年版。

张汝伦：《历史与实践》，上海人民出版社 1995 年版。

张晓阳：《想象教育论——想象教育的理论与策略体系构建》，科学出版社 2017 年版。

张一兵、胡大平：《西方马克思主义哲学的历史逻辑》，南京大学出版社 2003 年版。

赵汀阳：《论可能生活：一种关于幸福和公正的理论》，中国人民大学出版社 2004 年版。

中文译著

［法］阿玛蒂亚·森：《以自由看待发展》，任颐等译，中国人民大学出版社 2002 年版。

［德］埃德蒙·柏克：《自由与传统》，蒋庆译，商务印书馆 2001 年版。

［美］巴士卡里亚：《爱和生活》，顿珠桑译，生活·读书·新知三联书店 1988 年版。

［巴西］保罗·费莱雷：《被压迫者教育学》，顾建新等译，华东师范

大学出版社 2001 年版。

　　[德] 布雷岑卡：《教育知识的哲学》，杨明全等译，华东师范大学出版社 2006 年版。

　　[法] 布迪厄：《再生产：一种教育系统理论的要点》，邢克超译，商务印书馆 2002 年版。

　　[英] 戴维·麦克莱伦：《马克思以后的马克思主义》，李智译，中国人民大学出版社 2004 年版。

　　[德] 底特利希·本纳：《普通教育学——教育思想和行动基本结构的系统的和问题史的引论》，彭正梅等译，华东师范大学出版社 2006 年版。

　　[美] 杜威：《民主主义与教育》，王承绪译，人民教育出版社 1990 年版。

　　[苏] 杜娜叶夫斯卡娅：《马克思主义与自由》，傅小平译，辽宁教育出版社 1998 年版。

　　[英] E. P. 汤普森：《共有的习惯》，沈汉等译，上海人民出版社 2002 年版。

　　[美] 费耶阿本德：《自由社会中的科学》，兰征译，上海译文出版社 1990 年版。

　　[德] 弗罗姆：《寻找自我》，陈学明译，中国工人出版社 1988 年版。

　　[苏] 符·朴·格鲁兹迭夫：《马克思恩格斯论教育》，人民教育出版社 1958 年版。

　　[法] 福柯：《主体解释学》，佘碧平译，上海人民出版社 2005 年版。

　　[德] 汉娜·阿伦特：《人的条件》，竺乾威等译，上海人民出版社 1999 年版。

　　[德] 赫费：《实践哲学——亚里士多德模式》，沈国琴等译，浙江大学出版社 2011 年版。

　　[德] 黑格尔：《哲学史讲演录》（第 4 卷），贺麟等译，商务印书馆 2017 年版。

　　[美] 亨利·A. 吉鲁：《教师作为知识分子——迈向批判教育学》，朱红文译，教育科学出版社 2008 年版。

　　[美] 卡洛斯·阿尔伯托·托里斯：《教育、权力与个人经历：当代西方批判教育家访谈录》，原青林等译，山东教育出版社 2011 年版。

［德］康德：《判断力批判》，邓晓芒译，人民出版社 2002 年版。

［捷］夸美纽斯：《大教学论》，傅任敢译，人民教育出版社 1984 年版。

［加］雷蒙德·艾伦·蒙罗、［美］卡洛斯·阿尔伯特·托雷斯：《社会理论与教育——社会与文化再生产理论批判》，宇文利译，上海人民出版社 2012 年版。

［美］理查德·罗蒂：《筑就我们的国家：二十世纪美国左派思想》，黄宗英译，生活·读书·新知三联书店 2006 年版。

［英］理查德·普林：《教育研究的哲学》，李伟译，北京师范大学出版社 2008 年版。

［美］路易斯·哈茨：《美国的自由主义传统》，张敏谦译，中国社会出版社 2003 年版。

［英］罗素：《哲学问题》，何兆武译，商务印书馆 1999 年版。

［法］马尔库塞：《单向度的人——发达工业社会意识形态研究》，刘继译，上海译文出版社 1989 年版。

［美］迈克尔·W. 阿普尔等编：《被压迫者的声音》，罗燕等译，华东师范大学出版社 2008 年版。

［美］迈克尔·博兰尼：《自由的逻辑》，冯银江等译，吉林人民出版社 2002 年版。

［美］麦克莱伦：《教育哲学》，宋少云译，生活·读书·新知三联书店 1988 年版。

［英］麦克·F. D. 扬：《知识与控制——教育社会学新探》，谢维和等译，华东师范大学出版社 2002 年版。

［德］米尔顿·弗里德曼等：《自由选择》，胡骑等译，商务印书馆 1982 年版。

［法］米歇尔·福柯：《规训与惩罚》，刘北成等译，生活·读书·新知三联书店 1999 年版。

［苏］纳坦塔科夫：《为了自由：洛克的教育思想》，邓文正译，生活·读书·新知三联书店 2001 年版。

［英］尼格尔·塔布斯：《教师的哲学》，王红艳等译，山东教育出版社 2014 年版。

［英］培根：《新工具》，许宝骙译，商务印书馆 1984 年版。

［英］佩里·安德森：《当代西方马克思主义》，余文烈译，东方出版社 1989 年版。

［英］乔伊·帕尔默主编：《教育究竟是什么？——100 位思想家论教育》，任钟印等译，北京大学出版社 2008 年版。

［德］文德尔班：《哲学史教程》（上册），罗达仁译，商务印书馆 1996 年版。

［日］香山健一：《为了自由的教育改革》，刘晓民译，高等教育出版社 1990 年版。

［德］雅思贝尔斯：《什么是教育》，邹进译，生活·读书·新知三联书店 1991 年版。

［古希腊］亚里士多德：《尼各马可伦理学》，廖申白译，商务印书馆 2009 年版。

［古希腊］亚里士多德：《形而上学》，吴寿彭译，商务印书馆 1983 年版。

［法］以赛亚·伯林：《自由论》，胡传胜译，译林出版社 2001 年版。

［美］约翰·杜威：《艺术即经验》，高建平译，商务印书馆 2010 年版。

中文期刊

卜玉华：《"生命·实践"何以成为中国教育学的基本进路?》，《教育科学研究》2016 年第 1 期。

卜玉华、刘安：《论"育生命自觉"的多重内涵》，《教育学报》2017 年第 1 期。

卜玉华、齐姗：《自由之人如何长成?——教育学视角下的教育自由问题及其叙事研究》，《教育伦理研究》2017 年第 3 期。

曹红霞、李军靠：《自由教育的价值及其在我国的实现》，《教育与教学研究》2013 年第 4 期。

曹小荣：《早期西方马克思主义理论家对"实践"的诠释》，《社会科学战线》2007 年第 2 期。

曹雁：《美国教育：自由主义体制下的国家主义倾向》，《比较教育研究》2007 年第 6 期。

曹瑜：《马克思主义实践哲学的三重超越》，《学习与实践》2020 年第 12 期。

陈国海:《教育评价能促进教育理论与实践的相互转化》,《高教研究》1989 年第 3 期。

陈理宣:《论实践与教育的相互规定性及其表现》,《教育学术月刊》2015 年第 3 期。

陈理宣、刘炎欣:《论马克思实践哲学思想的先进性及其作为实践教育哲学理论基础的确证性》,《中国教育科学》2019 年第 3 期。

陈露茜:《保守主义时代美国公共教育中的五类控制模式分析》,《教育研究》2014 年第 2 期。

陈威:《教师教育"实践取向"的理论前提》,《黑龙江高教研究》2017 年第 12 期。

陈云恺:《自然教育自由教育契合论》,《教育研究与实验》2006 年第 1 期。

陈治国:《英国新马克思主义现代性批判理论的思维范式》,《教学与研究》2017 年第 10 期。

陈治国:《英国新左派现代性批判理论的建构思路》,《江西社会科学》2017 年第 6 期。

程亮:《学校即共同体——重返杜威的〈民主主义与教育〉》,《湖南师范大学教育科学学报》2016 年第 3 期。

褚宏启:《教育治理:以共治求善治》,《教育研究》2014 年第 10 期。

邓晓芒:《康德自由概念的三个层次》,《复旦学报》(社会科学版)2004 年第 2 期。

[德] 迪特·舒尔茨:《作为人格培养的教师教育——教育学意义上的教师教育的因素》,张可创译,《全球教育展望》2003 年第 1 期。

丁立群:《何为实践哲学?——对亚里士多德的回溯与超越》,《马克思主义与现实》2017 年第 2 期。

丁立群:《亚里士多德实践智慧思想及其复兴》,《世界哲学》2013 年第 1 期。

杜晓成、刘诚:《法治秩序下的自由实践》,《江汉论坛》2005 年第 7 期。

冯嘉荟:《人是逻各斯的动物吗——海德格尔与亚里士多德实践哲学

关系再反思》，《哲学动态》2021 年第 6 期。

冯建军：《回归本真："教育与人"的哲学探索》，《儿童发展研究》2019 年第 2 期。

冯建军：《教育自由及其原则：政治哲学的视角》，《教育学术月刊》2008 年第 6 期。

冯建军：《新时期我国教育哲学发展的三个基本问题》，《教育研究》2015 年第 1 期。

高清海、余潇枫：《"类哲学"与人的现代化》，《中国社会科学》1999 年第 1 期。

高小强：《论天道与人道——以辨析康德之先验自由及其与实践自由的关系》，《四川大学学报》（哲学社会科学版）2012 年第 2 期。

管晓刚：《加文·科琴分析马克思主义整体实践观的内涵》，《马克思主义与现实》2010 年第 2 期。

管晓刚：《评加文·科琴对马克思实践哲学的分析》，《马克思主义研究》2012 年第 3 期。

管晓刚、吕立邦：《从技术批判看马克思的实践哲学》，《科学技术哲学研究》2012 年第 3 期。

郭芳：《教师作为"陌生人"——玛克辛·格林教师哲学思想研究》，《比较教育研究》2014 年第 8 期。

郭建斌：《教师反思的评价之维》，《新教师》2020 年第 1 期。

郭建斌：《美国马克思主义在中国的传播及反思》，《马克思主义哲学研究》2019 年第 2 期。

郭祥超：《教育实践的受动性与教师的"不做"》，《教育研究》2012 年第 11 期。.

郝文武：《自由教育的价值和实现方式》，《高等教育研究》2009 年第 9 期。

贺天忠：《论主客体实践自由与美的本质》，《湖北大学学报》（哲学社会科学版）2010 年第 4 期。

侯怀银：《20 世纪上半叶中国学者对教育哲学学科建设的探索》，《教育研究》2005 年第 1 期。

侯怀银、郭建斌：《民国时期教育研究方法的考察》，《教育学报》2018 年第 1 期。

侯怀银、郭建斌：《现象学教育学在中国的传播及其影响》，《高等教育研究》2018 年第 6 期。

侯怀银、祁东方：《马克思主义教育哲学解读》，《西北师范大学学报》（社会科学版）2014 年第 5 期。

侯怀银、田小丽：《20 世纪下半叶教育哲学学科建设的本土探索》，《当代教育与文化》2012 年第 3 期。

侯琳琳、林晶：《马克思主义实践哲学的价值之维：人类解放》，《重庆社会科学》2018 年第 5 期。

胡春光：《批判教育学：一种反压迫的文化论述和民主教育实践》，《教育研究与实验》2010 年第 1 期。

黄英杰：《何谓实践教育哲学》，《教育学术月刊》2015 年第 1 期。

黄英杰：《论实践教育哲学的教育信条》，《教育理论与实践》2017 年第 31 期。

黄英杰：《实践教育哲学之实践概念的来源》，《教育学术月刊》2016 年第 11 期。

黄英杰、陈理宣：《论实践教育哲学视域下的教育改造》，《国家教育行政学院学报》2013 年第 3 期。

黄育馥：《简评〈左派研究院——美国校园里的马克思主义学术研究〉》，《国外社会科学》1986 年第 3 期。

姜添辉：《马克思的社会阶级论对教育公平研究的影响》，《陕西师范大学学报》（哲学社会科学版）2019 年第 2 期。

姜勇：《关于教师专业意识的研究——从角色隐喻看教师专业意识的觉醒》，《教师教育研究》2006 年第 5 期。

姜勇：《论教师的精神成长——批判教育学视野中的教师专业发展》，《中国教育学刊》2011 年第 2 期。

蒋凯：《课堂内的民主：民主主义理想的一项根基——〈杜威论教育与民主主义〉述评》，《比较教育研究》2006 年第 1 期。

蒋雅俊：《杜威〈儿童与课程〉中的教育哲学问题探析》，《南京师大学报》（社会科学版）2018 年第 1 期。

金生鈜：《教育哲学是实践哲学》，《教育研究》1995 年第 1 期。

金生鈜：《论个人自由在教化中的地位》，《教育理论与实践》2002 年第 11 期。

金生鈜：《论教育哲学的实践意识》，《高等师范教育研究》1992 年第 1 期。

金生鈜：《论教育自由》，《南京师大学报》（社会科学版）2004 年第 6 期。

靳玉乐、李叶峰：《论教育自由的尺度及实现》，《高等教育研究》2015 年第 4 期。

康永久：《当代教育学研究的实践转向》，《中国教育科学》2016 年第 4 期。

康钊、程琳：《生命自觉：教育实践的时代呼唤与价值诉求》，《教育研究与实验》2019 年第 6 期。

乐先莲：《西方马克思主义教育与国家关系理论的发展流派及当下意义》，《外国教育研究》2008 年第 11 期。

李朝东、周晓涛：《实践自由与马克思法哲学的当代思维》，《甘肃社会科学》2015 年第 2 期。

李国庆：《自由教育思想影响下的英国教育实践及其启示》，《陕西师范大学学报》（哲学社会科学版）2005 年第 3 期。

李江源：《“活得好”的教育——基于教育自由理念的视角》，《河北师范大学学报》（教育科学版）2013 年第 7 期。

李江源：《教育自由：优质教育生成与人的发展前提》，《教育科学论坛》2016 年第 6 期。

李江源、王蜜：《教育自由：教育制度建设的价值维度》，《教育理论与实践》2010 年第 1 期。

李隽、乔瑞金：《主体与实践的逻辑关系探析——兼论西方马克思主义对马克思主义哲学的重建路径》，《理论探索》2019 年第 5 期。

李立绪：《存在主义和现象学对美国教育哲学的影响》，《教育研究与实验》1987 年第 1 期。

李明、么加利：《教育实践先验假设之哲学审视与澄明》，《上海教育科研》2017 年第 12 期。

李瑞艳：《英国新左派对马克思实践哲学的总体释义》，《科学技术哲学研究》2017 年第 5 期。

李太平、刘燕楠：《教育研究的转向，从理论理性到实践理性——兼谈教育理论与教育实践的关系》，《教育研究》2014 年第 3 期。

李涛：《塑造民主社会的公民——杜威〈民主主义与教育〉导读》，《当代教育科学》2003 年第 15 期。

李政涛：《从"实践"到"生命·实践"——当代教育改革如何表达实践》，《江苏教育》2009 年第 29 期。

李政涛：《教育呼唤"生命自觉"》，《人民教育》2010 年第 23 期。

李政涛：《论教育实践的研究路径》，《教育科学研究》2008 年第 4 期。

李政涛：《论面向教育的实践》，《南京社会科学》2012 年第 4 期。

李政涛：《让创新性实践成为当代教师的生存方式》，《教育研究与实验》2008 年第 5 期。

李政涛：《生命自觉与教育学自觉》，《教育研究》2010 年第 4 期。

李政涛：《叶澜"教育理论—实践观"对教育学及实践哲学的双重贡献》，《中国教育科学》2021 年第 5 期。

刘春华、张斌贤：《西方自由教育传统之演变》，《高等教育研究》2015 年第 4 期。

刘敏、董华：《问题蕴含与情境关涉——杜威探究理论的科学实践哲学意义》，《自然辩证法研究》2019 年第 7 期。

刘敏、章欢、王晨：《美国实践自由教育的新理论与新模式》，《清华大学教育研究》2017 年第 6 期。

刘庆昌：《反思性教学的两个问题链》，《课程·教材·教法》2006 年第 8 期。

刘庆昌：《教育哲学的存在方式》，《山东师范大学学报》（人文社会科学版）2013 年第 2 期。

刘庆昌：《教育之思的基本范畴及其理解维度》，《北京大学学报》（哲学社会科学版）2019 年第 4 期。

刘庆昌：《一种弱功利的教育评价哲学》，《教育发展研究》2018 年第 12 期。

刘霄：《自由实践：高教管理的追求》，《教育发展研究》2009 年第 9 期。

卢朝佑、扈中平：《美国批判教育学的范式》，《教育学术月刊》2018 年第 4 期。

卢跃青：《论教育自由》，《教育学术月刊》2011 年第 2 期。

马凤岐：《教育与受教育者的自由》，《教育理论与实践》2001 年第 4 期。

毛金德、陈践美：《教学自由与学术自由关系重审》，《中国高教研究》2014 年第 1 期。

苗学杰：《游子返乡："教师是谁"的哲学省思——"教师作为陌生人"隐喻带来的启示》，《湖南师范大学教育科学学报》2014 年第 5 期。

倪梁康：《本期视点：欧陆哲学的总体思考：海德格尔思想比较研究》，《求是学刊》2005 年第 6 期。

牛立然、魏书胜：《从马克思实践观点的思维方式看教育主体问题》，《学校党建与思想教育》2021 年第 22 期。

彭宏伟：《对"现实的人"两种思路的把握》，《哲学动态》2010 年第 7 期。

彭丽：《"公民"与"解放"——批判教育学两个重要主题的研究》，《比较教育研究》2008 年第 10 期。

祁东方：《吉鲁批判教育观探微》，《外国教育研究》2015 年第 1 期。

祁东方：《西方教育哲学的体认与断想——兼论中国教育哲学研究》，《当代教育与文化》2021 年第 6 期。

祁东方：《政治与教育——吉鲁的马克思主义教育哲学思想探讨》，《哲学动态》2015 年第 3 期。

祁东方、侯怀银：《中国高等教育哲学研究的回顾与展望》，《河北大学学报》（哲学社会科学版）2014 年第 5 期。

乔瑞金：《试论跨越"英国实践"的马克思哲学》，《山西大学学报》（哲学社会科学版）2017 年第 3 期。

乔瑞金：《英国近代早期主体意识发展的社会文明意义》，《山西大学学报》（哲学社会科学版）2015 年第 6 期。

乔瑞金、崔云朋：《人的现代性本质的整体探析》，《系统科学学报》2020 年第 3 期。

乔瑞金、李隽：《论马克思主义哲学的创造力》，《武汉科技大学学报》（社会科学版）2015 年第 6 期。

乔瑞金、李文艳：《霍尔大众文化变革的技术理性批判思想研究》，《科学技术哲学研究》2017 年第 6 期。

乔瑞金、师文兵：《马克思主义是社会历史的整体视界——英国新马克思主义的"事实"与"理论"之争及其启示》,《山西大学学报》(哲学社会科学版) 2005 年第 4 期。

乔瑞金、王涛:《多维视域下的实践哲学研究》,《哲学堂》2005 年第 2 期。

沈曙虹:《学校教育哲学的观念要素与结构体系》,《教育研究》2019 年第 9 期。

石中英:《20 世纪美国教育哲学的发展》,《比较教育研究》2002 年第 6 期。

石中英:《杜威的价值理论及其当代教育意义》,《教育研究》2019 年第 12 期。

舒志定:《马克思教育思想与当代社会》,《陕西师范大学学报》(哲学社会科学版) 2019 年第 2 期。

苏林琴:《自由、平等、人权:受教育权属性解读》,《教育学报》2009 年第 6 期。

孙卫华、许庆豫:《"人性互动":高等教育自由原则的理论依据——基于〈论国家的作用〉中人性思想的审思》,《现代大学教育》2017 年第 2 期。

唐一山:《论我国教师教育观"世俗化"的实践取向——基于亚里士多德的实践哲学》,《教育理论与实践》2018 年第 25 期。

田友谊:《教育即解放:试析保罗·弗莱雷的"解放教育学"》,《外国教育研究》2004 年第 4 期。

涂诗万:《重新发现杜威:中国近 20 年杜威研究新进展》,《中国人民大学教育学刊》2016 年第 3 期。

涂艳国:《人的自由本性与教育的基本追求》,《华中师范大学学报》(人文社会科学版) 1999 年第 5 期。

涂艳国:《试论古典自由教育的含义》,《清华大学教育研究》1999 年第 3 期。

汪信砚、刘秉毅:《论马克思的哲学观》,《哲学研究》2013 年第 12 期。

汪行福:《以实践自由为核心的社会主义》,《华东师范大学学报》(哲学社会科学版) 2018 年第 4 期。

王蜜、李锐:《教育自由何以可能——教育制度的解答》,《教育学术月刊》2009 年第 10 期。

　　王南湜：《从实践意图看马克思主义理论的整体性》，《南开学报》（哲学社会科学版）2008 年第 4 期。

　　王南湜：《新时期中国马克思主义哲学发展理路之检视》，《天津社会科学》2000 年第 6 期。

　　王南湜、谢永康：《论实践作为哲学概念的理论意蕴》，《学术月刊》2005 年第 12 期。

　　王南湜、谢永康：《走向实践哲学之路——王南湜教授访谈》，《学术月刊》2006 年第 5 期。

　　王霞、侯怀银：《20 世纪中国马克思主义教育学的理论传统》，《高等教育研究》2013 年第 11 期。

　　王燕：《自由：教育的伦理之维》，《教育研究》2007 年第 11 期。

　　王占魁：《论教育进步的内在尺度》，《华中师范大学学报》（人文社会科学版）2018 年第 5 期。

　　魏俊雄：《论西方马克思主义主体思想的合理因素》，《学理论》2010 年第 30 期。

　　吴燕蕾：《论赫钦斯自由教育思想——民主与教育的视角》，《教育学术月刊》2013 年第 2 期。

　　吴元发：《教育自由的复归之路》，《教育发展研究》2011 年第 19 期。

　　夏剑：《现代自由教育的三种实践思路》，《高等教育研究》2016 年第 4 期。

　　谢彦红：《矛盾体：教育过程中的强制与自由》，《教育科学研究》2014 年第 11 期。

　　辛治洋：《批判教育学解读》，《比较教育研究》2006 年第 7 期。

　　邢媛：《吉登斯"自我认同"的社会哲学思想探析》，《马克思主义与现实》2010 年第 3 期。

　　邢媛：《社会体验：马克思主义哲学创新的可行方法》，《马克思主义哲学论丛》2017 年第 3 期。

　　邢媛：《文化认同中自我确证的系统分析》，《山西大学学报》（哲学社会科学版）2014 年第 2 期。

　　徐长福：《爱智慧与爱自由：实践哲学的根本旨趣——试评俞吾金教

授的实践哲学研究》,《哲学分析》2012 年第 6 期。

徐长福:《关于实践的哲学与作为实践的哲学——中国马克思主义实践哲学范式的危机与出路》,《学习与探索》2008 年第 6 期。

徐长福:《关于实践问题的两个第 11 条——〈形而上学〉卷 3 第 11 条和〈关于费尔巴哈的提纲〉第 11 条钩沉》,《中山大学学报》(社会科学版) 2004 年第 6 期。

徐长福:《论亚里士多德的实践概念——兼及与马克思实践思想的关联》,《吉林大学社会科学学报》2004 年第 1 期。

徐长福:《实践哲学的若干进路及其问题》,《天津社会科学》2002 年第 6 期。

徐长福:《亚里士多德实践哲学的理论特质》,《学习与探索》2006 年第 4 期。

徐长福:《元实践学与异质性理论——对一套实践哲学研究方案的说明》,《现代哲学》2007 年第 1 期。

徐晓宇:《实践·解放·自由时间:马克思哲学自由观研探》,《人民论坛》2017 年第 15 期。

徐兆辉、罗媛媛:《马克思实践自由观的再解读》,《湖北社会科学》2009 年第 6 期。

薛稷:《雷蒙德·威廉斯的文化人道主义思想探析》,《马克思主义与现实》2011 年第 1 期。

薛稷:《试析英国新马克思主义知识分子的政治意识及其价值》,《国外理论动态》2017 年第 10 期。

严奇岩:《西方马克思主义与批判教育学》,《上海交通大学学报》(哲学社会科学版) 2005 年第 6 期。

阎光才:《批判教育研究的学术脉络与时代境遇》,《教育研究》2007 年第 8 期。

阎光才:《批判教育研究在中国的境遇及其可能》,《教育学报》2008 年第 3 期。

杨飞云:《论人性视角下的教育自由及其启示》,《河南大学学报》(社会科学版) 2011 年第 4 期。

杨浩英、冯文全:《教育:自由的实践》,《教育理论与实践》2012 年第 13 期。

杨建朝：《呼唤自由成"人"的教育本体价值》，《江苏教育研究》2013 年第 10 期。

杨建朝：《教育成"人"期求教育自由》，《教育科学论坛》2013 年第 5 期。

杨建朝、易连云：《论成"人"视域中的认识论教育自由》，《高等教育研究》2013 年第 12 期。

杨深：《从处境中的自由到社会历史中的自由——论萨特自由观的演变》，《哲学研究》1992 年第 12 期。

杨小秋：《教师实践自由的张力及其限度》，《现代大学教育》2009 年第 4 期。

杨小秋：《论教育实践的自由》，《大学教育科学》2008 年第 2 期。

姚大志：《什么是启蒙：过去和现在》，《社会科学战线》2011 年第 9 期。

叶甲斌：《实践的三要素与实践哲学的三维度——对象、意识与语言》，《现代哲学》2020 年第 6 期。

叶澜：《大中小学合作研究中绕不过的真问题——理论与实践多重关系的体验与再认识》，《教育发展研究》2014 年第 20 期。

叶澜：《当代中国教育变革的主体及其相互关系》，《教育研究》2006 年第 8 期。

叶卫平：《美国校园马克思主义思潮评介》，《教学与研究》1989 年第 3 期。

叶险明：《对"整体性"的批判性反思——关于马克思主义理论的整体性研究的一个方法论问题》，《哲学研究》2011 年第 9 期。

于永成、贺来：《改革开放 40 年来马克思主义哲学研究的回顾与展望》，《广东社会科学》2018 年第 4 期。

余清臣：《何谓教育实践》，《教育研究》2014 年第 3 期。

余清臣：《教育哲学的实践观演变与实践教育哲学》，《教育研究》2011 年第 2 期。

余玉花：《徘徊在自由与伦理之间——走出教育自由悖论的阴影》，《探索与争鸣》2014 年第 4 期。

俞吾金：《如何理解马克思的实践概念——兼答杨学功先生》，《哲学研究》2002 年第 11 期。

俞吾金：《一个被遮蔽了的"康德问题"——康德对"两种实践"的区分及其当代意义》，《复旦学报》（社会科学版）2003年第1期。

张盾：《马克思的"新唯物主义"如何可能？——论实践哲学的构成和限度》，《哲学研究》2019年第2期。

张华：《美国当代"存在现象学"课程理论初探》，《外国教育资料》1997年第5期。

张华：《美国当代批判课程理论初探（上）》，《全球教育展望》1998年第2期。

张华：《美国当代批判课程理论初探（下）》，《全球教育展望》1998年第3期。

张华：《批判理论与批判教育学探析》，《外国教育资料》1996年第4期。

张奎良：《关于马克思人的本质问题的再思考》，《教育研究》2011年第8期。

张琨：《论弗莱雷的希望教育哲学》，《外国教育研究》2006年第5期。

张青兰：《主体问题的存在论本质——重读〈关于费尔巴哈的提纲〉》，《哲学研究》2011年第8期。

张一兵：《自由：实践的辩证法——〈否定的辩证法〉解读》，《南京社会科学》2001年第2期。

张永久、孙玉丽：《教育管理：一种自由实践的审美创造活动》，《当代教育科学》2011年第15期。

张玉能：《实践的超越性与审美》，《西北师大学报》（社会科学版）2005年第1期。

赵宗孝、水永强：《仁者"力行"：教学悖论与教师自由实践》，《教师教育研究》2011年第2期。

郑蕾：《批判教育学视野下的美国多元文化教育——访美国加州大学洛杉矶分校Peter Mclaren教授》，《全球教育展望》2012年第3期。

周险峰：《美国批判教育学的伦理之维》，《教育研究》2019年第4期。

朱开君：《存在·自由·实践——萨特人学思想剖析》，《四川师范学院学报》（哲学社会科学版）1995年第5期。

朱荣英：《论人的自由的实践根源及其生命表现——西方哲学的自由主张及马克思哲学对它的批判实践》，《河南大学学报》（社会科学版）2019 年第 4 期。

学位论文

陈秋逸：《个人实践自由探索》，硕士学位论文，北京邮电大学，2018 年。

程亮：《教育学的"实践"关怀》，博士学位论文，华东师范大学，2006 年。

郝明君：《知识与权力》，博士学位论文，西南大学，2006 年。

侯荣华：《马克思的实践自由观研究》，硕士学位论文，西南大学，2008 年。

李丽：《追寻学习的生存论意义》，博士学位论文，华东师范大学，2007 年。

李育球：《主体、政治与教育——当代西方批判教育学思想研究》，博士学位论文，北京师范大学，2011 年。

骆婷：《A. 麦金泰尔的现代性批判思想研究》，博士学位论文，山西大学，2017 年。

马援：《霍加特文化实践思想研究》，博士学位论文，山西大学，2016 年。

毛振阳：《基于"英国实践"的马克思现代性社会批判思想研究》，博士学位论文，山西大学，2018 年。

庞庆举：《教育学的人性假设与理论构建的关系初探》，博士学位论文，华东师范大学，2008 年。

祁东方：《吉鲁批判教育哲学思想研究》，博士学位论文，山西大学，2015 年。

王丽华：《教师意识研究》，博士学位论文，华东师范大学，2009 年。

魏建国：《社会主义自由问题研究》，博士学位论文，中共中央党校，2014 年。

夏剑：《实践哲学视域下的教育实践论研究》，博士学位论文，南京师范大学，2017 年。

徐冰鸥：《阿普尔批判教育哲学思想研究》，博士学位论文，山西大学，2013 年。

薛稷：《伊格尔顿文化批判思想研究》，博士学位论文，山西大学，2013 年。

杨建朝：《自由成"人"：人性视角的教育精神》，博士学位论文，南京师范大学，2012 年。

杨日飞：《教育哲学实践性的涵义、现状及其实现》，硕士学位论文，内蒙古师范大学，2008 年。

余文森：《个体知识与公共知识》，博士学位论文，西南大学，2007 年。

张善超：《马克辛·格林存在现象学课程理论研究》，硕士学位论文，西南大学，2017 年。

张卓远：《批判教育学在中国的传播及其影响》，硕士学位论文，山西大学，2016 年。

钟玲：《教育呼唤批判精神：批判教育学研究》，硕士学位论文，四川大学，2005 年。

周旻：《作为精神生产的教育——B. 伯恩斯坦教育哲学思想研究》，博士学位论文，山西大学，2017 年。

周兴国：《教育自由及其限度》，博士学位论文，南京师范大学，2007 年。

英文文献

Aaron Schutz，"Creating Local 'Public Spaces' in Schools：Insights from Hannah Arendt and Maxine Greene"，*Curriculum Inquiyy*，Vol.29，No. 1，1999.

Ayers，Bill，Miller and Janet eds.，*Green's Work：A Light in Dark Times*，New York：Teachers College Press，1998.

Giroux，*Teachers as Intellectuals：Toward A Pedagogy of Learning*，Granby，Mass：Bergin & Garvey，1988，pp.79.

Immanuel Kant，*Philosophical Correspondence（1759－1799）*，Chicago：The University of Chicago Press，1970.

John Baldacchino，*Education Beyond Education：Self and Imaginary in Maxine Greene's Philosophy*，New York：Peter Lang Publishing，Inc.，2009.

John Dewey, *The Quest for Certainty*, London: George Allen and Unwin, 1930.

Maurice Merleau-Ponty, "*Sartre and Ultrabolshevism*" *in Adventures of the Dialectic*, Evanston: Northwestern University Press, 1973.

Paulo Freire, *Education for Critical Consciousness*, New York: Continuum, 1973.

Richard J. Bernstein, *Praxis and Action*, Philadelphia: University of Pennsylvania Press, 1972.

Sella T.Kisaka and Ahmed A.Osman, "Education as a Quest to Freedom: Reflections on Maxine Greene", *Journal of Emerging Trends in Educational Research and Policy Studies* (*JETERAPS*), 2013.

William Ayers and Janet L.Miller, *A Light in Dark Times*: *Maxine Greene and the Unfinished Conversation*, New York: Teachers College Prees, 1998.

后　　记

　　哲学是我一直敬仰的学问。敬仰它是爱智之学、探究根本之学；敬仰它是好奇发问之学、反思批判之学。我与哲学的第一次正式相遇，当是高中政治课上老师讲的矛盾的对立统一、事物发展的内外因、辩证法与形而上学、理论与实践等。读大学时，常听老师讲要对基本问题进行根本回答、对问题的思考要上升到哲学的高度。耳濡目染间，竟对哲学产生了浓厚的兴趣，遂跟着哲学专业的学生听课，买来哲学的书籍研读。自学哲学，虽然可以知晓一位位哲学家的名字、一个个哲学流派、一本本哲学著作、一条条哲学知识，但是难以将其贯通起来，尤其难以形成哲学思维。这时候就特别羡慕哲学专业的同学，能够系统地学习哲学。"虽不能至，然心向往之。"

　　2017 年，我误打误撞地进入了哲学门，考入山西大学马克思主义哲学研究所，攻读哲学博士学位，接受马克思主义哲学的洗礼。我倍加珍惜来之不易的系统学习哲学的机会。除了学习所里开设的马克思主义哲学前沿、科学技术哲学研究、整体论研究、西方马克思主义哲学研究等课程，我还研读了马恩原著及相关的马克思主义哲学的书籍。

　　选择玛克辛·格林的教育哲学思想进行研究是偶然和必然的结合。博士学习阶段首先遇到的"拦路虎"是选题的问题。在前期学习的基础上，通过与授课老师的交流、与导师的商量，我将自己的研究选题定在马克思主义教育哲学领域，根据以往的经验，是要选择一位国外的马克思主义教育哲学家的思想进行研究。这是选择玛克辛·格林教育哲学思想进行研究的必然。因为玛克辛·格林是美国批判教育学的重要代表人物之一，其教育哲学思想是用马克思主义的立场、观点、方法分析教育问题。选择玛克辛·格林的教育哲学思想进行研究又是偶然的。在一次与徐冰鸥教授交流的过程中，她建议我看看玛克辛·格林的相关成果，还向我推荐了《学习的风景》这本书。这本书为我的博士论文选题打开了新视野。读了玛克辛·格林的《学习的风景》一书之后，我开始搜集格林的其他著作和相关论文。通过研读玛克辛·格林的著作和论文，我越来越感觉到其思想的深邃，而国内研究者仅仅研究其思想的一个方面，如有研究者研究其课程哲学、教师哲学、学习哲学等思想，而我觉得有必要对其思想进行整体性研究。因为无论是玛克辛·格林的课程哲学思想，还是其教师哲学思想、学习哲学思想等都脱离不开其教育哲学思想的整体。

选择人物思想进行研究要与问题结合起来。学术研究要有问题意识，这是一个自明性的前提。玛克辛·格林的教育哲学思想之所以能够吸引我，一方面是因为其将马克思主义哲学、杜威的实用主义哲学以及存在主义、现象学、批判教育学等融合在一起来审视教育问题，彰显了其践行"做哲学"的理念；另一方面是因为玛克辛·格林能够将教育与社会、人的自由、实践等结合在一起进行研究。玛克辛·格林以人的自由为前提，认为人的自由只有在实践中获得，进而揭示了资本主义社会对人的自由的践踏，最后提出了探索改变社会的教育。这样的研究，实际上是把教育与社会、教育与人、教育与实践等结合在一起进行，以现实中人的自由为前提，以正义民主的社会为中介，以人的解放为落脚点。无论是玛克辛·格林研究教育哲学的思维方式，还是其研究的结论都对中国教育哲学和教育实践的发展具有重要的意义和启示。当然，玛克辛·格林将自己的思想扎根在美国当时的社会和教育实践中，这一点是值得我们反思的。限于我个人知识和思想的局限、语言的隔阂和占有资料的不完备，对玛克辛·格林教育哲学思想的研究必然是有缺憾的，这将是我们进一步研究玛克辛·格林教育哲学思想的动力。

本书虽然是我博士阶段研究的成果，但是其功劳却不属于我一个人。研究的过程中，诸多的师长、学友的教导和督促、鼓励和探讨是我完成本书不可或缺的动力。

感谢我的导师侯怀银教授。恩师治学严谨、挚爱学术，见闻识广、兢兢业业，为人和善、虚怀若谷。2011 年，有幸结识恩师，遂指导我大学的学习和生涯规划。2013 年，得恩师指导完成学士学位论文。2014 年，有幸忝列师门，攻读硕士学位。2017 年，继续跟随恩师攻读博士学位。恩师不嫌弃我生性愚钝，常常"博我以文，约我以礼"，使我在学术和生活中都少走了很多弯路。读博期间，从题目选定到文献搜集，从综述撰写到开题报告，从初稿完成到修改定稿，从遣词造句到标点符号，皆离不开恩师循序渐进的悉心指导。在研究和写作的过程中，接踵而来的"拦路虎"使我辗转反侧、夜不能寐，好在有恩师及时排忧解难，使我免去了很多痛苦。恩师德学双馨，令我终生向往！

感谢山西大学马克思主义哲学研究所的各位老师。感谢温文尔雅、学高身正的乔瑞金教授，在论文的选题、开题和写作过程中，乔老师提出了很多建设性的意见，特别是论文初稿写成后，乔老师在百忙之中悉心审阅，撰写了详细的书面修改建议，令学生感动。感谢邢媛教授和管晓刚教授，两位老师丰富多彩的课堂讲授不仅奠定了我的知识基础，也拓展了我的研究视野。特别是在开题和写作过程中，两位老师严谨细致、高屋建瓴地提出了宝贵的意见和建议，免去了学生很多"苦思不得其解"的烦恼。感谢薛稷、陈治国、赵瑞林、于永成、毛振阳、蔡斯敏、马荣宏、李瑞艳、马援、刘烨等各位老师，学习之旅，多次烦扰，老师们不嫌学生肤浅，耐心教导，答疑解惑。我将终生铭记！

感谢开题、盲审、答辩时各位专家的意见和建议。感谢山东大学的刘森林教授，在开题时，老师指方向、导路径，为论文的研究和写作提出了宝贵的意见和建议。感谢论文盲评的三位专家，三位专家意见和建议中肯，既肯定了论文所做的工作，又鼓励我进一步探索和完善，他们的意见为我进一步修改论文提供了思路。感谢中国人民大学段忠桥教授、山西大学孙岩教授等，作为我论文答辩委员会老师，你们为我答疑解惑，指点迷津，为论文的修改提出了很多建设性的建议。再次表示衷心的感谢！

感谢山西大学教育科学学院的各位老师。作为山西大学教育科学学院的本科生和硕士研究生，各位老师对学生关爱有加。感谢刘庆昌教授、陈平水教授、徐冰鸥教授、孙杰教授、张俊友教授、郭三娟副教授、郭芬云教授、郑玉飞教授，以及祁东方、李旭、项继发、赵国栋、娜仁高娃、张小丽、张夏青等各位老师，在我研究和写作的过程中给予了不同程度的指导，让我受益匪浅。在此衷心感谢！

感谢读书期间给予我帮助的各位老师、同学、朋友。感谢河北师范大学的郭芳副教授、复旦大学的侯冠华博士和西南大学的张善超博士，你们给我提供了很多一手的资料。感谢师门的王霞、周旻、刘楠、辛萌、吕慧、李艳莉、史慧敏、齐姗、张卓远、时益之、许丽丽、韩晓飞、尚瑞茜、刘泽、温辉、张楠、李秧、周郅壹、宋美霞、王晓丹、王耀伟、李进武、孙成梦雪、王倩、李媛、赵捷、王玲玲、杨锦丹、买寒笑、赵婷等师兄弟姐妹们给予的帮助。感谢情同手足的郭丁、吴凯、王彩虹、王萌、王文燕、郭光宇、贾文雅、卫唯、江林膡、张尚宏、邢雅娟等各位学友，在一起学习和生活的日子里，我们建立了深厚的友谊。感谢舍友魏春羊以及邻友王敬、王凯、李肖，我们多次促膝深谈，既拓展了我的知识和视野，又为我的生活增色不少。感谢大家的无私帮助！

感谢父母和家人。父母和家人一直是我坚实的后盾，在我读书期间，始终给予我无限关爱。犹记得每次跟家里联系，你们总是怕我吃不饱、穿不暖、睡不好，总是怕耽误我时间。多少次，家里的大事小事都瞒着我，生怕我因此而分心。感谢你们无私的爱与理解，我唯有努力向前作为回报！

感谢山西大学。在山西大学度过的十载春夏秋冬，似水流年终不忘！从在山西大学教育科学学院读本科和硕士，到在山西大学马克思主义哲学研究所读博士，再到山西大学马克思主义学院工作，这所百年老校已然成为我人生的一部分，余生漫漫，在记忆中陪伴，在前行中守候！

衷心感谢山西大学社会科学处和马克思主义学院为本书出版所给予的支持。

特别感谢中国社会科学出版社的程春雨老师，她为本书的出版不辞辛劳，一次次沟通给我留下了深刻的印象。

本书是在我博士学位论文的基础上修改而成，限于自己的释读能力和语言的隔阂等，书中必定存在很多疏漏和不足，乃至理解上的偏差。真诚欢迎学界的专家学者批评斧正。

郭建斌

辛丑年冬月十九于山西大学